# トラウマセラピー・ケースブック

症例にまなぶトラウマケア技法

企画・編集
野呂浩史

星和書店

*Seiwa Shoten Publishers*

*2-5 Kamitakaido 1-Chome*
*Suginamiku Tokyo 168-0074, Japan*

# Trauma Therapy Case Book

*Mastering trauma care techniques with actual cases*

*Edited by*

*Hiroshi Noro, M.D.,Ph.D.*

© 2016 *Seiwa Shoten Publishers*

# はじめに

　本書は，さまざまなトラウマに対する心理療法のアプローチを症例提示から学ぶという趣旨のもと企画いたしました。PTSD をはじめとするトラウマ治療の基本は心身と環境の安全を確保したうえで，患者が本来もっている回復力を発揮できる環境を整えること，次の段階として，個々の患者の状況に応じ，積極的な介入法の導入の有無が決定されるのが一般的です。欧米では持続エクスポージャー療法，眼球運動による脱感作と再処理法や認知処理療法などが各国のガイドラインの上位に位置しております。しかし，有効性が実証されたエビデンスのある治療が全てではありません。トラウマ治療には完璧な心理療法はありません。トラウマが単回性か複雑性か，あるいは併存疾患の有無，患者の年齢，パーソナリティ，生育歴，発達歴，支援状況などの幾つもの要因によってトラウマに対する心理療法のどれが有用なのか十分な検討が不可欠です。トラウマ治療の選択肢を増やすことはトラウマに苦しむ患者の助けになると思います。しかし，各心理療法は，それぞれかなりの違いがあるので，非常に多様性のある介入的な心理療法の中から何が患者にとって最適なのか選択することが難しいのが現状です。

　本書では，数あるトラウマにおける心理療法の中でもエビデンスのあるもの，あるいは，海外では普及しているが日本では認知が少ないものを含めてわが国を代表する経験豊富な専門家に症例提示をとおしてわかりやすく解説していただきました。構成の基本は前半に総説を，後半に症例提示という形式を採用しました。本書をお読みいただくことは，トラウマを扱う臨床家が，日々の日常臨床において如何に苦労，工夫を重ねて患者に対応されているかわが国の現況を知るうえでも有意義な機会になると思われます。なお，章立てとして前半はトラウマ焦点化療法，中盤はナラティブな要素を含むもの，子どもへのアプローチを主体とした療法を，後半は対

人関係や身体に働きかける療法というように配列いたしました。

　本書を一読されると各章の枚数や書き方の統一性は他の書籍にくらべて
やや低いと実感された読者もおられるでしょう。その背景として，本書は
分担執筆形式であり，各トラウマに対する心理療法の背景・考え方・方向
性の差違などが挙げられます。しかし，これらの差違を提示することこそ
が実は本書の要であると考えております。同一書籍の中に 10 個ものトラ
ウマに対する心理療法を盛り込んだ書籍は今までわが国にはなかったと思
います。しかし，同一書籍の中に多数の技法を盛り込むことが本書刊行の
目的ではありません。心理療法の名称は一見違いますが，各療法の根底の
部分は共通するものがあります。共通点として，感情・情動（恐れ，不安，
悲しみ，怒り，罪悪感など）への関わり，心理教育，程度の違いはあるが
何らかの曝露，認知の再構成などが挙げられます。さらに，患者の的確な
アセスメント，患者に寄り添いともにトラウマ軽減に立ち向かうための信
頼関係の構築などを通して最終的に記憶のプロセスを再構成し，再発を予
防することになります。これらの差違と共通点を読者が理解していただけ
れば本書刊行の意義は十分に果たされるものと確信しております。

　前述しましたが，多数のトラウマに対する心理療法がわが国にあること
は素晴らしいことであると思います。本書には，各療法を学ぶためのアク
セス方法が各章ごとに記載されております。患者の状況に最も適した心理
療法は何か，それはどこで学習できるのか，あるいはどこへ行けば治療が
できるのか，これらの疑問に対して本書は多少なりとも貢献できると思い
ます。繰り返しとなりますが，トラウマを扱う臨床家の知識が増えること
は，トラウマに苦しむ患者の助けとなるものと確信いたします。臨床家の
使命は，エビデンスや自分の得意な技法にとらわれず，柔軟な気持ちでさ
まざまな心理療法の特性を理解し先入観念を排除することであると思いま
す。それらがご自分のみならず患者のためになることは明確です。本書が
わが国においてトラウマ治療に携わるあるいは関心のある医師，心理士の

みならず保健福祉関係者，教育関係者にとって少しでもお役にたてれば，編集者，執筆者にとって望外の喜びです。

　最後に，ご多忙のなか症例提示をとおして最新のトラウマ治療の現状を解説するという本書刊行の意義に共感とご理解をいただきご執筆いただいた筆者の先生方，快く症例提示をご許可いただきました患者さまに深く御礼申し上げます。また，本書刊行の機会を与えていただいた星和書店社長の石澤雄司氏に深く感謝いたします。さらに，本書の構想の段階より刊行に至るまで真摯に対応していただいた星和書店編集部の岡部浩氏に厚く御礼申し上げます。


2016 年 5 月，リラ冷えの札幌にて


企画・編集　野呂浩史

# ■目　次

座談会 トラウマ焦点化療法をエキスパートが語る……………1

野呂浩史（司会）

荒川和歌子，中山未知，井上直美，森田展彰，加藤知子，大滝涼子

# PART1　持続エクスポージャー療法（PE）………………21

✍中山未知，荒川和歌子，野呂浩史

Ⅰ．総　説　23

1. PE の成り立ち：エクスポージャー療法と情動処理理論　23

2. 情動処理理論　23

3. PTSD が慢性化する要因：回避と助けになってくれない考え

（非機能的な認知）　27

4. PE の主な手続き：現実エクスポージャー，想像エクスポージャー，および

プロセッシング　30

5. 3 つの手続きの相互的な作用　33

6. 解離への手当て　35

7. 想像エクスポージャー再考　38

8. むすび　41

Ⅱ．ケース提示　41

ケース A　重大事故の現場映像目撃により PTSD を呈した単回性トラウマの

ケース

ケース B　上司からのパワーハラスメントおよびセクシャルハラスメントによ

り PTSD を呈した複雑性トラウマのケース

1. ケースの概要　42

2. 症状評価　46

3. 考　察　48

4. まとめ　53

Ⅲ．未来の P E セラピストへの情報　53

■文　献　54

# PART2　眼球運動による脱感作と再処理法（EMDR）……57
✍井上直美

Ⅰ．EMDR の概要　59

1. EMDR の誕生　59

2. EMDR の適応とエビデンス　60

3. EMDR の作用メカニズム　61

4. 技　法　64

5. EMDR か曝露療法か？　68

6. 効果が現れにくいクライエント　72

7. EMDR のトレーニング　73

Ⅱ．ケース提示　73

幼少期からの複雑性トラウマを抱え，ストーカー事件をきっかけに心身の不調を呈したケース

8. ケースの概要　74

9. 治療経過　75

10. まとめ　106

■文　献　107

# PART3　認知処理療法（CPT）………………………………………111
✍森田展彰

Ⅰ．はじめに　113

Ⅱ．CPT とは　113

1. CPT の特徴と有効性　113

2. CPT における治療の基本的な考え方　114

3. 治療の具体的な進め方　115

Ⅲ．ケース提示　116

性暴力被害によるトラウマに伴う認知の修正が改善につながったケース

1. ケースの概要　116

2. プログラム前の評価　117

3. 各セッション　117

4. プログラム前後の変化　127

Ⅳ．おわりに―CPT を用いた印象と有用性　128

■文　献　129


## PART4　感情と対人関係の調整スキル・トレーニングと ナラティブ・ストーリー・テリング（STAIR&NST）

*幼少期のトラウマによる PTSD のための認知行動療法*……131

✐大滝涼子，加藤知子

Ⅰ．STAIR&NST の概要　133

1. はじめに　133

2. STAIR&NST の誕生と治療構造　134

3. 治療エビデンス　135

4. 日本における STAIR&NST の導入とスーパーヴァイズ体制　136

5. 治療の内容　137

Ⅱ．ケース提示　155

小児期からの DV による心理的・身体的虐待，外傷性喪失，事故等の複雑性トラウマにより，強い解離症状を呈していたケース

1. ケースの概要　156

2. 治療経過　157

3. 症状評価　169

Ⅲ．まとめ　170

■文　献　171


## PART5　ナラティヴ・エクスポージャー・セラピー（NET）175

✐森　茂起

Ⅰ．問題設定―NET の現在　177

目 次　ix

Ⅱ．技　法　179

Ⅲ．NET の治療的要素　181

Ⅳ．ケース提示　182

被虐待を含む多数の外傷体験をもつパーソナリティ障害のケース

　1．導入の背景　182

　2．ケース概要　183

　3．治療経過　184

Ⅴ．考　察　188

　1．自伝的記憶の整理　188

　2．治療動機と信頼関係の維持　188

　3．実践領域から見た今後の可能性　189

■文　献　192

# PART6　トラウマ・フォーカスト認知行動療法（TF-CBT）195

✍川端康雄，若林暁子，元村直靖

Ⅰ．はじめに　197

Ⅱ．TF-CBT とは　198

Ⅲ．技法について　198

　1．基本コンポーネント　198

　2．TF-CBT の特徴　201

Ⅳ．ケース提示　203

　1．ケース1　父親から母親への DV 目撃，自身への身体的虐待のトラウマを
　　　　　もつ学童期のケース　203

　2．ケース2　小学生時代からの母親による身体的，精神的虐待のトラウマを
　　　　　もつ思春期・青年期のケース　207

Ⅴ．考察　211

　1．発達段階における治療コンポーネントの比重の違い　211

　2．子どもに関わる治療者の陥穽　212

　3．ペアレンティングスキルについて　213

Ⅵ．注意点 215

■文　献 215

# PART7　親子相互交流療法（PCIT）⋯⋯⋯⋯⋯⋯⋯⋯⋯217

✐國吉知子

Ⅰ．PCIT とは 219

1. PCIT の概要 219

2. 実施方法 221

Ⅱ．ケース提示 235

同胞への暴力という問題行動を呈した"よい子"すぎる過剰適応タイプの5歳女児のケース

1. はじめに 235

2. ケースの経過 236

3. ケースにおける親子の変化 240

Ⅲ．本学における PCIT 導入の流れ 243

1. PCIT との出会いと実現への始動 243

2. ハード面の準備～予算獲得と機材の準備～ 247

3. ソフト面の準備 250

Ⅳ．PCIT の今後の展望～実践者養成と資格システム～ 255

1. PCIT 実践施設の拡大と実践者の育成 255

2. PCIT セラピストを目指すには 257

3. 最後に 258

■文　献 260

# PART8　対人関係療法（IPT）⋯⋯⋯⋯⋯⋯⋯⋯⋯⋯⋯263

✐坂本　誠

Ⅰ．IPT とは 265

1. IPT の概要 265

2. 認知行動療法（CBT）との違い 266

3.　IPT の基本的特徴　266

　　4.　IPT の治療後の継続効果　267

　　5.　IPT の面接の特徴　267

　　6.　精神科医と治療者の役割　268

　　7.　IPT の構成　269

　　8.　初期セッション　269

　　9.　中期セッション　271

　　10.　終期のセッション　272

　　11.　IPT の技法　272

Ⅱ．PTSD に対する IPT　272

　　1.　PTSD に対する IPT の基本的な考え方　272

　　2.　トラウマを持つ患者に対する心構え　273

　　3.　コントロール感覚の回復　273

　　4.　安心感の提供　273

　　5.　治療者の軸・安定感　273

　　6.　「医学モデル」の重要性　273

　　7.　IPT の治療過程での変化を知ること　274

　　8.　PTSD に対する IPT の戦略について　274

Ⅲ．ケース提示　276

　　ケース 1　交際相手からの DV 体験をもつ “対人関係上の不和” が問題領域で
　　　　　　　あった PTSD 慢性化のケース　276

　　ケース 2　事故目撃，性暴力被害など複数のトラウマ体験をもつ “対人関係の
　　　　　　　欠如” が問題領域であった PTSD 慢性化のケース　291

　■文　献　302

# PART9　思考場療法（TFT）……………………………………305

✍森川綾女

Ⅰ．総説　307

Ⅱ．ケース 1　体験そのものに焦点を当てることでより速くトラウマ処理が可

能になった PTSD のケース　310

1. はじめに　310

2. ケースの概要　310

3. 治療経過　311

4. 考　察　314

5. まとめ　315

Ⅲ．ケース 2　母親への愛着障害がトラウマの原点となり自閉症スペクトラム
障害が疑われた男性ケース　316

1. はじめに　316

2. ケースの概要　316

3. 治療経過　317

4. 考　察　319

5. まとめ　320

■文　献　321

# PART10　ソマティック・エクスペリエンス（SE）……………323

✎藤原千枝子

Ⅰ．SE 療法の概要　325

Ⅱ．SE 療法の実際　329

1. インテーク　329

2. ケース提示　331

ケース 1　ストーカーと性被害による"ショックトラウマ"をきっかけとして
トラウマ症状が増悪したケース　332

ケース 2　機能不全家族の中で育ち"発達トラウマ"が，解離と強い恥の感覚
を中核とする様々な症状の主原因となっていたケース　337

Ⅲ．まとめ　347

■文　献　349

索　引　351

座談会 トラウマ焦点化療法をエキスパートが語る

**PART1** 持続エクスポージャー療法（PE） **1**

**PART2** 眼球運動による脱感作と再処理法（EMDR） **2**

**PART3** 認知処理療法（CPT） **3**

**PART4** 感情と対人関係の調整スキル・トレーニング
とナラティブ・ストーリー・テリング（STAIR&NST） **4**

**PART5** ナラティヴ・エクスポージャー・セラピー（NET） **5**

**PART6** トラウマ・フォーカスト認知行動療法（TF-CBT） **6**

**PART7** 親子相互交流療法（PCIT） **7**

**PART8** 対人関係療法（IPT） **8**

**PART9** 思考場療法（TFT） **9**

**PART10** ソマティック・エクスペリエンス（SE） **10**

座談会
# トラウマ焦点化療法をエキスパートが語る

司会・進行・構成　野呂浩史（南平岸内科クリニック）
（2015年11月22日：東京・品川）

左から，森田，井上，中山，野呂，大滝，加藤，荒川

【参加者（順不同）と主なテーマ】
- PE（持続エクスポージャー療法）
　荒川和歌子（南平岸内科クリニック）
　中山未知（東京女子医科大学　附属女性生涯健康センター）
- EMDR（眼球運動による脱感作と再処理法）
　井上直美（カウンセリングルーム ソイル，東邦大学）
- CPT（認知処理療法）
　森田展彰（筑波大学　医学医療系　ヒューマンケア科学専攻　社会精神保健学）
- STAIR & NST（感情調整と対人関係調整スキルトレーニングとナラティブ・ストーリー・テリング）―幼少期のトラウマによるPTSDのための認知行動療法
　加藤知子（かとうメンタルクリニック）
　大滝涼子（国立精神・神経医療研究センター　精神保健研究所　災害時こころの情報支援センター）

【司会】今日はお忙しいところありがとうございます。本座談会は本書籍の中でトラウマ焦点化療法について書かれた著者の先生方にディスカッションいただき，またこれからの各療法の展望についてお話しいただきたいと思います。ご参考までに堀越勝先生が PE, EMDR, CPT について非常にわかりやすく解説された表がありますので用意させていただきました。

# PE（持続エクスポージャー療法）

【司会】それではまず，PE の総論を担当された中山先生，総論的な内容および PE の現況を教えてください。

【中山】標準的治療ですと，1 回 90 分，10 回から 15 回実施する，毎週来ていただく治療法です。患者さんはセッションに来ていただくのと共に，毎回宿題をすることを求められます。PE の中身としては，3 つの手続きが柱になります。1 つは，現実エクスポージャーといって，現実の日常生活の中で避けているものに触れる練習，2 つめは想像エクスポージャー，つまり，トラウマ記憶自体を患者さんは避けているので，回避しているその記憶に触れて，話すという手続きを行います。最後に，プロセッシングという手続きがあります。プロセッシングとは，現実エクスポージャーや想像エクスポージャーで行ったことに対していろいろ気付いたことを話し合って，認知の再構成を促すパートのことをいいます。わりと誤解されやすいのですが，エクスポージャーは治療の目的ではなく，やはり手続きなのですね。この手続きを通して患者さんは何をするかというと，回避しているものや記憶に向き合います。それによって，認知の再構成というか，トラウマに対して新しい視点を得ることができるということが目的であり，それがトラウマからの回復につながると考えます。

【司会】エクスポージャーといっても，最終的には認知の再構成まで含まれると理解してよろしいですか？

【中山】はい，そうです。

【司会】PE のケース提示を担当された荒川先生のご意見はいかがですか。

PTSD の 3 つの治療法

| | PE<br>(持続エクスポージャー療法) | EMDR<br>(眼球運動による脱感作と再処理法) | CPT<br>(認知処理療法) |
|---|---|---|---|
| 理論 | 感情処理理論<br>(不安システム理論) | 独特な認知的，身体的な情報処理理論 | 情報処理理論<br>社会認知理論 |
| 方略 | 曝露療法，リラクセーションなど | 眼球運動による脱感作リラクセーション，植え込みなど | 筆記による曝露<br>認知再構成など |
| 目的 | 回避しているトラウマ体験に曝露療法を通して向き合い，習慣化した不適当な不安反応システムをリセットし，誤った不安反応を起こさないようにする。 | 外傷的な体験による強い感情や解離によって不完全となっている情報処理を，刺激によって再活性化する。眼球運動を用いた脱感作や認知の植え込みなどで情報の再処理を行う。 | 回避などのために情報処理ができないことから生じた認知的な引っかかり点（スタックポイント）に対し，認知療法や筆記による曝露を通して情報の再処理をさせ，スタックポイントから解放する。 |
| メリット | ・認知的な介入を必要としない<br>・無作為割り付け試験などの実証的な効果研究によって，その効果が広く認められている。 | ・眼球運動など治療者側主導で実施するためコントロールできる部分が多い。<br>・統合的なアプローチである。 | ・自分のペースで筆記による曝露ができる<br>・紙の上で未処理な部分を同定しやすい。<br>・悲嘆や特定の認知への介入<br>・カップルやグループにも応用可。 |
| デメリット | ・自分が避けていることに向かい合うため，曝露療法を実施することを拒む患者がいる。<br>・対個人に限定している。 | ・特殊なスキルを身に付ける必要がある。<br>・対個人に限定している。 | ・認知療法の手法などにある程度，精通する必要がある。<br>・宿題など課題が多いため，患者が認知作業に慣れていることが望まれる。 |

堀越勝，野村俊明．PTSD，心身症，失感情症へのアプローチ．精神療法の基本 支持から認知行動療法まで．医学書院；2012．pp178-208．

【荒川】 今，中山先生にご説明いただいたとおりだと思います。PE によって断片化された記憶が繋がりをつけていくことは，言い換えれば，認知，

感情，身体感覚というのが相互に影響し合いながら統合されるということなのだと思います。中山先生と相談しながらケースをまとめる中で実感しました。

【司会】お二人のお話を伺うと，やはり認知的な介入ということになるのでしょうか。それとも，自然と認知が変わっていくのでしょうか？

【中山】自然と変わってくる部分もありますけれども，やはりしっかり介入することが必要になる患者さんも多いと思います。先ほど，想像エクスポージャーは手段であるというふうに言いましたが，手段でしかないということではなくて，やはり想像エクスポージャーの中で行われていることはとても大きいと思います。先ほど，荒川先生がおっしゃったように，想像エクスポージャーの中で，断片化された記憶の流れであったり，いろいろな感情や感覚がしっかり統合されることによって，記憶の整理が進むのだと思います。また，患者さんが想像エクスポージャーをきちんとやれたということで，「やれた！」という，患者さん自身が頑張れたという感覚を持つことができるというのは，とても大切であると思っています。

　想像エクスポージャーを繰り返していくうちに，自然とプロセッシングをして認知が変化していく患者さんもいらっしゃるし，そうではない患者さんもいます。そうでない患者さんの場合は，認知再構成のための対話の時間を少し増やしたりすることはよくあることだと思います。

【司会】わかりました。荒川先生に伺いたいのは，トラウマを抱えた患者さんで，PE が合うというのか，こういう患者さんは PE が効果的だというような。逆にいうと，こういう患者さんはちょっと PE を避けたほうが良いのか？ 何かケースを通してお考えはありますか。

【荒川】PE は，日常の中でエクスポージャーが自然に行われて回復していくという過程が行き詰まっている人への治療です。ただし，PE は，これらの過程を急速に進めるので効果的な部分もあるけれども，患者さん自身にそれなりにエネルギーというか，パワーが必要とされます。

【司会】そのエネルギーは，セラピストにも必要になるのでしょうか？

【荒川】はい，セラピストにも相当なエネルギーは必要になります。しか

し，患者さんにもエネルギーは必要となります。PE は，かなり宿題も多いですし，基本的には週1回来院されて，辛いトラウマ体験をお話しするわけです。そこで，患者さんは非常に辛い感情が喚起されることもしばしばあります。それは，治療として意味のあることですけれども，それに耐えられないということはあり得ます。例えば，抑うつ状態や不安が強ければ，PE を続けるのは非常に困難となります。患者さんの治療へのモチベーションとも絡んできますけれども，いろいろな生活の制限や不適応状態があったとしても，パワーがある患者さんは PE が効果的であるという印象があります。

【司会】中山先生は，同じようなお考えですか。

【中山】荒川先生がおっしゃったように，PE は自然な治癒というのをなぞらえて作られていると本当に実感しています。患者さんにとって PE は，普段は避けていることについて話されるので，それは治療者からみてもすごく大変なことだと思うのですよね。

　ともすれば，私も含めて治療者全般にいえる事ですが，どれだけこの患者さんが今，PE という大変なことをしているのかという認識が，それは本当に私自身の反省も込めて，薄くなってしまうこともあるかもしれません。そこは，いつも原点に立ち返って，患者さんはすごく大変なことをしているのだということに対する十分な労い，サポーティブな態度，共感を伝えることは，PE の中で一番大事なものと思っています。PE は，何か特殊な治療みたいに思われるかもしれませんが，共感，傾聴など心理療法のベーシックな部分は，本当に大切にされなければいけないと感じています。

【荒川】そう考えたら，やはり治療関係が大切なのですね。

【中山】はい，とても大事なことです。

【司会】わかりました。PE に関して，加藤先生のご意見はいかがですか？

【加藤】PE を含めトラウマの治療は，治療者との関係がとても重要だと思います。それがないとドロップアウトしやすいと思います。中山先生がおっしゃったように，PTSD の患者さんは，辛く弱っているところに，治

療者がプッシュし過ぎると解離を強めたり，症状を悪化させる可能性があります。

【司会】了解しました。

# EMDR（眼球運動による脱感作と再処理法）

【司会】次は，EMDR を担当された井上先生に，EMDR と認知行動療法（以下：CBT）との比較，あるいは先生から見た PE についてのご意見を伺わせていただければと思います。

【井上】今回，EMDR についてケースと共に見直してみまして，やはり EMDR の基本的な考え方というのは，現在の不適応や非機能的な反応の原因が必ず過去の体験にあるということ，つまり，現在の問題の元になったと思われるできる限り早期の体験を探り，そこから扱っていくことが重要だということを改めて感じました。

　今回，ケースに書かせていただいた患者さんは，直近のトラウマとしては数年前のストーカー事件というのがあり，その後の心身の不調を主訴に相談にいらした方です。でも，EMDR で実際にトラウマを扱ったのは，終結を除けば 11 セッションでして，そのうち 8 回目以降の 4 セッションがストーカー事件に関連した出来事を，最初の 7 セッションは全て原家族のことを扱いました。この方は，両親の DV 目撃や，家族メンバーから罵倒されて育った経験があったのですが，幼少期の発達過程で一番重要な安心感や他者への信頼感といったものが得られる環境にないと，その後の感情の発達や分化がうまく進みません。EMDR でケースを組み立てるときの考え方として，私の場合，まずは原初的な感情としての恐怖を扱い，それから特定の相手（例えば両親）に対する怒りを十分に扱った上で，ご自身に対する自責感のようなものを扱っていきます。そして最後に，トラウマ体験がある方には何かしらの喪失体験があるので，グリーフ・ワークを行うことが多いです。一般的にグリーフ・ワークは，亡くなった方からの「許し」を得ることだと言われていますが，グリーフをしっかり行って，

はじめて自分自身の新しい生活に移っていけることが多いと感じています。大まかに言って，このような順序でトラウマの処理が進んでいった典型的なケースを選ばせていただきました。

　CBT や PE との違いといいますと，PE は複数のトラウマ体験があったとしても，今の症状に最も関係ある出来事のみを扱います。すなわち，インデックス・トラウマのみを扱うところが EMDR との大きな違いです。CBT は，トラウマに限らず，クライエントに複数の問題があった場合，どこから取り組んでいけばいいのか順番が定めにくいところが結構難しいと思います。EMDR は先程も申しましたように，基本的には人生最早期の体験から，中でも恐怖感や安全感が得られなかった体験や，自分は無能だといった自己評価を形成した体験を扱い，最後はグリーフ・ワークを行って，未来の適応的な姿についても扱うということで，比較的組み立てやすいのかなという感じはしています。

【司会】森田先生，EMDR に関して何かご意見はございますか？

【森田】EMDR は 1 回のセッションを，その場でやるものというイメージが強かったので，今の井上先生のお話で，もう少し全体的に流れをくんでいくということはやや不勉強でした。ある意味，ワンショットで良くしてしまうという場合もあるとは思いますが，複雑なケースの場合は，どのようなトラウマをどのような順番で扱っていくか，というようなプランを立ててから治療を進めるというのが，今は主流なのでしょうか？

【井上】主流というよりも，現在の問題に関係した最早期の体験に戻るということは，EMDR では元々言われていたことです。最早期と言うのは，つまり自己概念が形成されるおよそ 10 歳以前ということです。患者さんへの心理教育では，恐怖や怒りのような原初的な感情を最初に扱い，それから恥や罪悪感といった複雑な感情を扱い，最後にグリーフをやりましょうとお伝えします。

【森田】まずは，できる限り早期のトラウマ体験を扱いましょうというふうに，治療者から投げかけていくということですね。

【井上】そうですね。治療者側が初期の段階でケースフォミュレーション

をしっかりやりましょうというのは，最近 EMDR の研修でもすごく強調されていることです。

【森田】それらを扱うと，またもっと違うテーマがさらに出てくるみたいな感じがあるのでしょうか。

【井上】はい，ありますね。でも，そのようにして出てきた一見違うテーマであっても，何かしらの関連性があって，脳内に一緒に貯蔵されていたわけです。ですから，EMDR では生育歴の聴取というものを，CBT などに比べると非常に丁寧に行います。その方の状態にもよりますが，90 分のセッションで最低 2 回ぐらいは行います。幼少期の頃から今に至るまで，マイナスとプラスの記憶のトップ 10 なども挙げていただき，セラピストのほうである程度この順番でやっていこうとか，同じ小さい頃のエピソードでも，こちらからやっていこうといったことを，全体を見ながら組み立てるのは非常に重要なことだと思います。

【森田】包括的な視点に立つと，後で大滝先生が話される STAIR/NST もそうですが，いくつかのトラウマ焦点化療法は，その違いよりも，似ている点が多くなってきているような気がしますね。

【加藤】私は，PE は，過覚醒とか再体験優位な患者さんには適し，EMDR は解離症状を有する患者さんにも強いと感じております。ただ最初にしっかり見立てを行っても，EMDR を施行すると突然隠れていたトラウマが出現し難しい状況になるということはないのでしょうか。

【井上】そうですね。やはり，どんなに「幼少期にはトラウマは何もありません」という方でも，必ず原家族の問題や幼い頃の問題が何かしらあって，現在の症状が形成されているのだと感じます。ただし，そのように突然，隠れていた記憶が出てきたとしても，やはり何かしらの関連性があって出てきたものと考えられますので，それを扱うことによって，最終的にトラウマの処理がすっきりと進むチャンスでもあるかと思います。患者さんの方が，突然出てきた記憶にびっくりされた場合であっても，セラピストがそれに対処できるだけの技術を身につけていることは非常に重要です。例えば，解離症状に対して安定化の技法を用いたり，心理教育を行ったり

します。

【中山】 トラウマの患者さんが来院されて，EMDR を導入するときに，患者さんにどのように説明をされているのでしょうか？

【井上】 最近，EMDR を希望される方は，「トラウマ」というキーワードで検索してうちのルームに行きつく方が多くなってきています。確かにテレビで大々的に報道はされましたが，EMDR について概要すら知らないという方も多いので，以下の説明をまずいたします。トラウマ性の記憶というのが脳内でマイナスの記憶ばかりで手をつないでいて，本来の記憶のネットワークからは外れたところに貯蔵されている。それが両側性の刺激を加えると，脳内の離れたところにあるプラスの記憶との連関がよくなって，全体的な記憶のネットワークに統合されるのだと。または，脳内に保存されているトラウマ物語のファイル（そこには否定的な物語がいっぱい書き込まれているわけですが）を一旦開いて，EMDR の両側性の刺激を加えると，肯定的な記憶があなたの脳内から出てくるので，それを書き足して，今後の人生に活かせる有益な物語として上書き保存しておきましょう，などと説明したりします。

【中山】 納得しました。井上先生が言われたことは PE の中の想像エクスポージャーで行うことと齟齬はないと思います。もちろん使う用語は違うけれども，同じようにトラウマ記憶を普通のエピソード記憶に戻すにはどうしたら良いのかを PE でも検討しますが，まさに EMDR でも同じことを行っているのだなと思いました。ありがとうございました。

# CPT（認知処理療法）

【司会】 森田先生，CPT の概要を教えてください。

【森田】 今，お話があった PE とか EMDR ほど CPT はまだ知られていないということもあるので，少しそういうことで話をいたします。もともとアメリカの Resick 先生が作った PTSD に対する CBT ですけれども，日本では堀越勝先生が導入されました。もうアメリカではかなり長く使われ

ていて，PE とかなり近いぐらい使われていますが，日本でも使われるようにしつつあるというところです。

　今までのお話からすると，ある意味，PE や EMDR と比較してそんなに違いがない面もあります。あえて違う面としてお話しすると，トラウマが治らない理由として，回避してしまうということと，認知的な問題の 2 つが挙げられます。CPT は CBT とかなり近い形で，ほんとうに認知そのものを取り上げ，それを修正していくというところを紙に書き出します。CPT は，認知の中でも一般的な CBT とは違って，トラウマの出来事に関連する認知を中心に扱いますが，それについて取り出していって，トラウマの歪みがなければ比較的自然に治るという過程なのですね。

　治りにくくなっている認知的な問題をうまく変えることになれば，また回復のプロセスが再開するというような考え方なのです。そういうトラウマに関連して，ちょっと難しくなっている考え方をスタックポイントといいます。スタックとは，止めるとか停滞するとかいうような意味ですけれども，そういう回復を止めてしまっているような考え方のスタックポイントを見つけて変えることで，それをかなり直接的に助けるわけですね。

　例えば，自分がどうしてこんな事件に遭ってしまったのだろうというときに，良いことをしていれば良いことが起きるみたいな，そういうシンプルな考え方を，CPT では公正世界の信念なんて呼ぶこともあります。そういう良いことをやっていれば良いことが，悪いことをすると悪いことが起きるみたいなそういう素朴な考え方が，ものすごく大きな嫌な出来事に遭ってしまうと，何か自分に落ち度があったのではないかとか非常に原因を考えてしまいがちです。本当ははっきりとした原因がなくても，人間ってそういう原因を考えてしまうので，そういう中で自分が何か良くなかったから悪いことが起きてしまったのではないか，そういう極端に自分を責めてしまうような考え方が残ってしまうと，それによって回復が妨げられてしまいます。先ほどの議論から，どちらかというと極端に自分を責めてしまう二次感情みたいなものと，スタックポイントは関連しています。それを外すと，例えば悲しい気持ちであっても，一次感情としての悲しい気

持ちであれば，比較的それは自然に表出すれば自然に消えるというモデルがあります。

ですから，二次的な極端になっているところをどう変えていくのかというところをやっていくということですね。PE では，トラウマの記憶を繰り返しお話しする中で，そこで新しい認知を見つけたりすることも出てくると思うのです。一方，CPT ではどちらかというと ABC シートという，一般的な CBT で使っているようなシートで A という出来事に対し，どのような認知（B）が出やすいのか，それによってどういう感情になってしまっているのか，どういう行動になってしまっているのか（C）というのを辿らせて，認知の部分を変えていきます。それは一般的な CBT とほぼ同じようなところですが，そのところを変えていくとかなり大きく変化します。

ただし，CPT ではもう一方で，そうした認知の問題を見つけていくときに，これまでのトラウマ体験のことを紙に書き出すというやり方をしていたのです。最近，書き出すことは必ずしも必須ではなくて，とらわれているスタックポイントを見つけていくことができれば，トラウマについて思い出したり書き出したり話したりすることは絶対しなくてはいけない要素ではないと，CPT 自体も変わってきています。

ただし，解離症状の強いケースは，全部一旦は書き出したり，話せるようになってから施行した方が良い場合もあると言われています。CPT は，認知を扱いながら，実はそのことを話しているので，ある程度エクスポージャーは事前にしていると思います。認知を扱いエクスポージャーも行い，はっきりと思い出させるというやり方を，患者さんの様子を見ながら使い分けたりしています。全部で 12 回ぐらいのセッションとなるのが標準のやり方です。CPT も，EMDR や PE と同様に，臨床的な研究によってその効果が明らかになっています。

【司会】CPT の概要についてよくわかりました。森田先生のご経験から，例えば認知療法に乗れないかなというような方，子ども，解離症状を有する患者さんへの CPT の適応はいかがなものでしょうか？

【森田】 先ほどの解離の話は，解離症状を有する患者さんは記憶を辿ることをやったほうがいいという意味なので，CPT に乗らないという意味ではありません。そうですね，子どもの場合は，少し理解力が低い場合に，そういう知的な操作は難しいのではないかという話はありました。しかし，最近アフリカの戦闘地域で CPT が施行されたことが『New England Journal 誌』で報告されて，非常に効果があったということでした。文字を書けない人たちでも結構 CPT はできるということでした。その報告によれば，もともとのやり方よりは少し簡便にしたり，必ずしも紙に書き出さなくてもいいような工夫はしたようですが，CPT の方法論自体は少し理解に限界があっても十分できるということで，子どもであってもその子に応じた工夫をすれば認知を扱うことができるようになります。

　CPT は，罪責感とか，自分に対しての否定的な考え方みたいなものにかなりダイレクトに焦点を当てていくので，その効果は高いということが言われていますし，考え方を変えていくというプロセスを一緒に意識的にやるので，そういう点では，そのことが残りやすいというか，そういうふうにいざというときにまた考えれば良いというやり方を持って帰れるところは結構 CPT の強みだと思います。

　例えば，DV 被害者の人たちが CPT を受けた後，DV の被害に遭わない確率が高まったという研究はありますね。だから，そういう考え方が入ることによって，そういうことに遭わないためのスキルというか，そういう対処の力がついたりというようなところは，ほかの療法でもあるのかもしれないと思いますけれども，CPT はそこをかなり意識的に一つずつ確かめながらいくので，そこが有利な点なのかなとは思います。

【中山】 私が，PE のスーパーバイズを受けたときに，最初のセッションから患者さんとプロセッシング，認知を扱う対話になったことがありました。そのビデオを見た先生から，「ああ，ちょっと最初から認知を扱っているのはまずいね」という感じのコメントをいただきました。「あ，そうかそうか，やはり順番にやっていかなければ」と思いました。その後，Resick 先生が来日されたときに，先生が，「最初のセッションで患者さん

にネガティブな認知に関わる話をさせると，次回から患者さんが来なくなります。どうしてかというと患者さんは，『自分の否定的認知に治療者も同意するに違いない』と思うほどに強い否定的認知をお持ちだから」というふうに仰っていて，すごく腑に落ちました。

PE 以外の個人療法のセッションで，否定的な認知を扱うと患者さんはすごく辛がるし，嫌がったりされるので，トラウマに関する否定的な認知というのは，非常に苦痛なものだとしみじみ感じているところです。PE では想像エクスポージャーや現実エクスポージャーをやったりすることで，何となく体力をつけていく中で，次第にプロセッシングというものを辿っているのではないかと思っています。むしろ，CPT では，それをダイレクトに扱うわけですよね。ですから，治療の構造上の工夫としてどういうことをされると患者さんが頑張ってそこに耐えて，しっかりと向き合ってお話しできるか教えてください。

【司会】森田先生，お願いします。

【森田】やはりほかの療法と共通だと思いますけれども，心理教育が最初にあって，自分の状態を知っていただくことが基本です。例えば感情とはどういうものなのかなどということを積み上げていきます。先ほどの否定的な考え方になってしまうみたいに，本来は自分を責める必要がないことまで責めてしまう場合もありますよね。例えば，こういった自責感に焦点を当てるところから治療に入りますと，患者さんが辛がったり，嫌がるという印象はありません。

CPT は，むしろ EMDR や PE よりは，ダイレクトな体験そのものにあまり焦点が当たらない面があります。例えば，ABC シートを練習するときに，可能であれば過去の体験についても，あるいは日常的なことでも良いから書いてきてほしいと言うことがあります。患者さんとのやりとり自体は，やはり押しつけない形でやっていき，その後過去のことに少しずつ働きかけていきます。

書くというのは，わりに自由度が高いのですね。ですから逆に，やってこない人はやってこないこと自体が1つの壁といえます。話すことは，逃

げ場がないというか，話し始めたらそのことを話さなければいけませんが，書くことは話すこととは違い調節可能ですから，かえってそれに焦点が当たらないままになってしまわないように頑張ってもらうというところが治療者として一工夫必要だったりします。

## STAIR&NST（感情調整と対人関係調整スキルトレーニングとナラティブ・ストーリー・テリング）─幼少期のトラウマによる PTSD のための認知行動療法

【司会】それでは，STAIR と NST に関して，総論的な部分の解説を大滝先生，よろしくお願いします。

【大滝】STAIR と NST は，Marylene Cloitre 先生が創った治療法で，幼少期にトラウマ体験があった，成人された方のための治療法として作られたものです。今，先生方のお話にでていたように，どの治療も準備段階があって，積み上げていくものはあると思いますが，特に幼少期のトラウマの影響で，すごく脆弱で力がない患者さんの場合は，「トラウマについて治療しましょう」といっても，すぐには取り組めない方が多いです。そのような方のために，準備段階のスキルトレーニングのところがしっかりしていて，それからトラウマのワークをするという構造になっている治療法です。

　幼少期のトラウマの影響がある場合，感情についての言葉を知らなかったり，対人関係の問題があったり，感情のコントロールが困難になっていることがあり，そのような状態でトラウマのワークを行うとバランスが保てなくなって崩れてしまいます。いきなりトラウマワークを行うとドロップアウトするか，または解離をしてしまい，とても取り組めないという方のために，本法はスキルトレーニングの部分がしっかりされているのです。そこを積み上げていった上で，肝心な根元にあるトラウマに取り組みますので，リソースがなかったり，これまでに健全な体験がなかった方でもきちんとトラウマに取り組める治療法だと思っています。

前半の STAIR は，子どものころに本来なら学んでいる感情調整だったり，対人関係のスキルというところをかなり詳しく，1 セッションごとのテーマにそって取り組んでいくという段階です。後半の NST は，PE の原理に基づいてトラウマのワークをしていきます。治療の対象は，複雑性のトラウマを持っている方なので，トラウマのエピソードについても段階的に取り組んでいきます。トラウマのストーリーの階層表を作って，どれから取り組んでいくのかも決めていくのです。

PE では，一番怖かった瞬間に取り組めば，その他の部分は次第に落ち着いてくるだろうと考えられます。STAIR/NST の場合は，どのトラウマから取り組んでいくかを本人と話し合い，今その方が取り組める段階のトラウマのエピソードを選んでエクスポージャーしていきます。PE のように，録音を聞いてくる練習がありますが，それも治療の中でセラピストと一緒に聞いて，その中でどういう感情が強いか等話し合ったりしていくような部分が後半の NST に含まれています。

【森田】NST というのが，そういう点が PE に近いのでしょうね。

【大滝】そうですね。

【森田】NST は，もう少し成育史的な仕組みで全体的にやっているということですね。

【大滝】必ずしも時系列ではなくて，それぞれのトラウマ体験に対して本人の感じる辛さのレベルによって階層表を作るということです。

【森田】階層表を？

【大滝】そうですね。NST は，PE の要素もありますが，そこも段階的に，柔らかく，安全に取り組んでいくという感じかなと。

【荒川】PE が難しい方に対して，STAIR/NST が考案されたという理解でよいのでしょうか？

【大滝】そうだと思います。

【荒川】PE が難しい方がいるということから STAIR/NST に発展していったというふうに。

【大滝】はい，そういう理解でよいと思います。

【加藤】小児期に複雑なトラウマがあると，インデックス・トラウマという1つの大きなトラウマのみ扱うことで改善することが非常に難しくなるわけですよね。今，大滝先生がお話ししてくださったように，被害前の正常な基準がなく生き延びるために子どもは自分なりのいろいろな方策で，その当時の危険な環境の中ではそれなりに機能している方法で生きてきているわけです。当然，解離をしたり，感情が不安定であったり，対人関係の問題が起こったりします。PEのようなダイレクトな治療ですと，ドロップアウトしたり，解離が強まる可能性があるのでSTAIR/NSTを，ということになります。

【森田】そうすると，1人の患者さんがいらしたときに，PEをするか，STAIRをするかというような判断をするようなこともあるのですか。患者さんが来て，PEをすぐに施行するのではなくて，STAIRに回そうという，その2つが両方できるという前提があるようなところがあれば，そういうような形をとると。

【加藤】そうです。例えば，大人になって，何か大きなトラウマティックな体験があり受診された方で，その出来事以前に何もない方の場合にはSTAIRを行うわけではないです。解離が強かったり，対人関係の問題などを以前から持っている場合には，PEではなくてSTAIRから始めることがあると思います。その場合，リスクが大きい患者さんを，しっかりアセスメントして見極めていく必要があると思います。

【森田】逆にシンプルなトラウマで，あまり生育歴中に問題がなければ，STAIRは使われないということもあるのでしょうか？

【加藤】そうですね，対人関係の問題とか，感情調整の問題がなければ使わないです。

【森田】私の関心からいうとアタッチメントということになるのですが，アタッチメントを保証してくれる存在というのが，それはセラピー場面では一応治療者でしょうけれども，もうちょっと環境の中にそういう人がいることが結構大事かと思いますが，その辺はいかがでしょうか？

【加藤】そうですね。STAIR/NSTを行う場合，アタッチメントの問題を

多くの方が抱えていらっしゃって，現在その方を支えてくれる人が，アタッチメントを保証する対象としてやり直しをしなければいけないと思います。それがない場合は，治療者との関係の中でペアレンティング的なことを行うこともできると思います。小児期トラウマの方は，リソースが非常に少ないか，欠如していて，健全なアタッチメントが持てずに，人への信頼感も持てず，自己評価も低く，かつ社会的な支援も乏しく，コミュニティのサポートも少なく，教育レベルも低いというように，度重なるさまざまな不遇があるわけです。そこで大人になって問題が顕在化した時，小児期の基準でやり直す必要があります。STAIR は TF-CBT（トラウマ・フォーカスト認知行動療法：Trauma-Focused Cognitive Behavioral Therapy）とも非常に似ています。

STAIR の良いところは，過去のトラウマのみ扱うわけではなくて，現在の問題，例えば目の前で今起こっている人間関係の問題，自分の感情のコントロールの問題なども同時に考えていくことです。その中で認知を変化させていくにはどうすればよいかということを工夫していきます。

STAIR の段階では心理教育を行います。この段階ではご本人の中では，自分の過去のトラウマと，自分の現在の問題がどのぐらい関係しているかということは明確ではありません。私は教え込まない点が良いと思います。内側からのスキーマの変化というのを大事にしながら，NST に入って初めて過去の経験と，現在の自分の人間関係とか感情調整の問題がどう繋がっていたかを，患者さんが自ら発見していく形で認知が変わっていくのです。

【森田】STAIR の段階であえて教えないのは，それは教えてしまうと，かえってそういう気付きがないということですか。

【加藤】そうですね。おそらく脳の中では，現在起こっている問題は過去のことに繋がっているので，本人の意識に上がっていないけれど，段階的なエクスポージャーになっていると考えます。すぐに過去のトラウマに繋がってしまうと，小児期からの複雑性トラウマの方は，持ち堪えられず症状が悪化してしまうのではないかと思います。

小児期のトラウマの方は，自分の意見を持って主張することは苦手で，自分の意見が何かよくわからないこともあり，教えられたらそう思い込むかもしれません。しかし教えるということでは，ほんとうの意味での認知の変化が起こってこない可能性があります。

【森田】もちろん教え込むこと自体，あまり良いことではないと思います。CPT でももちろん無理に教えるということではないのですが STAIR/NST では余計もっとそれを丁寧にやるのでしょうか？

【加藤】かなり丁寧だと思います。

【荒川】そのあたりは CPT と STAIR は近くないですか？

【加藤】近いと思います。

【荒川】やはり，近いなと思いました。

【加藤】STAIR の段階のスキルトレーニングが非常に役に立っていくので，認知機能の良い方は NST ではなくて PE でも良いと思います。ただ，NST はナラティブ後のアセスメントの感情（恐怖，麻痺，怒り，悲しみ，恥，罪悪感など）を自分でチェックしていくので，非常にわかりやすいです。

【森田】母親とかいろいろ被害を与えている人との関係が継続して離れられない場合も結構あるわけです。そうすると STAIR の段階で，そういう状態に対しても少し距離をとれるようになる。そういうところまでやっていくのですね。

【加藤】そうですね。ただ，現在危険な状態の場合は，まず環境調整をしなければいけないです。STAIR/NST を行っていくと，親に対してのスキーマも変化すると思います。

　もう 1 つ STAIR/NST で重要なのは，ロールプレイをたくさん行うことです。ナラティブを行って過去に取り組む中で，自分の問題，つまり，非機能的なスキーマが明らかになってきます。それをもとにして，宿題で現在の生活の中での問題に取り組んでいきます。必要があればセッションの中で治療者とロールプレイを行います。そこで学んだことをまた宿題で実生活の中で応用する，これを繰り返すことによって，今まで足りていな

かった対人関係スキルを実生活でも使えるようになります。

【森田】 なるほど。対人関係療法や，SST（ソーシャル・スキルズ・トレーニング：Social Skills Training）の要素も STAIR/NST には入っていますか。

【加藤】 さまざまな要素を含んでいると思いますが時間的には1回1時間程度でできます。大変な体験をした方でも短いナラティブで終了できるのは，他の要素があることで認知の処理が早く進むためかと感じています。

【中山】 ほんとうに先生のおっしゃるとおりです。PE をやるにしても，前段階の STAIR の部分というのはとても有効だと思っています。先ほど，森田先生がアタッチメントとおっしゃっていましたが，やはりその要素も大事ですね。私がグループで STAIR をやりたいと思うのは，グループの中でのアタッチメント関係の構築が大切だと思うからです。

【森田先生】 安心の基地みたいな。

【中山先生】 そう，安心基地みたいなのが作れれば良いなと思っています。もちろん個人療法でもやれることはあります。一方でグループの中の特殊なアタッチメントというのはとても支えになると感じています。ですから，STAIR をグループで学んだ後，PE にいくのが良いのかなと考えています。私は，PE はすばらしい治療法だと思いますが，いろいろなものを取り入れて，コラボレートして作っていくと，患者さんの治療動機も高まると思っています。

【森田】 今回，取り上げた4つの技法の中で，グループ療法が絡むのは，STAIR と CPT の2つですか？

【荒川】 NST はグループではやらないのですね。STAIR のところだけですか？

【中山】 STAIR のところだけです。一度，PE をグループでやろうと思っていたのですが，ちょっと大変でした。

【井上】 EMDR の場合，海外では災害時の緊急支援などで，セルフタッピングのような形で子ども達に実施した例もあります。

【森田】 グループの良いところは，共通した体験を持っているということ

なのです。認知の部分を中心にして，体験そのものは，必要があれば個人のほう，グループでもちょっと個人の場を設けることも，もしくはグループが難しければ個人にまた戻ったりすることもあります。

【中山】まさにそうだと思います。特にSTAIRのロールプレイは，グループで行うと強力というか，みんな学び合える部分があるのです。

【森田】個人ベースで行うのに近い形で，グループの中で他者の体験談を聞くことで，それをもとに少し自分の考え方に幅を持たせていくことをグループの力で行うのがグループCPTみたいなものですね。

【中山】そういった点ですごくグループCPTは良いと思います。

【司会】トラウマ焦点化療法を本書籍にご執筆された先生方からご教示いただきました。各療法の方法論は確かに独特の考えのもとにありますが，常にトラウマを抱えた患者さんのことを考えて検討しておられる各療法の根底にはとても共通点があると思われました。先生方，本日はご多忙のところご教示いただきありがとうございました。

PART **1**

# 持続エクスポージャー療法

*Prolonged Exposure Therapy*：*PE*

中山未知，荒川和歌子，野呂浩史

## ここがポイント!!

　本章では，エビデンスの多い PE についてその理論と症例がわかりやすく解説されている。

　総論部分では，PE の理論的な根拠である情動処理理論により PTSD の発症と維持，回復を説明し，PTSD を長引かせている 2 つの要因を提示している。次に PE のセッションの手続きを紹介する中でエクスポージャーと，PE における認知再構成を促す部分であるプロセッシングについて解説し，想像エクスポージャー中に起きるかもしれない解離反応への具体的な手当てを丁寧に解説している。PE の心理教育では主に PTSD が慢性化する 2 つの要因，つまり，回避と非機能的認知について，患者の体験をもとに話し合いを行い，説明することの重要性を述べている。

　症例提示では，標準的な手続きで治療が進んだ例と，治療が難航した例が報告されている。前者は単回性トラウマ，後者は強い解離症状に阻まれて PE が難航した複雑性トラウマの症例と考えることができる。PE の治療原理および治療手続きは両者にとって効果的であったと言えるが，複雑性トラウマに対する治療においては様々な工夫と配慮が必要であり，特に想像エクスポージャー中の解離症状への対処が治療のポイントであるという。
（野呂浩史）

中山未知（なかやま　みち）

東京女子医科大学附属女性生涯健康センター勤務。臨床心理士，PE
スーパーバイザー。

2006 年，武蔵野大学大学院修士課程修了。同年 6 月より現職。

トラウマ焦点化した心理療法を主に行う。また，複雑性 PTSD のた
めの心理療法である STAIR/NST の STAIR スキルを編成した，3 つ
のグループ療法（心理教育グループ，感情調整プラクティスグループ，
対人関係プラクティスグループ）を企画，実施している。


荒川和歌子（あらかわ　わかこ）

南平岸内科クリニック臨床心理部門臨床心理士。

2005 年，札幌学院大学大学院臨床心理学研究科修了。2006 年より現職。

不安症の認知行動療法や，解離性障害，PTSD などトラウマ関連疾患
の心理査定・治療に関心を持ち取り組んでいる。

著書に『「解離性障害」専門医のための精神科臨床リュミエール 20』（共
著，中山書店，2009），『わかりやすい MMP I 活用ハンドブック　施
行から臨床応用まで』（編著，金剛出版，2011），『嘔吐恐怖症　基礎
から臨床まで』（共著，金剛出版，2013）などがある。


野呂浩史（のろ　ひろし）

南平岸内科クリニック院長。精神科，心療内科を担当。

1988 年，杏林大学医学部卒業。医学博士。札幌医大病院，国立療養
所八雲病院，北海道大学病院登別分院勤務を経て現職。専門は不安障
害の薬物療法および認知行動療法，解離性障害・トラウマ関連疾患な
どの心理査定ならびに包括的治療。

著書に『季刊こころのりんしょう à・la・carte「解離性障害」』（共著，
星和書店，2009），『「解離性障害」専門医のための精神科臨床リュミエー
ル 20』（共著，中山書店，2009），『メンタルクリニックでの主要な精
神疾患への対応［2］　不安障害　ストレス関連障害　身体表現性障害
　　嗜癖症　パーソナリティ障害（外来精神科診療シリーズ）』（共著，
中山書店，2016）などがある。

# Ⅰ．総説

　持続エクスポージャー療法（PE）はペンシルバニア大学精神科教授（心理学）の Edna B Foa 教授とその同僚の開発した心的外傷後ストレス障害（PTSD）の治療のための心理療法であり，1 回 90 分のセッションを，概ね 10 回から 15 回毎週実施する構造をもつ。

　ここでは，はじめに PE の理論的な根拠である情動処理理論により PTSD の発症と維持，回復を説明し，PTSD を長引かせている 2 つの要因を提示する。次に PE のセッションの手続きを紹介する中で PE の名前の由来である技法：エクスポージャーと，PE における認知再構成を促す部分：プロセッシングについて解説し，想像エクスポージャー中に起きるかもしれない解離反応への具体的な手当てをあげる。最後に，想像エクスポージャーの役割について再度議論する。

## 1．PE の成り立ち：エクスポージャー療法と情動処理理論

　PE は情動処理理論（Emotional Processing Theory）と不安のためのエクスポージャー療法の 2 人の親を持つ。すなわち，理論的な根拠を情動処理理論に置き，中心的な手続きをエクスポージャー療法に依っている。

　エクスポージャー療法は長い歴史をもち，古典的条件づけに基づく行動療法の手法である。患者は治療者とともに不安，恐怖，苦痛等を感じている場面のリストを作成し，そのリストをもとに段階的にエクスポージャー（曝露）を行う。患者は自ら不安や恐怖を感じている場面に実際に接して，それ自体が危険ではないということを認識し，その結果，不安症状が軽減する。

## 2．情動処理理論

　Foa によると，トラウマ記憶の適切な情動的，認知的な処理が PTSD 症状の改善に中心的な役割を果たすとしており，情動処理理論によって

PTSD の発症や回復のメカニズムを説明している。

情動処理理論の柱となっているのは，恐怖感を，単一の感情としてではなく，Lang[7] による「恐怖の構造」という１つのプログラムとして捉えている点である。「恐怖の構造」とは危険を避けるためのプログラムであり，恐怖を喚起させる刺激，恐怖への反応，そして刺激と反応に対する意味付け，という３つの情報が含まれている。

例えば，猛獣に襲われるという出来事（恐怖を喚起させる刺激）により，心拍亢進（恐怖への反応）が起こり，「危険だ」と察知して逃げる（刺激と反応に対する意味づけ），という一連のプログラムが「恐怖の構造」である。このプログラムが適切に発動することにより，次からは，危険を予期して回避し，その場からすばやく退避することができる。「恐怖の構造」プログラムは，いわば森林で暮らしていた往古の時代から私たちの命を守るために必要なプログラムであった。一方で，この「恐怖の構造」がPTSD の中ではどのように作用しているのか，以下，情動処理理論に依って 1) 早期の PTSD 症状，2) PTSD の自然回復，そして 3) PTSD の慢性化と 4) 治療，を解説する。

１）早期の PTSD 症状

Foa によると，PTSD を発症させるかもしれないトラウマ記憶の「恐怖の構造」は，特殊である。恐怖を喚起させる刺激がトラウマの最中だけでなく，その後も続いているという点や，その日常生活上で続いている刺激（トラウマリマインダー）に対して，生理学的，心理的，または行動的な反応が起こるが，これらの刺激と反応の意味づけが断片化され，十分に体系化されていない点がある。したがって，意味づけ（認知，現実検討と呼んでもよいが）は現実を正確に反映しておらず，病理的であることもある。

例えば交通事故にあった患者は，その出来事が過ぎた後でも，車を運転することや，車をみること，事故現場の近くにいくことで，恐怖や不安が喚起される。患者が雑誌で車の広告をみて恐怖を感じるのは，患者の中では車を見る＝危険，という認識（意味づけ）で起こっていることだが，これは現実を正確には反映していない（つまり，実際，雑誌の広告の車の写

真に危険はない）。しかしこのような連想された刺激と反応から意味づけされた多くの危険な状況（それらが現実を反映していようが，そうでなかろうが精査されることなしに）を避けるために，恐怖を喚起させる刺激を回避しようと努力するようになる。

このように早期のPTSDでは，賦活されたトラウマ記憶が頻繁に思い出される再体験症状や警戒心が亢進するような過覚醒症状が出現し，そのような圧倒的な感情的苦痛は回避症状発現の強力な要因となる。

### 2）PTSDの自然な回復

PTSD症状の自然な回復の過程においてみられることは，実際，トラウマ記憶は繰り返し活性化する機会が与えられているということである。すなわち，トラウマを思い出させる刺激を目にする機会は日常生活上に何度もあるであろうし，身近な人々にその体験を打ち明ける機会もあるだろう。例えば，何度も車の広告をみて，はじめのうちは恐怖を感じても，実際に危険なことが起きないということを繰り返し体験することで，車の広告それ自体は安全であるということを学習するようになる。また，自分が話したことを相手にきちんと受け止めてもらうことはそれ自体で肩の荷が下りたような安心感を得られるが，そのような安心感の中で比較的冷静に，出来事の側面についてまた違った視点で眺めることができるようになる。そのような現実的な認知を持つことで非現実的な意味づけに伴う状況に対する多くの回避の必要はなくなる。

このように自然な曝露と日常生活で起きている刺激と反応の間の意味づけ（認知）の修正を繰り返しながら，PTSD症状は回復する。

### 3）PTSDの慢性化

しかし，自然な回復がどこかの過程で阻害され，慢性的なPTSDに至った時には回避が日常生活の様々な側面に行き渡っていることが多い。

交通事故にあって長らくPTSDを患っている者は刺激を避けるために，交通手段を徒歩や電車に変えたり，ドライブなどの趣味を「興味がなくなったから」といってやめるといった目に見える回避行動から，そのうちに外出自体をひかえて，引きこもりがちになったり，反対に仕事やその他の

活動に過剰に入れ込んだりするのと同様な，出来事を思い出すのを避ける
ためのあらゆる方策，例えばむちゃ食い，飲酒，自傷，感情の麻痺，解離，
疼痛といった身体症状などで通院することが人生の一部となるかもしれな
い。患者自身がこれらのことを回避と気がついていない場合も多く，苦痛
を感じながらも「もともとこういうライフスタイルだった」「（トラウマの
せいではない）別の病気だ」と認識していることがある。また，患者はい
わば回避の結果である極端に狭くなった環境や感情世界の中では「全く問
題なく」遂行することもある。育児，家事，仕事に打ち込み，それらを充
分に達成することは，回避をすることへの目的になっているが，一方でそ
れらのことに過度に注意を向けるという面で，回避の手段にもなっている。

　慢性的な PTSD において，このように極度に回避症状に覆われた生活
により，トラウマ記憶の活性化は制限され，かつ反応を起こす刺激が顕在
しないため，刺激と反応の意味づけが現実を正しく反映しているかどうか
の精査が制限され，結果として情報や認知の修正が極度に制限されている。
患者は，「この世の中は危険だらけだ」「誰も信用できない」「私はどこか
おかしい人間だ」「私にはなにもできない」などの非機能的な認知の中に
閉じ込められた状態になる。

　4）治療
　慢性期の PTSD の治療の基本は自然な回復と同様な作業であるという
ことを治療者は見失ってはならない。つまりトラウマ記憶を活性化し，そ
の中にある刺激と反応の意味づけを修正していくことが重要である。

　しかし，同時に患者がどのようにして自然な回復の過程を見失ったのか，
ということと，これまでの患者がトラウマ記憶に対処しようとしてきた結
果の回避症状について十分な理解を示すことが重要である。患者の多くは
出来事について語るソーシャルリソースが得られていない。Brewin ら [3]
による成人の PTSD のリスク要因についての包括的な評価によると，リ
スク要因のうちもっとも割合の高かったのは「低リソース」現象であり，
すなわち，過去の逆境，以前からの低い精神的健康度，社会的サポートの
欠如，教育の機会が得られなかったことなどが PTSD のリスク要因にな

っている。そういった様々なリソースが自分自身から失われていたという患者の悲嘆や怒りの感情を理解し認めること，患者の回避症状に対して，トラウマの記憶に対処し，ここまで生き延びるためであったという状況や，それをたった1人でやってこざるを得なかったという患者の深い孤独感を十分受け止める姿勢が治療者の対応として重要である。さらに，患者がどんな回避手段を持っているのか，もしかしたらその中にその人が元来持っている強さが内包されているかもしれず，そしてもしそれが認められたら，そのような優れた特性はこれからの治療に役立つ部分であるということを患者にしっかり伝えることが大切である。

　以上のことは一言でノーマライズ，という表現になるのであろうが，治療者はノーマライズを丁寧に行うことで患者により深く関われるようになるだろう。

## 3．PTSDが慢性化する要因：回避と助けになってくれない考え（非機能的な認知）

　PEのファーストセッションでは，治療のあらましを説明した後，呼吸再調整法の紹介，心理教育，もし今まで実施していなければトラウマ歴のおおまかな聴取が行われる。多くの患者はフラッシュバックへの対応や不安に対するコントロールに関して，呼吸再調整法が大きな助けに感じられるかもしれない。患者が自分自身の力でPTSDの症状に向き合って対処している点を認め励ます一方で，呼吸再調整法に過度に依存して回避を生むことのないよう治療者は注意を払う必要がある。

　心理教育では主にPTSDが慢性化する2つの要因，つまり回避と非機能的な認知について，患者の体験をもとに話し合いを行い説明する。

### 1）回避

　PTSDの自然な回復の過程では，日常生活での曝露を繰り返すことにより，トラウマ記憶が何度も賦活され，それに関連した考えや感情を他者と話し合うことによって，記憶の処理が進み，トラウマ記憶に関わる意味づけが変容するという過程があることは先述の通りである。それに反して

PTSD が慢性化するのは，情動処理の枠組みにおいてトラウマを想起させる刺激への極度の回避がトラウマの記憶に適切にアクセスし処理することを阻害しているため，と考えられている。

　もし，回復のどこかの過程で，ソーシャルリソースの欠如，ヘルプシーキング能力の不足，これまでの人生の中の様々な経験やトラウマ歴からによる認知の問題，などのリスク要因が複合的に作用し，日常生活上での自然な曝露が阻害されると，その結果として回避が増えるだろう。回避はトラウマ記憶というストレスに対する唯一の対処法である場合も多く，一般的に患者はその対処法を周りから奨励されてもいる。「もう済んだことだ（忘れなさい）」「いつまでも昔のことを蒸し返さないで」「なかったことにしよう」「終わったことは水に流して」など，回避を促進するような言葉は実に日常的な響きをもっている。

　また，回避はトラウマ記憶の恐怖を喚起させる刺激から身を守るだけではなく，回避することそれ自体が報酬的に作用する側面もある。例えば，交通事故にあった患者が用事で出かけようとするときに，車を運転することを考えると大きな不安が生じる。その時に車ではなく電車で行こうと計画を変更したり，また，その用事は自分にとっては大切な用事ではないと考えて（実際は大切な用事であったとしても）行くのをやめた時に感じる安堵感は患者にとって一瞬ではあるがある種の心地よさを感じるものである。その心地よさ，つまり報酬によって回避行動は強化され，その頻度も増えていく。

　このように巧みに張り巡らされた回避によってトラウマ記憶へのアクセスと適切な処理が阻まれていることが，PTSD を慢性化させている要因の1つであると考えられている。

　2）助けになってくれない考え（非機能的な認知）

　もう1つの PTSD を長引かせている要因に，非機能的な認知がある。

　非機能的な認知は，強固な回避によりトラウマを想起する状況や記憶へのアクセスが阻害され，トラウマ記憶の意味づけがより適応的なものへと変化する機会が失われるために維持，生成される。

患者は，恐怖，無力感に裏づけされたトラウマに対する認知と，それに伴って生成された現実を反映しない間違った意味づけ，つまり以下のような非機能的認知に固着している。交通事故に遭った患者を例に取り時系列でみると，①いかにトラウマ体験に至ったかの認知（トラウマ前），例えば「あの日，車の運転などしなければよかった。全て私の責任だ」。②トラウマの最中の認知，例えば「何が起こるか分からない（世界は危険なところだ）」「自分ではコントロールできない」など，世界や自分自身に対する否定的認知。③その後，そこから抜け出した状況についての認知（トラウマ直後），例えば「助手席にいた人を殺してしまって自分だけが我が身かわいさに助かってしまった」。④そして現在どのように過ごしているかに関する認知（トラウマ後），例えば「私は人殺しだ。人生を楽しむ資格はない」。トラウマ体験にまつわる，以上4つの非機能的認知（自分にとって助けになってくれない考え）がPTSDを長引かせている。

　このようにトラウマ記憶に関わる多くの意味づけは，現実が反映されずに，極端な一部の事実のみが拡大解釈や過小評価されることで非機能的認知となり，罪悪感などの二次的な感情を生む。これらの極端な認知は，感情的な極端さを引き起こし，患者を精神的および身体的にも疲弊させる。

　しかし，先述した通り，回避がトラウマ記憶の処理に対する障害となっているために，非機能的認知に対する再考は進まずそこで行き止まりとなる。また逆説的に，そのような非機能的認知を持っていることは患者にとって大変苦痛であり，しばしば恥の感情が伴うために，それらを他者にオープンに話すことは困難となり，それゆえ更に回避が強固になるという悪循環を形成する。

　以上のように回避と非機能的認知はPTSDが慢性化する主要な要因であり，これらは独立して作用しているのではなく，相互補完的，亢進的に働いているといえる。

## ４．PE の主な手続き：現実エクスポージャー，想像エクスポージャー，およびプロセッシング

　これらの PTSD の回復を阻害している要因に PE はどのように取り組むのだろうか。PTSD の本来的な回復にならって，PE では，現実エクスポージャー，想像エクスポージャー，そしてプロセッシングという３つの手続きの中で，まずトラウマ記憶や想起刺激に直面化し回避を低減させていくことに取り組む。その後，回避が低減したところで，トラウマ記憶の処理をし，意味づけ，非機能的認知の再考を促進する。

　１）現実エクスポージャー

　現実エクスポージャーでは，日常生活の中でトラウマ記憶を思い出させるからといって回避している様々なものや状況に直面して，そのものや状況が実際は危険ではないということ，一時は不安を感じてもしばらく時間が経てばその不安は低減していくということを学んでいく。

　交通事故後に車の広告を見ることで恐怖を感じる患者の場合，繰り返し車の広告を眺めるといった現実エクスポージャーの課題を行う。繰り返し不安を喚起させる刺激（この場合は車の広告）に直面することで，患者は不安が馴化することを体験する。そして，比較的落ち着いて車の広告を眺めることができるようになると，実際に事故に遭うことと車の広告を見ることは異なること，という当然の認識が正しく得られるようになる。

　患者は治療者と相談しながら，比較的チャレンジしやすい状況からエクスポージャーに取り組むことができる。したがって治療者は特に最初の段階では患者がしっかりと成功体験を積めるような課題を選べるよう，注意深く援助すべきである。セッションが進むにつれて患者は次第に難しい課題に取り組むことが可能になる。

　現実エクスポージャーを続けるうちに患者は，恐れていた状況が実際は安全であったり，トラウマ的出来事と結びつけて苦痛な感情を持たなくてもよいことを自覚し，自ら体験を持って獲得した学びに対して自信や自己効力感を持つようになる。

## ２）想像エクスポージャー

　想像エクスポージャーでは，回避しているトラウマ記憶そのものに直面し，トラウマ記憶は「記憶」であって実際に危険ではないということを認識し，その中で感じる恐怖や無力感もしばらくすると低減するということを学ぶ。

　想像エクスポージャーは患者にとってより難度の高いチャレンジである。１つは記憶を話したり，それを聞いたりすることは現実エクスポージャーを実施するときのように段階的に行うことが難しい側面がある。すなわち，トラウマ記憶に向き合うこと自体，患者が一番避けていることであるので，その不安の程度は極度に高いということを治療者は肝に銘じる必要がある。

　もう１つは，“トラウマ記憶は往々にして言葉を持たない”という側面である。一般的にトラウマ記憶は通常のエピソード記憶と違って，小児期健忘とも呼ばれる２歳以前の子どもの頃の記憶のような，非言語的なイメージや身体感覚で保存されている。Brewin[2] によると，記憶には２つのシステムがあるという。すなわち，言語的に接近できる記憶（verbally accessible memory: VAM）に対して，意識されず，状況に応じてのみ接近できる記憶（situationally accessible memory: SAM）があり，トラウマ的記憶は後者に属する。トラウマ記憶は，このように言語的コードを持たないが故に言語的に処理することができず，それまでの経験や意味のなかに組織化することができないといわれている。

　患者にとって想像エクスポージャーはトラウマ記憶を詳細に言語化していくこと自体が最初の大きなチャレンジである。その後，患者は次第に現実エクスポージャーと似て，恐れていた記憶は実際には危険がないということ，恐怖が馴化していくことを学ぶ。

　そのために患者は，想像エクスポージャーの中でトラウマ記憶に関わる感情に触れる必要がある。なぜならトラウマ記憶は先述の通り「恐怖の構造」であり，その中の“感情－認知”を賦活することによりそれにアクセスでき，極度に苦痛な感情の馴化と非機能的認知の再構成が促進されるからである。

症例提示において，症例 A がセッション 3 で感情に適切に触れること
ができたこと，症例 B においても，治療者の様々な工夫によって徐々に
感情に関わりながら想像エクスポージャーが実施できたことは，治療にお
ける大きな転機となった。想像エクスポージャーの中で患者と治療者は，
感情にほとんど触れない状態（アンダーエンゲージメント）と感情に圧倒
されて認知にほとんどアクセスできない状態（オーバーエンゲージメン
ト）の間に，感情のエンゲージをしっかりと保つようにコントロールして
いく必要がある。適切なエンゲージでの想像エクスポージャーの実施によ
って，患者は恐怖の馴化に気づき，次第に落ち着いてトラウマ記憶を眺め
ることができるようになる。そして自ら体験－記憶を反芻する。その結果，
中間セッション以降になると，患者が考え，悩んだりする時間が増えるか
もしれない。このような患者の変化を，治療者は認め，励ますことが大切
である。

　3）プロセッシング

　特に，セッションが浅いうちのプロセッシングでは，患者は想像エクス
ポージャーに取り組むことに精一杯であるので，治療者はその勇気を称え
て十分に患者を労うことが大切である。その後，馴化の程度を確認しなが
ら徐々にトラウマ記憶に関する対話を増やしていく。同時に，全てのセッ
ションのプロセッシングを通じて患者へのサポートと共感を示すことを忘
れてはならない。

　プロセッシングの究極の目的は患者がトラウマ記憶，体験についてこれ
までとは違う視点を得ることに尽きる。想像エクスポージャーを実施した
際に，患者が自ら発見したことを尋ねて，患者の考えを認め，認知の変化
を確認していくことは治療者の大切な役割である。時には，治療者から患
者に問を投げかけることで患者にトラウマ記憶を再考させ，認知的処理や
変容を促すような援助を行う。

　プロセッシングにおいて患者は認識の変化を体験する。症例提示におい
て，症例 A も症例 B も想像エクスポージャー後の治療者との話し合いの
中で，トラウマ記憶の中にある様々な状況や認知に気がつき，これに自分

がどうしてスタック（乗り越えられない，飲み込めない感じ）していたのかが「わかった」ような体験があった。

「こんな風に考えてみたことはなかった」「上から眺めてみられるようになった」「なぜ自分にとってこれがトラウマになったのかわかった」と話す患者は多い。治療者は患者が安心して考え，自分自身の答えを出せるように，共感し，温かくサポーティブな関わりを行うこと，そして患者の力を信じて待つことが必要である。

## 5．3つの手続きの相互的な作用

これら3つの現実エクスポージャー，想像エクスポージャー，そしてプロセッシングはこのように1つひとつに明確な手続きの違いがありながら，相互的に作用している。すなわち，この3つの手続きのうち最初に着手するのは現実エクスポージャーであるが，ここで不安の低減の実感が得られると，比較的次の想像エクスポージャーにも取り組みやすい。トラウマ記憶に直面しようとするのは患者にとって不安を喚起させることだが，自らが現実エクスポージャーで達成した良い結果が，想像エクスポージャーを行う上でのささやかな励みとなる。

またプロセッシングの割合は中間セッション以降次第に増してくるが，患者はその時までに想像エクスポージャーで繰り返し恐怖や無力感などの極度に苦痛な感情に取り組んできている。したがって，プロセッシングの時に主に扱うトラウマ由来の非機能的認知に伴う強い陰性感情に留まりながら対話する力も増していると考えられる。

### 1）現実エクスポージャーと想像エクスポージャー

現実エクスポージャーと想像エクスポージャーはターゲットが異なる。つまり，現実エクスポージャーのターゲットは主に日常生活で回避しているものであり，想像エクスポージャーはトラウマ記憶である。しかし，両者の共通する目的はトラウマに関連する状況や記憶に徐々に直面することにより，現実には危険がないという認識や，患者のもつ過度な不安や恐怖の馴化を促すことにある。

エクスポージャーの体験は患者にとって，認識というよりも体に直接効くような体感を伴う過程である。患者は文字通り，身をもって恐怖が低減することを経験する。また，恐怖が低減するにつれて，患者は以前よりも落ち着いて刺激と反応の意味づけ（非機能的認知）について再考を進めることができる。

患者はしばしばこのような認知の変化を「もともと頭ではわかっていたことだけど，腑に落ちた」とか「実感した」という言葉で表現する。このようにエクスポージャーによって自発的に認知の再構成が行われる部分は多いが，非機能的な認知の性質やその強度によっては，後述のように，患者と治療者の対話によるプロセッシングがその役割を果たす。

2）想像エクスポージャーとプロセッシング

想像エクスポージャーとプロセッシングはともにトラウマ記憶について向き合い話す時間であるが，その目的と手続きは異なったものである。

想像エクスポージャーでは，患者はトラウマ記憶に立ち戻って感情にふれながら言語化することを求められる。その目的はトラウマ記憶の「恐怖の構造」が再び活性化されることである。トラウマ記憶に立ち戻って話すのは，しばしば困難を伴うので，治療者からのサポートや導きは必要となるかもしれないが，治療者は決して邪魔にならないように伴走に徹しなければならない。具体的には，治療者の解釈や，治療者からの必要以上の声掛けは控える。なぜなら，患者はトラウマ記憶の恐怖と無力感に圧倒された状態である中で，自分の力で想像エクスポージャーに取り組むことで，自らのコントロール力とコンピテンス（有能であること）の感覚が強化されるからである。それは，彼らのトラウマ由来の圧倒された，打ちのめされた感覚に対する強力なアンチテーゼとなる。

プロセッシングでは治療者は患者自身がトラウマ記憶に対する新たな視点が得られるような関わりを行う。治療者は，患者への十分な共感的な関わりを行いながら，対話を通して患者の想像エクスポージャーの中で出てきたテーマや，想像エクスポージャーの明細化に伴う気づきを明らかにし，患者のトラウマ記憶に関する再考を促すことが求められる。

## 6．解離への手当て

　想像エクスポージャーでは感情が適切に活性化されることが肝要であるが，全ての患者が最初からそれが可能であるとは限らない。それを阻害する要因として，ここで特に取り上げるのは解離である。感情の適切な活性化が阻害されている他の2つの様態，アンダーエンゲージメントとオーバーエンゲージメントについてはテキスト『PTSDの持続エクスポージャー療法——トラウマ体験の情動処理のために』[5]を参照されたい。

　解離は，通常は統合されている意識や記憶，自己同一性，または周囲に対する認知の機能の分断であり，その特徴は，意識，記憶，同一性，情動，知覚，身体表象，運動制御，行動の正常な統合における破綻および／または不連続である[1]であるが，臨床的な関わりの中ではもっと広い意味で使われているかもしれない。実際に想像エクスポージャーの中で解離とみられる反応が感情の適切な活性化を阻害し，回復の妨げになる事例もしばしばみられるため，その時における臨床的な工夫や手立てについて述べたいと思う。

　解離は，以下の2つに分けることができる。1つは治療者がそれとわかる場合，例えば，オーバーエンゲージメントの究極な形である，現在の状況がわからなくなった状態であるフラッシュバック。2つめは症例Bにみられたような，一見アンダーエンゲージメントのように見えるため治療者にはわかりにくいような形，すなわち患者は感情を単に避けているのではなく，感情に圧倒されているが故に感情が切り離され，シャットダウンされている状態である。その他，解離は，傾眠，失神，健忘，離人感などの身体の感覚や意識，感情の切り離しを特徴としたさまざまな表現形をとる。

　想像エクスポージャーにおける解離症状の出現は，患者がトラウマ記憶に関わろうとしたときのコントロールの失敗と捉えることができる。例えば，アンダーエンゲージメントでは患者の回避しようとする意識，意図がある程度反映されているかもしれないが，解離は無意識下での「切り離され」であり，そこには患者のコントロールが及んでいない。先述のとおり，患者のコントロール力とコンピテンスの感覚が強化されるという点におい

て，想像エクスポージャーにてトラウマ的な体験を語ろうとする試み自体が治療的であるといえる。しかし，それは自分自身でトラウマ記憶をある程度コントロールできる感覚が持てるからである。もしそれが記憶やそれに伴う感情に圧倒され，自分自身のコントロールを失った体験になったならば，トラウマ時の無力感に圧倒される体験の繰り返しとなり，したがって反治療的となる。したがって，治療者は解離に気がついた時点でそれに対する予防措置や速やかな対処が必要である。

　以下に解離への予防と対処について挙げる。

①治療者は患者が解離しそうになったり，解離しがちであるということに気づいたらそのことを患者に伝え，解離に関する心理教育を行い，患者の自己覚知や意識のレベルを上げる取り組みをする。患者と解離しそうになったときの合図（手をあげる，など）の約束を決めておくのもよい。解離は安全感と密接な関わりを持つことを治療者は心に留めておく必要がある。つまり，解離するときは患者の安全感は極度に低下しているか欠如している。患者が解離しそうになったら「今ここは安全です」「それは過去に起こったことですよ」「大丈夫，今はもう終わったことです」など穏やかに伝えることで，今ここでの安全を保証し，患者に再び安全に意識を向けてもらうようにする。

②解離の心理教育では，解離をブレーカーに例えることが有用であり，具体的に患者に以下のように説明している。「トラウマの最中の強烈な感情である恐怖や無力感から身を守るために，意識のブレーカーが落ちて意識が停電状態になってしまうのが解離です。その後，トラウマに関連した刺激にさらされた時に同じ防衛方法—ブレーカーが落ちて停電になる—が何度も使われるうちに，簡単にブレーカーが落ちやすい状態になり，治療中や，もしかしたら日常生活でも記憶が飛んだり，“ぼーっ”としたりするのでしょう」。症例Bのように，子ども時代に虐待などの逆境的な養育環境にいた患者には，次のように補足的な説明を行う。「ブレーカーが落ちてしまう方法は，もしかしたら子どもの頃のトラウマ的な体験の際に使っていた自己防衛法だったかも

しれません。なぜなら，子どもは大人よりもさらに周りからの助けが得られにくく，その中で自分を守るために使える方策は限られているからです」。

③解離は多様な表現をとるために，患者は自分の表現を変だとか異常と捉えていることも多い。それに対して治療者は，治療者自身がそれを理解していることを伝え，解離を症状としてノーマライズしながら，患者がどんな体験をしているのかきちんと能動的に耳を傾けることが必要である。"トラウマ的体験＝死に際の体験"といえるものなので，そこで解離して意識がシャットダウンされ，離断されてしてしまうことは，いわば異常な体験の中での正常な反応であることを伝えることも大切である。

④一方で，解離のデメリットについても話し合う。頻繁に解離が起きるようになると，日常生活でも想像エクスポージャーでも意識が消失，もしくは欠損するため，そこからの学びが制限される。今は大丈夫であり，トラウマは過去のことであるという感覚が学べないことで，患者を更にトラウマから抜け出しにくく，苦しみを長引かせているといった解離のネガティブな側面に気づけるような話し合いを持つ必要がある。

⑤具体的な解離への対処方法：例えば日常生活でフラッシュバックに伴う解離性健忘がしばしば起こっている場合は，生活記録表などに記録してもらい，それについて話し合いをもつことで，解離のきっかけやパターンが同定されて予防しやすくなる。想像エクスポージャー中はトラウマに関する比較的小さな刺激でも解離することを踏まえ，セッションの初期は対話形式にしたり，開眼で実施するなど，患者にとって取組みのハードルをできるだけ低く設定するのは，症例Bで治療者が工夫したようなオーバーエンゲージメントへの対処と変わらない。話すこと自体が解離へのスイッチになるなら，出来事についての文章を書いて読み上げる，描画をするというところから徐々にはじめて通常の想像エクスポージャーの形になるまでもっていく必要もある。呼

吸再調整法の徹底や，地に足をつける，ストレッチなどの様々なグラウンディングテクニックの実践，眠気等に対しては，立位にしたり保冷剤を持たせるなど，身体感覚を意識させるようなさまざまな工夫をする。

## 7．想像エクスポージャー再考

### 1）想像エクスポージャーでの馴化

PE を実施するにあたって最初の関門は，患者に PE の治療原理を説明して納得してもらうことやその手続きへの不慣れ，というものではなく，1セッションあたり1時間半という治療時間の長さが物理的困難さかもしれない。1時間半は長すぎて日常の臨床の中に組み込むことが難しいと嘆く治療者は少なくない。

このセッションの長さの主な原因は想像エクスポージャーにある，といってよい。なぜなら従来は想像エクスポージャーの間に十分な不安の低減を確認することに重きをおいていたからである。マニュアルでは想像エクスポージャーに割り当てる時間が45分〜60分と規定されており，そのため，導入やプロセッシング，宿題の割り付けをしていると，どうしても1セッションあたり1時間半ほどかかる計算となる。

最近では，この懸案ともいえる治療時間の長さへの再考の取り組みがされている。想像エクスポージャーの長さによって治療結果に実際どのような違いがあるのか明らかにする研究である。その研究によると，30分の想像エクスポージャーを実施した患者は60分のそれに比べるとセッション中の馴化の程度は少なかったが，PTSD の症状の改善や，ドロップアウト率およびセッションの数に差は見られなかったという知見が得られている[8]。

この結果の理由として，もし患者が「不安は永遠に続くだろう」といった誤った思い込みを持っていた場合，セッション中に馴化が確認できることは，患者のそのような非機能的認知を反証する情報であるので，長時間（60分）のエクスポージャーは有効であるが，全ての PTSD の患者がこの

ような認知を中核に持ってはいないことから，セッション中の馴化の度合いによって最終的な症状の改善が左右されなかったと考えられている[4]。例えば「世界は危険なところである」「自分は全くの役立たずだ」という非機能的な認知は多くの患者に共通するものであり，馴化によって改善することは直感的にも考えにくいが，実際には PE はこれらの PTSD 症状に強く相関する世界や自己に関わる非機能的認知をも改善するので，PE の有効性は長時間のエクスポージャーによる馴化の働きのみに支えられているものではないといえる。

　以上のような議論からも，PE においても他の認知行動療法と同様に，PTSD の症状の改善には非機能的な認知の改善が大きく寄与していることは言を俟たない。すなわち，プロセッシングの目的がそのまま治療の方向性であり，それは患者がトラウマ的な出来事に対して新しい視点を得ることである。

### ２）想像エクスポージャーの役割

　こうして見ていくと，ある疑問が湧いてくる。すなわち，PTSD の回復のゴールが新しい認知構造が作られることならば，想像エクスポージャーは本当のところ，必要といえるのだろうか？　トラウマ記憶について何度も語ることは患者に苦痛を与えるだけなのではないか？

　しかしここで筆者は，エクスポージャー，とくに想像エクスポージャーの手続きの重要性，有効性について再度強調したい。なぜなら，想像エクスポージャーは不安への馴化のみならず，非機能的認知の改善とつながる，いわゆる「記憶の整理」という作用と，患者のコンピテンスの感覚を強化するという役割を担っていると考えるからである。

　通常，記憶はストーリーとそれに伴う認知や感情，身体の感覚が離齬なく結びついており，それは人生の他の記憶ともひとつながりになっている。しかし，トラウマ記憶はそれとは異なる。患者はトラウマ的体験のその圧倒される感情体験によりその記憶を断片化し，「封印している」または「底深く沈めている」と表現することが多い。トラウマ記憶はいわば，乱雑に入り混じった未整理な引き出しのような状態である。それは多くの場

合，患者を「どれから考えていいのか，手をつけていいのかわからない」
状態にさせている。

　さらに難しい問題として，トラウマ記憶の断片化はトラウマストーリー
の流れだけではなく，それに伴う認知，感情，身体の感覚にも及んでいる
ことである。それだけ「記憶の整理」は通り一遍なものではない。治療者
は一元的なストーリーを再構築するだけではなく，それに伴う認知，感情，
身体の感覚が立体的に統合された状態を目指さなければならない。

　この未整理で，断片化したトラウマ記憶を再構築し，統合する手続きが
想像エクスポージャーである。その時に感情は認知や身体の感覚を結びつ
ける役割を担う。感情が適切に活性化されると，すなわち感情の本来的な
姿となるが，その感情こそが認知と身体感覚を結ぶポイントになる。感情
は，身体感覚を認知的にあるいは言語化して説明しようとするときの橋渡
し役にもなり，認知へのタグづけになる。そうして結び付けられ，ひとま
とまりになった感情 - 認知 - 身体の感覚の流れがストーリーに織り込まれ
ていくと，トラウマ記憶は通常のエピソード記憶に近づき，その結果患者
は，自分が実際にトラウマによってどのようなことを体験したのかを改め
て眺め，了解できるようになる。この過程が「記憶の整理」である。

　その名前が持つ「エクスポージャー／曝露」という硬い響きに反して，
筆者はPEに対しオーガニックな治療であるという印象をもっているが，
それはこのような想像エクスポージャーでの，感情の有機的な本来性を再
び機能させ，私たちの身体と心，そして意味の自然な無理のないつながり
を取り戻させようとするところにもよる。

　そして，患者はこの難しい作業に取り組み，立体的で統合されたストー
リーを生み出すプロセスを通して自分自身の力を再発見する。想像エクス
ポージャーにおいてトラウマ的な体験を語ろうとする試み自体が治療的で
ある，ということを再び強調したい。しばしば患者は1回目の想像エクス
ポージャーから「自分がこうして話せるとは思わなかった」と自身の力に
対して驚きを込めて話す。

　Herman[6]はその著書の中で，無力化（disempowerment）を心的外傷

の中核の1つにあげ，回復のための第一原則として，その後を生きる者自身が自分の回復の主体であること，すなわち自らが治療（cure）することを主張している。想像エクスポージャーで行われている「記憶の整理」への過程は，患者が主体となってトラウマストーリーを紡ぎだし，自らの力で治療（cure）していこうとする試みであり，それは回復に大きく作用するものである。

## 8．むすび

　今から治療を始めようとするときにしばしば「こんな話を聴く仕事はさぞかし辛いでしょう」と反対に，労わられることがある。確かにセッションが初期の段階では一時的ではあるが，目の前の患者が語る内容にショックを受け，夜には寝苦しさを覚えることもある。

　しかし，セッションが進むうちに，患者と一緒に（しばしばそれよりもずっと早く）その語りに慣れていく感じがある。しばらくすると，患者は今まで気がつかなかったものや事柄に関する様々な発見を話すようになる。その発見はしばしばトラウマ記憶にとどまらず，その人の人生の他の時点の記憶にも広がる。患者は，自分の語りについて文字通り奮闘し，セッションはトラウマ的な体験にまつわる，驚くような側面や洞察について話される場になる。そうなるともう治療者はもう何も言葉を持たず，感心して患者の語りに耳を傾けるのみとなる。こうして，トラウマ的体験に関わる新しい意味が現れ，了解された時，患者は回復するのだ。

　患者の「こんな話」を聴くのは辛い仕事とはいえず，むしろ祝福された仕事である。

## Ⅱ．症例提示

　PTSD症状に対し持続エクスポージャー療法（以下PE）を基本とした介入を行った2症例について報告する。ここで「PEを基本とした介入」としたのは，特にPEが難航した症例Bについては標準的なPEの手続き

とは異なる介入が含まれているからである。一方，症例 A はほぼ標準的な手続き通りに治療が進行した。PE という治療を考える上で示唆に富む 2 症例であると思われたため，ここで取り上げて検討する。提示の順番は標準的な手続きで治療が進んだ症例 A，治療が難航した症例 B の順とする。

## 1．症例の概要

### 1）症例A

初診時 30 歳代前半女性，旅客運送業に従事，独居。以下「　」は本人の言葉。

【生育歴】両親，弟の 4 人家族で育つ。生育歴中に特筆すべき問題等はなし。家族はいずれも支持的である。

【トラウマ歴】大手旅客運送会社に就職後，数年の経験を積み指導者的な役割を務めていた。ある時密室で 1 人の顧客に，会社が起こした重大事故の現場映像や被害者の遺体の映像などを見ることを強要され，その数日後から心身の不調が出現した。その後休職し一定期間実家で休養生活を送ったが回復せず，復職を前に PE を希望して当院を受診し PTSD と診断された。

【受診後の経過】自ら PE を希望して来院した患者であったこと，復職まで時間がなかったことなどから早い段階で PE が開始された。同時に主治医による診察と薬物療法が並行して行われた。インデックストラウマは顧客から強要されて映像を見たことであり，その他のトラウマ体験は報告されなかった。

【A の特徴】治療場面では，にこやかに，かつきちんとした態度で受け答えする様子が印象的であった。それゆえトラウマ体験そのものや自らの感情について語る際には，あまりにも客観的，冷静であり過ぎるように感じられた。トラウマ体験の最中も「とても冷静に，落ち着いて映像を見ていた」ように思うと話したが，同時に「あまりよく思い出せない部分がある」とのことであった。

【PE の流れ】PE への期待は大きく，積極的に取り組んでいた。復職まで

の時間があまりないこと，経過中に家族の病気が判明し帰省しなければならなくなったことなどの現実的な事情で，1週間をおかず5日後に次のセッションを行うこともあったが，全体的にはほぼ標準の手続き通りに治療が進んだ。3回目の想像エクスポージャーが一つの山場となり，激しく泣くなど，これまでにない程の強い感情表出が見られ，セッション途中にトイレで嘔吐することもあった。この日は心身共に非常に辛そうな様子であったが，次のセッションでは「前回の想像エクスポージャーで何かつかえていたものがなくなった感じがする」と話した。プロセッシングでは「自分の会社が起こした事故だから，自分も事故の被害者に対して加害者側の人間だ」「被害者の遺体にショックを受けたり辛いと感じることは，被害者に対して失礼なことだ」といった認知がAの自然な感情表出を妨げていたことが明らかになった。治療者とこれらの認知について話し合う中で，必ずしもそう考えることはないのではないかと次第に変化が認められた。しかし，それと同時に映像を見ることを強要した顧客や会社に対する怒りの感情が強くなった。会社に対する怒りの背景には出来事が起こった当日，更に後日Aが心身の不調を訴えた際に，会社側から適切な対応やサポートが得られなかったという事実があった。セッションは順調に経過しPTSD症状の消失が認められたため，11セッションで治療終結とした。会社に対する怒りや不信感は残り，一度復職を果たしたものの最終的には自らの希望で退職し別の道を進むという選択をした。

　2）症例B

　初診時30歳代後半女性，元会社員，独居。以下「　」は本人の言葉，『　』は他者の言葉。

【生育歴】両親，妹の4人家族で育つ。父親はアルコール依存症で精神的に不安定であり，Bの幼少期より母親とは言い争いが多く，姉妹に怒鳴り声を上げることもよくあった。父親の自殺未遂を目撃したことが数回あった。母親も父親との関係などで精神的に余裕がなく，ヒステリックになることがしばしばあった。Bが高校生の時父親が病死し，その後母親は安定し子どもたちとの関係は改善した。父親の病気のことや，父の死後母子家

庭になったことなどで「周りに可哀想な子と思われるのが嫌で」いつも明るく真面目な生活を送った。

【トラウマ歴】幼少期に繰り返し父親に怒鳴られたこと，父親の自殺未遂目撃の場面はトラウマティックな記憶として残っていた。その他のエピソードとして，4歳時，母親の友人から嫌がらせを受けていたが『お母さんには絶対に言うな』と口止めされて耐え続けたこと，5歳時と小学1年時の2回，同世代の男子から服を脱がされるなどの性的ないたずらを受けたことなどがPTSD構造化面接尺度（Clinical-Administered PTSD Scale for DSM-Ⅳ：CAPS）（後述した2「症状評価」も参照されたい）実施の際に語られた。PE的介入のインデックストラウマは職場の上司からのパワーハラスメントおよびセクシャルハラスメント（『殺す』などと怒鳴られる一方，ストーカー行為を受ける，身体を触られるなど。以下パワハラ・セクハラとする）であった。当院受診時はすでにその職場を退職していたが，心身の不調は継続しておりPTSDと診断された。

【受診後の経過】加害者への損害賠償請求のための法的手続きを弁護士と共に進めていたこともあり，受診後しばらくはトラウマに対する積極的な介入は行わず，主治医の診察と薬物療法と並行して通常の心理面接でサポートしていた。離人感を主とする解離症状が強く，「感情が出てこない，麻痺している」と訴えることが多かった。初診から約3年経過後，週に数回のアルバイトを始めるまでに回復しトラウマそのものに対する治療への意欲が高まったため，PEを基本とした介入を行うことになった。

【Bの特徴】幼少期に様々なトラウマティックな経験をしつつも，精神的に大きく崩れることはなく年齢を重ね軽作業を続けていた。しかし喘息，腰痛といった身体的不調を抱えており，多忙となると心身の限界状態まで働き，その後倒れるということを繰り返した。「できない，辛いと言えない」と弱みを他者に見せられないところがある。後に本人が以下のように語っている。「4歳時母の友人から嫌がらせを受けていた時，繰り返し『お母さんには言うな』と言われ続けた。このことが辛いことや嫌なことがあっても，人には言わず自分で解決しなければいけないのだ，という信

念の基本になったのかもしれない」。今回のパワハラ・セクハラについて
も，周囲からは早めの退職を勧められていたにも関わらず，心身の限界ま
で勤務し続けたことによって PTSD にまで至ったものと考えられた。

【PE の流れ】PE は筆者から提案した方法であったが，B のモチベーショ
ンは高く積極的に取り組もうとする様子が見られた。初めの心理教育の部
分では理解もよく順調であった。しかし，想像エクスポージャー開始後は
標準の手続き通りに進めることが困難となった。特に問題となったのは強
い解離症状であった。想像エクスポージャー中に入眠したような状態にな
ってしまうことがよくみられた。なかなか宿題が実施できないことも問題
であった。PE 施行上宿題の実施は必須であり，治療者は患者を励まし遂
行を促す必要があった。しかし B は実施できない自分に落ち込み，抑う
つ状態が強くなる傾向が認められたため，治療者にとって技法としての
PE と B に対する最善の治療との兼ね合いが難しかった。しかし，B は
PE に希望を持って懸命に取り組んでいたため，PE を中断することは B
の状態にマイナスになると思われた。そのため，治療者が様々な工夫を取
り入れながら PE 的介入を継続することになった。想像エクスポージャー
の初期段階では，治療者の未熟さ故に解離による感情表出の乏しさをアン
ダーエンゲージメントと捉えてしまい（エンゲージメントについては 3-2
を参照されたい），それに対する工夫，すなわち，出来事の詳細や，知覚，
感情，思考について短い質問をすることで情動的な関わりを促進する，エ
クスポージャーの治療原理を再度話し合うなどといった方法[5]を試みて
いたがうまくいかなかった。セッションの中盤以降はむしろオーバーエン
ゲージメントと捉えて工夫をし，セッション内であればトラウマ記憶に向
き合うことが少しずつ可能となったが，宿題は引き続き困難な状態が続い
た。セッション終盤での，加害者に怒鳴られてパニック発作を起こした際，
相手に手を握られて『大丈夫だよ』と言われた場面へのエクスポージャー
が一つの転機となった。プロセッシングで「加害者の言葉に自分はホッと
してしまった」「あの時自分は加害者に安心感を抱いていた」「自分は加害
者のすることに同意しており，被害者ではないのではないか」という考え

がBのスタックポイント（乗り越えられないポイント，総説4-3）を参照されたい）となっていることが明らかになった。Bはこの場面の状況について「恥ずかしくて，これまで治療者を含め他者に一度も言葉にしなかった」と話した。「恥ずかしい」感情が「自分が弱いから加害者に負けて病気になったのだ」「自分は生きていく価値のない人間なのだ」という考えにもつながっていた。治療者はBが感じた安心感について，「トラウマの被害者が出来事の最中にそういった感情の動きを体験することは珍しいことではない」と心理教育を行った上で，Bの認知と感情のあり方について話し合った。その後も，この場面に対する想像エクスポージャーおよびプロセッシングに数回取り組み，先述したBのスタックポイントに一定の変化が認められ，「恥ずかしいことだとは思わなくなった」という発言が得られた時点でPE的介入を終了した。完全に症状が消失した訳ではなく不完全な面もあったが，PE的介入のセッション数が15回を超えていたこと，終盤でのエクスポージャーによってその後の心理面接で焦点を当てるべき新たなテーマが明らかになったことが終了の理由であった。PE的介入終了後は再度，主治医による診察と薬物療法および筆者の心理面接という枠組みによるフォローを継続した。

## ２．症状評価

　症例A，BのPE開始前（Pre）および終了後（Post）の各検査結果を図1，2に示す。症状評価にはPTSD構造化面接尺度（Clinical-Administered PTSD Scale for DSM-Ⅳ：CAPS），改訂出来事インパクト尺度（Impact of Event Scale-Revised：IES-R），うつ病（抑うつ状態）自己評価尺度（Center for Epidemiologic Studies Depression Scale：CES-D），ベック抑うつ尺度（Beck Depression Inventory Ⅱ：BDI-Ⅱ），解離性体験尺度（Dissociative Experience Scale：DES）を使用した。

　症例Aにおいては，CAPSを除く各検査で得点の低下が認められた。PE終了後のCAPSについても実施する予定であった。しかし先述の1-1でも言及したように，実家への帰省の関係上時間の制約があり結果的に実

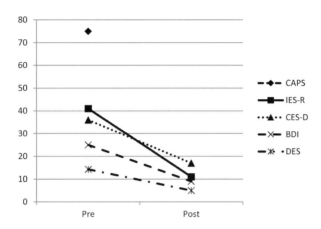

図1. 症例A 各検査結果（CAPS Postについては現実的な制約で実施できなかった）

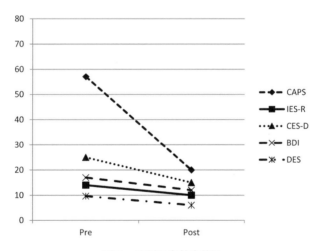

図2. 症例B 各検査結果

施できなかった。再体験，回避等の項目を含み自覚的なPTSD症状を測るIES-Rはカットオフ値を下回る11点まで低下した。抑うつ症状を測るCES-D，BDI-Ⅱにおいても得点の低下が認められた。解離症状を測るDESの得点はもともと低かった。

症例 B においては CAPS の得点の低下が顕著であり，PTSD 症状の大幅な軽減が認められた。その他の自記式検査（IES-R，CES-D，BDI-Ⅱ，DES）の得点は大きく変わらなかったが，全体的に得点低下の傾向が認められた。自記式検査において得点が高く出ない傾向は B の特徴であるとも思われた。つまり，客観的には症状の存在が認められ，検査の得点ももう少し高くなるのではないかと推測していたが，それほど高い得点ではなかった。特に CAPS と IES-R は評価方法と内容に違いはあるものの，B の場合 CAPS（Pre）の得点の高さに鑑みて IES-R の得点があまりに低いようにも感じられた。B の自らの症状に対する否認傾向がこういった結果につながったのではないかと考えられた。

## ３．考察

### １）症例 A −感情表出と治療効果について−

症例 A では想像エクスポージャーの３回目で強い感情表出が認められ，多少の時間差はあるものの，その後大きく症状の改善が認められた。こういった現象は他の患者でも多く認められる。トラウマ記憶が処理される上で“引っかかって”しまっていた認知および感情（「スタックポイント」とも呼ばれる。前述の総説 4-3 も参照されたい）を想像エクスポージャーの実施によって突破する，まさに山場となるセッションが存在することが多い。A の場合，引っかかっていた認知は「自分は加害者だ」「遺体に対する自分の感情は失礼なものだ」であり，残酷な映像に対する当然の感情（ショック，辛い，嫌だなど）も十分に表出されないままになっていたと推測される。セッションの山場で嘔吐が見られたこと，次のセッションで A が述べた「つかえていたものがなくなった感じ」という言葉は非常に象徴的である。

A の感情表出は一つの治療上のポイントであり症状改善の要素であったと考える。しかし，PE における想像エクスポージャーは単にカタルシス効果を狙って行われるものではない。PE は認知行動療法であり，感情は常に認知および身体感覚とのつながりの中で捉えられる。治療では強烈

なトラウマ体験の中で断片化した記憶，これには感情・認知・身体感覚が含まれるが，それらが立体的に統合される必要がある。感情はそのための一つの"窓口"となり得る。つまり，感情が活性化されることで身体感覚や認知によりアクセスしやすくなる。またその反対に，身体感覚にアクセスすることで切り離された感情を味わうことが可能となり，認知が非機能的なものから機能的なものへと変化する中でより自然な感情が表出されるという方向性もある。いずれにせよ，感情・認知・身体感覚は相互作用によって立体的に統合され，記憶は整理・処理されるに至ると考えられる（この辺りの治療原理については前述の総説を参照されたい）。ここでいう「感情表出」は，後に言及する情動的関わり（エンゲージメント）とほぼ同義である。適切なエンゲージメントレベルが得られていれば，治療文脈上ごく自然な感情表出が認められる。

　さらに，Aが治療文脈上ごく自然な感情表出に至るにはPEという方法が特に有効であったのではないかと考える。Aは接客業ゆえに治療場面では終始にこやかで落ち着いた態度を崩さなかった。例えば通常の心理面接場面では，PEで見られた程の感情表出がなされることは難しかったと思われた。Aの場合，残酷な映像に対する当然の感情を味わいそれを統合することは回復に必須であり，それに伴い何らかの感情表出がなされることはごく自然なことであると思われたが，PEという構造化された枠組みがなければそこに至らないままとなっていたかもしれない。Aは「私はいつもにこやかに落ち着いていなければならない」という信念と態度が身についた人であった。この信念・態度は日常生活の中ではAを支えている面が大きいが，少なくとも今回のトラウマ治療においては治療原理上，回復の妨げとなる可能性があった。PEという構造化された枠組みがあり，想像エクスポージャーにおいて「感情をしっかり味わって下さい」との教示が行われ，かつAが忠実にそれを実行しようと努力したからこそ実現した感情表出だったのではないだろうか。

　治療の後半から不条理なことを強要した加害者と，この件に適切に対応してくれなかった会社への怒りが強くなったことは自然な成り行きである。

結果的に退職という選択に至ったことは，Aの高い能力とこれまでのキャリアを考えると残念であった。しかし，A自身が前向きに今後の人生を考えた上での決断であったため，退職という選択ができたこともAの回復の表れと評価した。これはPEに限ったことではないが業務上のトラウマ体験の場合，治療中や治療後にその業務を遂行し続ける方が本人にとって良いのか否かは慎重に検討されるべきであるように思われる。いずれにしても，業務から離れることが単なる回避になってしまう場合，PTSDからの回復の妨げとなることは言うまでもない。

　２）症例B－解離とエンゲージメントについて－

　（エンゲージメントについては，前述の総説4-2を参照されたい）

　PEでの治療は“回避との闘い”であるといっても過言ではない。回避は現実エクスポージャーでも見られるが，特に想像エクスポージャーにおいては情動的関わり（エンゲージメント）の不足が問題となる。情動的な関わりが不足することをアンダーエンゲージメント，これとは逆に情動に圧倒されて苦痛が強すぎ，コントロール感を失ってしまうと感じることをオーバーエンゲージメントと呼ぶ[5]。文献5について以下「テキスト」と記載した。症例Bが想像エクスポージャー中に呈した状態は，情動が切り離されているという点でアンダーエンゲージメントの状態であると考えられた。この状態はまた別の視点から捉えると，強い苦痛を感じる場面における解離状態ともいえる。アンダーエンゲージメントの際は「気持ちが麻痺している」などといった訴えがなされることが多いが，これはBがPE導入以前から訴えていた感覚でもある。以前から解離傾向の強いBが，トラウマと向き合うという強い苦痛を伴う想像エクスポージャー場面でこの状態を示したとしても不思議ではない。

　テキスト[5]によると，アンダーエンゲージメントに対する対処として，標準的な手続きでは①通常の方法（閉眼，現在形での語り）でエクスポージャーを行いつつ，出来事の詳細や，知覚，感情，思考について短い質問をすることで情動的な関わりを促進する，②この状態が数回のセッションに渡って続く場合にはエクスポージャーの治療原理を再度話し合う，③や

り方が分からない患者に対しては治療者がモデルとなって見本を示すといった方法がとられる。症例Bに対しても初めはこのような工夫を行ったがうまくいかず，むしろ入眠したような状態になることが多くなったように感じた。この「入眠」についてBは「だんだん眠くなって寝てしまうというよりも，急に意識が持っていかれる感じがして，どうしても抵抗しがたい」と述べた。そこで，治療者は想像エクスポージャー中のBの状態について，アンダーエンゲージメントと捉えるよりもエクスポージャーに伴う苦痛な感情・感覚をシャットアウトしようとしているオーバーエンゲージメントと捉えて情動的な関わりを"減らす"工夫をすべきと思い至った。

　テキスト[5]では，オーバーエンゲージメントについて「滅多に起こらない」としつつも，そうした患者は「解離しているか，感情に圧倒されているかの2つのタイプに分けられる」としている。つまり，解離状態をオーバーエンゲージメントの一形態と明記しているが，ここに，特に日本の治療者が混乱しやすい点が含まれているのではないかと考える。つまり，少なくとも日本においては想像エクスポージャー中にBのように，"一見アンダーエンゲージメントのようである解離状態"を呈する患者が多いような印象がある。「オーバーかアンダーか」と考えるとアンダーのようであるが，実は「解離していてオーバー」という患者が多く認められる。それゆえに，実際の症例ではその見極めが難しく，特に経験の少ない治療者が想像エクスポージャーを修正する際に全く逆のアプローチをとってしまう可能性がある。筆者の場合もPEトレーニング時には同様の体験を多くしたものだった。テキスト[5]によると米国において，オーバーエンゲージメント自体が稀であるとのことなので，想像エクスポージャー中に解離が起こる頻度や，解離が起こった際の表現形も欧米人と日本人とでは異なる面があるかもしれない。この点は未だ疑問が残り，特に解離の専門家の意見を求めたいところであるが，辛い時ほど感情表出が抑えられる傾向は日本人の特徴として馴染みがあるように感じられる。

　エンゲージメントの問題について，吉田[11]は「PEの秘訣はエンゲージ

メントの調整である」とし，「PE の最大の難題はアンダーエンゲージ
メントへの介入だと実感している」と述べている。また，野坂・岩切[9]は
身体暴行および性暴力被害により PTSD に至った成人女性の症例を報告
しているが，この症例の PE 経過の中にも B と類似した状態が認められる。
例えば，想像エクスポージャーの最中に「ナレーション風の語りをした
り」「覚醒度が下がり眠ったりあくびをするなど」の状態が認められ，こ
れについて野坂・岩切[9]は「アンダーエンゲージメントの状態であった」
ため「覚醒度を上げるための働きかけをすることが必要であった」と考察
している。野坂・岩切[9]は一方で，「想像曝露中の解離を見逃さず扱う必
要がある」とも述べており，彼らの報告のみからはアンダーエンゲージメ
ントと解離をどのように区別していたか，あるいはそれぞれの状態への対
処の内容，またそれらに違いがあったのか否かについては明確でない。更
なる症例報告の蓄積が望まれるところである。

　オーバーエンゲージメントへの対処は，簡単に言えばアンダーエンゲー
ジメントへの対処と反対のことをして，情動的な関わりを減らすことであ
る。開眼，過去形での語りといった変更を中心に，治療者から患者への声
掛けを増やす，治療者との対話形式で話すことから始める，あるいは語り
ではなくトラウマ記憶を書いてもらう，呼吸法を用いる，ストレス対処の
ためのボールやタオルを手に持ってもらう（これは解離に対するグラウン
ディングテクニックとも共通である）などいくつかの対処法が報告されて
いる[5]。B も，トラウマの最中の出来事や感情について治療者と対話しな
がら話し進める，握ると潰れるような弾力性のあるストレスボールを握り
ながら話すなどの工夫を行い，徐々に記憶に触れることが可能となった。

　それ以降，B に起こったことは，前述した 3-1 の症例 A の展開と重な
る面も大きい。つまり，相互作用によって感情・認知・身体感覚の三者が
立体的に統合され，記憶の整理・処理が進んだ。しかし，B においては適
切なエンゲージメントレベルを維持するのが困難であったこと，宿題が遂
行できないなど最後まで回避が残存したことにより，A のように顕著な
回復には至らなかった。A のようにセッションの山場と言える，はっき

りした感情表出がBには認められなかったのが特徴的であった。しかし，加害者に手を握られた時の身体感覚，「大丈夫だよ」と言われて"ホッとした感情"，および「加害者の言葉に安心感を抱いた自分は被害者ではない」という認知にアクセスできたことは，PE的介入後の治療に効果的につながった。Bはその後の治療と日常生活の中で緩やかに記憶の整理・処理を進め，現在はPE的介入の際には取り組めなかった現実エクスポージャーの課題に自ら取り組むまでに回復している。

## 4．まとめ

　標準的手続き通りにPEが進行した症例Aは単回性トラウマ，強い解離症状に阻まれてPEが難航した症例Bは複雑性トラウマの症例と考えることができるだろう。PEの治療原理および治療手続きはA，B双方にとって効果的であった。複雑性のBに対する治療においては様々な工夫と配慮が必要であった。特に想像エクスポージャー中の解離症状への対処がポイントとなった。柴山[10]は「PTSDを不安障害と解離性障害の混合状態として把握する」とし，特にPTSDに認められる「麻痺と再体験はより解離性障害に近縁の症状であると捉えることもできる」と述べている。PTSDと解離性障害という病態そのものを検討する上ではもちろん，PTSDに対するより具体的な治療手続きを検討する上でも，解離の問題は避けて通れないと考えられた。

# Ⅲ．未来のPEセラピストへの情報

　PEを実践してみたいと考える治療者のために，PE Japan のホームページを以下に紹介します。
http://pe-jp.org/index.html
　PEのワークショップは現在，以下の3名の優れた研究者であり臨床家の先生方によって実施されています。詳しくはホームページを参考にしてください。

飛鳥井望先生（東京都医学総合研究所）

金吉晴先生（国立精神・神経医療研究センター　精神保健研究所）

小西聖子先生（武蔵野大学人間科学部）

※所属は 2015 年 10 月時点

謝辞

　本治療の普及と発展に尽力されました国立精神・神経医療研究センターの金吉晴先生に感謝いたします。金先生は未熟なセラピストであった私たちに対し，大変な忍耐をもって指導してくださいました。

　また，ペンシルバニア大学の Sandy Capaldi 先生は，相談をするたびに深い智慧をお示し頂き，あたたかく導いてくださいました。心よりお礼申し上げます。

## ■文　献

1 ）American Psychiatric Association :Diagnostic and Statistical Manual of Mental Disorders: Dsm-5. American Psychiatric Pub, Arlington, VA, 2013.（日本神経精神学会監修：DSM-5 精神疾患の診断・統計マニュアル，医学書院，東京，2014）

2 ）Brewin CR, Dalgleish T, and Joseph S: A dual representation theory of posttraumatic stress disorder. Psychological Review 103（ 4 ）: 670-686, 1996.

3 ）Brewin CR, Andrews B, and Valentine JD: Meta-analysis of risk factors for posttraumatic stress disorder in trauma-exposed adults. Journal of Counseling and Clinical Psychology 68: 748-766, 2000.

4 ）Foa EB & Kozak MJ :Emotional processing of fear: exposure to corrective information. Psychological Bulletin 1: 20-35, 1986.

5 ）Foa EB, Hembree EA, & Rothbaum BO: Prolonged exposure therapy for PTSD: Emotional processing of traumatic experiences（therapist guide）. Oxford University Press, New York, 2007.（金吉晴，小西聖子監訳：PTSD の持続エクスポージャー療法—トラウマ体験の情動処理のために，星和書店，東京，2009）

6 ) Herman JL: Trauma and Recovery. Basic Books, New York, 1992.（中井久夫訳：心的外傷と回復，岩波書店，東京，2009）

7 ) Lang PJ: Imagery in therapy: an information processing analysis of fear. Behavior Therapy 8: 862-886, 1977.

8 ) Minnen V and Foa E: The effect of imaginal exposure length in outcome of treatment for PTSD. Journal of Traumatic Stress 19（4）: 427-438, 2006.

9 ) 野坂祐子，岩切昌宏：PTSD 症例に対する長時間曝露療法（Prolonged Exposure）と心理社会的支援，学校危機とメンタルケア 4: 24-34, 2012.

10) 柴山雅俊：PTSD と解離，こころの科学 129: 30-34, 2006.

11) 吉田博美：エクスポージャー法—こころの傷と安全に向き合う，カウンセリングテクニック入門—プロカウンセラーの技法 30, 臨床心理学 増刊 7: 156-160, 2015.

PART **2**

# 眼球運動による脱感作と再処理法

*Eye Movement Desensitization and Reprocessing：EMDR*

井上直美

## ここがポイント！！

　EMDR は，トラウマ性記憶にまつわる感情の負荷を下げ（脱感作），脳内で停滞していた否定的な自己認知の修正と，不快な身体感覚の消失を再び促す（再処理）ために，サッケード性の「眼球運動」を用いることに最大の特徴がある。本章では EMDR の誕生，適応とエビデンス，作用メカニズム，標準的なプロトコルについてわかりやすく解説されている。その後，筆者は EMDR と PE の大きな違いについて以下のように述べている。すなわち，PE はプロトコル上，全体のセッションを通じて扱う記憶は，症状形成に最も関与した出来事（インデックス・トラウマ）であるため，基本的には一度だけの災害や犯罪被害などによる「単回性トラウマ」に対する治療法である。一方，EMDR は，人生早期からのさまざまな出来事が否定的な情報ネットワークを形成し，現在の不適応の問題につながっていると考えるため，幼少期から長年にわたって繰り返された虐待など，危険と混乱に満ちた生活歴に起因する「複雑性トラウマ」も扱うことができる。EMDR と PE とではクライエントに与える心理的，時間的負担にそれぞれ特徴があるため，クライエントの治療受容性を考慮して選択することが重要である，と筆者の考えが述べられている。改めて前章の PE あるいは，後章の CPT と本章を読み比べていただきたい。

　症例提示は，EMDR において両側性の刺激を加えるたびに，クライエントのトラウマ記憶がどのように処理され，適応的解決に導かれるのかという，本治療法独特の雰囲気が伝わりやすいよう，セッション中のクライエントの感情や認知の変化を詳細に記されており，セッションの区切りで適宜，解説を設けるなど読者に対して温かい配慮がなされている。筆者は，複雑性トラウマを抱えたクライエントの主訴に対して，直近のトラウマ性の出来事から扱わずに，生育歴上の関連する最初の出来事にまでさかのぼって処理をしていくという，EMDR によるトラウマセラピーの特徴がよくわかる例を丁寧に解説している。

（野呂浩史）

井上直美（いのうえ　なおみ）

お茶の水女子大学大学院人間文化創成科学研究科人間発達科学専攻修了。博士（学術）。臨床心理士。

日本で初めて EMDR 専門のカウンセリングルームとして 2012 年に開室したカウンセリングルーム ソイル（代表：土持さやか）の発足当初からのメンバー。ソイルでは，EMDR を中心に，認知行動療法，心理検査，発達障害の精査などを担当している。また，行政の母子保健事業において，乳幼児の発達や子育て不安などの相談にも応じている。2013 年より東邦大学医学部精神神経医学講座の研究協力員として，思春期・青年期の精神病ハイリスク群の研究に携わる。現在，昭和女子大学附属昭和中学校・昭和高等学校スクールカウンセラー，および同高等学校のスーパーグローバルハイスクール事業の研究アドバイザー，東邦大学医学部医学科客員講師。

著訳書に『女性のメンタルヘルスの地平―新たな支援システムとジェンダー心理学』（共著，コモンズ，2005），『ストレス百科事典』（共訳，丸善，2010），『PTSD 治療ガイドライン第 2 版』（共訳，金剛出版，2013）などがある。

# Ⅰ．EMDR の概要

　眼球運動による脱感作と再処理法（Eye Movement Desensitization and Reprocessing: EMDR）は，米国の臨床心理士である Francine Shapiro が1989年に開発したトラウマ心理療法である。その名称が示す通り，トラウマ性記憶にまつわる感情の負荷を下げ（脱感作），脳内で停滞していた否定的な自己認知の修正と，不快な身体感覚の消失を再び促す（再処理）ために，サッケード性の「眼球運動」を用いることに最大の特徴がある。英国をはじめ，多くの国々の精神保健医療に関するガイドラインによって，PTSD に対する有効性の高い治療法として推奨されている。日本においては，2013年に NHK の特集番組『トラウマからの解放』の中でEMDR が紹介されたことから，一気に注目度が高まった。

## 1．EMDR の誕生

　トラウマ記憶の苦痛な場面を思い浮かべながら，セラピストが左右に動かす指の動きを目で追う——Shapiro がこのユニークな治療法の開発に至ったのは，次のような偶然の出来事に由来する。ある時，彼女が嫌な考えに悩まされながら公園の中を散歩していたところ，いつの間にか悩みが消え去っていることに気づいたという。そこで，何が起こったのかを注意深く振り返ってみたところ，嫌な考えが浮かんでいる最中，目が自発的に素早い往復運動を繰り返していたという[19]。この現象の臨床的な応用に興味を持った Shapiro は，眼球運動の方向や速さ，記憶を思い浮かべる際に注目する側面などに様々な改良を加え，標準的な手続きを開発したのであった。

　Shapiro がこの技法の有効性を最初に実証したのは，PTSD を抱えたベトナム帰還兵やレイプ被害者などの22症例を治療群とコントロール群とに振り分け，1セッションの面接を実施した研究であった[18]。当時，Shapiro の臨床的オリエンテーションが行動療法であったことから，この方

法は「眼球運動による脱感作法（EMD）」と名付けられた。その後，この技法の効果がトラウマ性記憶に対する不安の脱感作にとどまらず，認知の再構成を促し，自発的な洞察や自己効力感を増すことが多くの症例によって観察されたことから，1990 年に EMDR という名称へと変更された。

　現在，EMDR は行動療法や認知療法の枠にとどまらず，トラウマ性記憶にまつわる否定的な考えやイメージ，苦痛な感情，不快な身体感覚などに注意を向けながら，それらの消失や適応的変化をターゲットとして脳内の情報処理を行う統合的アプローチに位置づけられている。さらに，その後の研究によって眼球運動のほか，左右の音源から交互に聞こえる聴覚刺激や，左右交互の触覚刺激（タッピング）なども，脳内の情報処理を加速させる効果があることがわかってきた。今では，これらの代替刺激をも含めた「両側性の刺激（bilateral stimuli）」を用いて，脳内の情報に適応的な変化をもたらすことを EMDR と呼んでいる。

## 2. EMDR の適応とエビデンス

　EMDR の適応となるのは，ICD-10 や DSM-5 の診断基準を満たすようなトラウマ性の出来事に起因する PTSD 症状だけではなく，日常のストレスフルな出来事によってもたらされた心理的苦痛や不適応の問題も含まれる。EMDR では，戦争，事故，自然災害など，命の危険や身体の保全に関わるようなトラウマ性の出来事を「ビッグ T」と呼ぶのに対して，社会生活上の困難や逆境など，人々に不安や落胆をもたらすような出来事を「スモール t」と呼んで区別している。EMDR は，これら双方のトラウマ性の出来事によって引き起こされた非機能的な反応に対して用いることができる。

　EMDR のエビデンスに関しては，2009 年に発行された国際トラウマティック・ストレス学会による『PTSD 治療ガイドライン第 2 版』[4]において，成人の PTSD に対する最も強度の高いレベル A（エビデンスは PTSD 患者を対象とした統制度の高いランダム化臨床試験に基づいている）となっており，曝露療法や認知処理療法などの認知行動療法（Cognitive Behavior Therapy: CBT）アプローチと並んで，第一選択の治療法に挙げられている。また，英国立臨床先進研究所（NICE）による PTSD ガイドライン [12] や，世界保健機関（WHO）によるトラウマ後のメンタルヘルスに関するガイドライン [24] においても，EMDR は PTSD に対する治療法として，CBT と共に推奨されている。

　子どもの PTSD に対しては，改良された EMDR のプロトコルが存在するが，まだランダム化比較試験による研究数が少ないことから，2009 年発行の国際トラウマティック・ストレス学会のガイドラインではレベル B の評価となっている。ただし，ここ数年でより多くの子どもを対象としたランダム化比較試験が行われるようになっており [1, 2]，いずれの研究においても，EMDR はトラウマ焦点化 CBT（上述のトラウマティック・ストレス学会のガイドラインで，児童・青年期の PTSD に対してレベル A の評価）と同等の有効性が認められている。今後，さらに研究が増えれば，子どもに対する EMDR のエビデンス強度は増すものと思われる。

## 3. EMDR の作用メカニズム

　EMDR がなぜトラウマに効果があるのかという科学的な解明は，他の心理療法と同様にまだなされていない。しかしながら，個々のトラウマ心理療法には，PTSD の発生理論や，実際にクライエントに生じた臨床上の変化から，作用メカニズムを推測して構築した治療モデルが存在する。このようなモデルをセラピストが意識しつつ臨床を行うことは，クライエントの変化を理解し，治療ゴールに向かってセラピーを進めていくために重要である。

　EMDR の場合，臨床的効果を説明するモデルは「適応的情報処理モデル（Adaptive Information Processing Model）」[19, 21] と呼ばれている。このモデルでは，人間の脳の情報処理システムには，苦痛をもたらすような否定的情報を，適応的な解決へと「処理」して貯蔵しておくような自然の治癒メカニズムが存在することを仮定している。ここでいう情報の「処理」とは，「消化」と言い換えることもできよう。つまり，人間の生体に

とって支障のない，栄養分を取り込める状態にまで情報を加工することである．トラウマ性記憶の場合，このような本来の自然治癒メカニズムがうまく働かず，苦痛な感覚やイメージがそのままの形で脳内に貯蔵されているため，その出来事から有効な成分を取り込むことができないでいると考えるのである．

　眼球運動をはじめとする両側性刺激は，人間が本来もっている適応的な情報処理システムを活性化し，脳内で処理が滞っていた否定的情報を，生体にとって害のない，より有益な情報へ変化させる働きをすると考えられている．その際，トラウマ性記憶にまつわる感情・認知・身体感覚などの否定的情報は，脳内に離れて貯蔵されていた適応的情報と結びつき，本来あるべき記憶のネットワークの全体的統合に至ることが想定されている（図1）．このようなEMDRの治癒メカニズムはクライエントへの心理教育の際，化学の中和反応に例えられたり，コンピュータのメタファーを用いて，否定的情報しか記されていないトラウマ物語のファイルを開いて，肯定的情報を書き足し，今後の人生の教訓となるような物語として上書き保存しておく，というふうに説明されたりもする．

　適応的情報処理の際に引き起こされる肯定的変化は，個々のクライエントによって様々ではあるが，例えば，これまで思い出せなかった出来事の

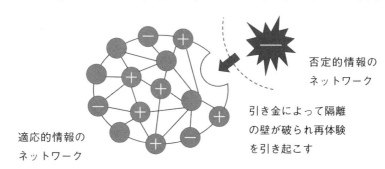

図1　記憶のネットワーク

適応的情報のネットワークには，プラスの記憶，マイナスの記憶，中立的記憶が連結されて安定した状態で貯蔵されている．トラウマ性記憶にまつわる否定的情報のネットワークは隔離されて脳内に貯蔵されており，それに伴う感情負荷を下げ，適応的情報へと処理されない限り，記憶の全体的なネットワークに統合されない．

周縁部分や全体像が見えてくる，辛い出来事の中で自分を助けてくれた人のことや，自分が成しえたことが思い出される，相手に抵抗したり逃げたりするなど，その場でできなかったことができたイメージが出てくる，その時には言えなかった抗議や謝罪の言葉が言えた場面が出てくる，今は亡き人からのメッセージが思い浮かんだり，もう会えない人がこう思っているに違いないと信じられるようになる，などの変化が経験される。これらのすべては，クライエントの脳が最終的にそういう処理のされ方を期待しているのであり，両側性の刺激に促されて自発的に到達するものと考えられる。EMDRではこれを「適応的解決」と呼んでいる。この地点に至るまで否定的情報を処理することができれば，トラウマ性の記憶はもはや生活に支障を与えるほどの苦しいものでも辛いものでもなくなるのである。

　このような適応的解決に向けて両側性刺激の果たす役割については，未知の部分が大きい。これまで提唱されてきた主な仮説には，眼球運動がレム睡眠時の眼球の動きと同じような働きをし，大脳における記憶の整理と統合を促すというレム睡眠仮説[22]，トラウマ性記憶が保持された状態で両側性の刺激が加わると，ワーキング・メモリが妨害されて苦痛の低減につながるというワーキング・メモリ仮説[6]，水平方向の眼球運動が右脳と左脳の交互作用を促進することにより，出来事に対する客観的意味づけが進むという大脳半球相互作用説[16]などがある。いずれも眼球運動の実験から導き出された仮説であり，セラピー中の両側性刺激の働きとは同等に考えることはできないが，EMDRで起こることの一部を説明するものではあるだろう。

　EMDRと他の伝統的なトラウマ治療法，特に曝露療法との作用メカニズムの異同については様々な議論がなされてきた。近年では，両技法のメカニズムは根本的に異なるという見方が優勢である。岡田[13]は，曝露療法では馴化が生じるのに最短でも25～100分間の連続的曝露を必要とし，恐怖刺激から注意が逸れると効果が低減するのに対して，EMDRの両側性刺激はクライエントの注意をターゲット記憶の詳細から逸らせる性質があるにも関わらず，最初の15分以内に苦痛度が急減するため，従来の馴

化のメカニズムでは説明できないとしている。さらに，EMDRではターゲット記憶の内容が自由連想的に，より肯定的な方向へ変化することが認められるため，曝露療法における「馴れ」という治癒のされ方とは，だいぶ性質が異なるとしている。同様のことはLee[11]も幾つかの研究のレビューから主張しており，EMDRの治療上の手続きで重要なのは，出来事の記憶から「距離を取る（distancing）」ことによって連想が広がることであるが，曝露で重要なのは，その場にとどまり「再体験すること（reliving）」であるとしている。

EMDRにおいて適応的解決に至るまでのプロセスは，否定的情報と肯定的情報が交差し合い，より高い次元へと統合されていく複雑かつ積極的なメカニズムであり，条件付けされた不安の「消去」という単純なメカニズムとはだいぶ様相が異なるように思われる。作用メカニズムに関する解明は，多方面からのさらなる研究が必要であるが，一つの方法としては，個々の治療アプローチによる治癒プロセスを，複数の測定方法と測定時点によって詳細に比較することにより，明らかにされていくものと思われる。

## 4. 技法

EMDRの標準的なプロトコルは，邦訳もされているShapiroの著書『EMDR：外傷記憶を処理する心理療法』[19]に詳しく記されている。また，海外のEMDRセラピストによって一般向けに書かれた本の中にも，概要がわかりやすく説明されている[23]。英語論文としてはF Shapiro and L Maxfield[21]を参照されたい。

EMDRの基本的な手続きは，以下の8段階から構成されている。

①生育歴・病歴の聴取
②準備
③アセスメント
④脱感作
⑤植え付け
⑥ボディ・スキャン

⑦終了

⑧再評価

　このうち，④〜⑥段階だけが EMDR に特異的とみなされることも多い
が，どの段階においても，EMDR の作用仮説である適応的情報処理モデ
ルを意識して行うことが重要である。

１）脱感作と再処理に入る前の準備（段階①〜②）

　①生育歴・病歴の聴取は，EMDR において特に重要である。なぜなら，
適応的情報処理モデルにおいては，現在の非機能的な反応の原因は，必ず
それ以前の経験にあると考えるため，できる限り早期の関連記憶にさかの
ぼって処理をすることが効果的だからである。生育歴の聴取を通じてセラ
ピストは，クライエントの現在の不適応問題につながっている過去の体験
を探るとともに，現在の生活においてトリガーとなっている出来事，そし
て，将来の目標の実現に対して支障となり得る事柄を含めてケースフォー
ミュレーションを行う。このように，過去と現在，そして，未来の出来事
について処理していくことを EMDR における「３分岐のプロトコル」と
言う。

　続く②準備では，今後の治療において，クライエントが自身のトラウマ
記憶に向き合い，セラピストに対して真実を語るために必要な，信頼関係
に満ちた治療関係を確立する。また，EMDR の作用機序と手続きに関す
る心理教育も実施する。

　さらに，この段階では，クライエントが自らの情動をコントロールする
ための技法も習得できるようにする。EMDR におけるセルフコントロー
ル技法の代表的なものには，「落ち着く場所のエクササイズ」，別名「安全
な場所のエクササイズ」というものがある。これは，クライエントに心が
落ち着く場所の光景と，それに思いをめぐらした時の心地よい感覚に気づ
いてもらいながら，セラピストがゆったりとした指の動きで眼球運動を導
き，クライエントの肯定的な感覚を強化していくものである。ここで導入
したセルフコントロール技法は，セッション内においてトラウマ記憶にま
つわる苦痛度が完全に下がり切らなかった場合や，セッション間にクライ

エントが何かしらのトリガーによって苦痛を感じた場合，自身の力で状態をシフトさせ，心の落ち着きを取り戻すために用いられる。

**２）脱感作と再処理（段階③～⑦）**

この段階では，準備段階においてセラピストが組み立てた治療計画に基づき，ターゲット記憶に対して，両側性刺激を用いて脱感作と再処理を行い，適応的解決へと導いていく。毎回のセッションの始めは，③のアセスメントから始まり，1セッション（概ね60～90分）内に⑦までを実施する。

まず，③アセスメントでは，クライエントはそのセッションでターゲットとするトラウマ体験の中で最悪な場面の映像を思い浮かべ，それに伴う否定的な自己認知（Negative Cognition: NC）を同定する。そして，そのNCの代わりに，こう思えたら良いという肯定的な自己認知（Positive Cognition: PC）を定め，現時点でのPCの確信度 (Validity of Cognition: VOC) を1～7までの強さで評価する。次に，そのトラウマ体験に伴う感情を同定し，主観的苦痛度（Subjective Units of Disturbance: SUD）を0～10の数値で評価する。さらに，その体験を思い浮かべた時に伴う身体感覚も同定する。

上述の手続きにより，クライエントがトラウマ性記憶にアクセスできたところで，いよいよ④脱感作に入る。クライエントは思い浮かべた映像，NC，身体感覚に注意を向けながら，セラピストが左右に素早く動かす指の動きを目で追う（眼球運動の代わりに，タッピングや音などの両側性刺激を用いることも可能である）。1セットにつき約15～30秒の両側性刺激を加えたあと，いったん止めて，クライエントは集中を解き深呼吸をする。セラピストは「今，何がありますか？」と問い，クライエントはその都度，出てきた映像やイメージ，考え，感情，身体感覚などを自由に報告する。この繰り返しを何度も行い，もとのトラウマ体験に戻ったときのSUDが十分に下がり，適応的解決に至るまで処理を続ける。

クライエントの報告するSUDが0（または生態学的に妥当なレベル）に達したところで，⑤植え付けへと進む。この段階では，クライエントの

もともとのトラウマ体験と，それを思い浮かべたときの望ましいPCとを両側性の刺激によって，しっかりと結び付けることを目的としている。セラピストはクライエントに，もとの体験（ターゲットとした記憶）と最初に選んだPCとを思い浮かべてもらい，よりふさわしいPCがあれば変更するように言う。そして，クライエントに肯定的な変化が起こる限り両側性刺激を加え，クライエントの報告するVOCが7（「完全に本当」）になるまでPCを植え付ける。

　VOC＝7が達成されたら，次の段階である⑥ボディ・スキャンへと進む。クライエントは目を閉じて，もとのターゲット記憶とPCを思い浮かべたときに，不快な身体感覚が残っていないかどうかを確認する。もし，クライエントから不快な身体感覚が報告されたら，セラピストは両側性刺激を加え，完全に処理するようにする。

　⑦終了では，クライエントの状態が安定していることを確認し，クライエントがターゲット記憶から肯定的な記憶のネットワークへ意識を向けられるようディブリーフィングを行う。（もし，④脱感作でSUD＝0まで下がらなかった場合には，⑤，⑥の手続きは行わず，「落ち着く場所のイメージ」や呼吸法などの安定化技法を用いてクライエントの状態を落ち着かせ終了とする。）

　セラピストはクライエントに対して，ターゲット記憶の処理がその後も続くかもしれないことを伝え，次のセッションまでに新たな気づきがあれば，記録しておくことを推奨する。

### 3）再評価（段階⑧）

　⑧再評価では，前回のセッションで取り上げたターゲット記憶が完全に解決したかどうかを，SUDによって評価する。また，日常生活における変化や気づいたことについても簡単に報告してもらう。もし，前回のターゲット記憶からの連想によって，新たに派生した題材があれば，それに対する再処理を行う。

　ここまでがEMDRの第1ステージである「過去のトラウマ体験」を扱う基本的手続きであり，過去のすべてのトラウマ性記憶が適応的解決に至

るまで，③〜⑧を繰り返していく。

　続く第2ステージでは，現在の状況の中で，クライエントに苦痛を引き起こすような出来事について扱う。第1ステージにおいて，クライエントの不適応の問題（主訴）の基盤となっていた過去の出来事が完全に再処理されていれば，現在の引き金となりうるほとんどの出来事は力を失い，影響を与えなくなっているはずである。もし，今の状況の中で，苦痛を引き起こすような出来事が残っていれば，第1ステージと同様の方法にて再処理を行う。

　最後に，3分岐のプロトコルの第3ステージである「未来の鋳型」の開発を行う。英語では"future template"と呼ばれ，その名の通り，未来の望ましい反応の「テンプレート」をイメージの中でリハーサルし，強化しておくステップである。クライエントは，もともとの主訴に関連した未来の同じような状況下で適応的な反応をしている自分の姿を，こう考えられたらよいというPCと共に思い描きながら，映画のようにイメージの中で上映する。セラピストはクライエントの報告を受けながら両側性刺激を加え，PCがVOC＝7になるまで強化し，植え付ける。

　以上がEMDRの標準的な手続きであるが，他にも恐怖症のプロトコルや，直近のトラウマに対する緊急介入用のプロトコルなどがある。


## 5. EMDRか曝露療法か？

　冒頭でも述べたように，EMDRと曝露療法は，多くの精神保健医療に関わる団体や機関の定めたガイドラインによって，ともに成人のPTSD治療に対する第一選択の治療法として推奨されている。しかしながら，ガイドラインの推奨レベルは技法ごとの系統的レビューによって個別に検討されるため，同じエビデンス・レベルの治療法が存在した場合，比較の観点には弱い面がある。さらに，EMDRをはじめ，他のトラウマ心理療法の本格的な臨床家訓練が本邦にて行われるようになったのは，ここ数年のことであるため，複数のトラウマ技法に精通した臨床家はまだ少数であり，クライエントと技法のマッチングについては明確な基準が存在しないのが

実情である。

　ここでは，EMDRと並んで，本邦に比較的早くから紹介された持続エクスポージャー療法（Prolonged Exposure; PE）を取り上げ，両技法を日常臨床で実践しているセラピストが，クライエントに応じてどのように2つの技法を使い分けているのかという，およその目安を示すことにする。

### 1）適応・治療ターゲット

　EMDRとPEの大きな違いは，端的に言えば，PTSDの症状だけではなく，人生全体に影響を与えるようなテーマも扱うことができるのか，症状のみしか扱わないのか，ということにある。EMDRが特定の症状だけではなく，否定的な人生体験に起因し，その後の人生にわたって影響を与え続けるような苦痛やネガティブな考え，すなわち広義の意味での"トラウマ（心の傷）"に対しても適用されるのに対し，PEはあくまでもPTSDの診断基準を満たすような，重篤な出来事によって生じた症状を扱う。PEの治療ガイドブックにも，「PEはあなたの人生全体の問題の一部分を扱っているに過ぎない」ことを明示するよう記されている[3]。そのため，日常臨床でPEの対象となるのは，基本的にはPTSDの診断名が付いている，または最低限，再体験症状がある部分PTSDのクライエントである。

　さらに，PEはプロトコル上，全体のセッションを通じて扱う記憶は，症状形成に最も関与した出来事（インデックス・トラウマ）であるため，基本的には一度だけの災害や犯罪被害などによる「単回性トラウマ」に対する治療法である。一方，EMDRは，人生早期からのさまざまな出来事が否定的な情報ネットワークを形成し，現在の不適応の問題につながっていると考えるため，幼少期から長年にわたって繰り返された虐待など，危険と混乱に満ちた生活歴に起因する「複雑性トラウマ」も扱うことができる。

### 2）PTSDのサブタイプ

　PTSD症状を抱えたクライエントの場合，EMDRとPEのどちらを選択しても，症状に対しては同等に有効であることが実証されている。問題

は，同じ PTSD のクライエントに対して，どちらの技法を選択するかということであろう。

この時の判断材料の1つとなるのが，それぞれの技法の根拠となっている作用メカニズムと PTSD のサブタイプの合致ということである。EMDR が依拠する治療モデルは適応的情報処理であるのに対し，PE の依拠するのは「情動処理モデル」[5] である。これは本稿の3で論じたように「馴化」モデルに基づくものであり，恐怖の病理を形成している刺激に対して集中的な曝露を行うことによって「馴れ」が生じ，恐怖感情の軽減と非機能的認知の修正が起こると仮定している。van der Kolk[25] は，曝露療法などの伝統的な治療法の作用メカニズムが，不快な感情を高次の認知機能によって抑制しようとする「トップダウン処理」であるのに対して，EMDR の作用メカニズムは，大脳皮質による認知的制御とは性質が異なり，情動や感覚といった大脳辺縁系に働きかける「ボトムアップ処理」であるとしている。

近年，PTSD による感情制御の機能不全には，前頭前野の抑制不全である「再体験・過覚醒優位型」と，前頭前野の抑制過剰である「解離優位型」の2つのタイプがあるとされている[10]。PE は，その治癒メカニズム上，出来事が起こった時の状況や情動をありありと感じながら言語化することが重要である。したがって，再体験や過覚醒が優位なクライエントには向くが，解離による感情の麻痺が存在したり，出来事の詳細部分が想起不能であったりするクライエントには実施が困難である。一方，EMDR は，再体験や過覚醒症状による苦痛度を速やかに下げる効果もあるが，両側性刺激がボトムアップ式に働きかけ，解離障壁を破る力が強いとされているため，解離症状が優位で，出来事の記憶が曖昧なクライエントに対しても実施可能である。（ただし，EMDR で解離を扱うための上級テクニックを必要とする。）

3）薬物療法との兼ね合い

EMDR 治療においては，ベンゾジアゼピン系の抗不安薬を大量に服用しているクライエントの場合，情動反応がブロックされるため，脱感作や

実際に生じている効果の判定が困難になる可能性がある[15]。そのため，EMDR 導入前に最低量まで減薬することが推奨されている。PE の場合も，最終的には薬を抜いた状態でしっかり曝露を実施することが望ましいが，EMDR ほど抗不安薬が治療効果に影響を及ぼさないとされているため，治療開始時点において抗不安薬の減量が難しい場合には，PE を優先的に選択することがある。

### 4）クライエントの負担の違い

治療終結までのセッション数は，PE の場合，平均 10 〜 12 回，最大でも 15 回程度である。また，前述のように，PE では PTSD 症状を中心に扱い，人生のその他のさまざまな問題については扱わないことになっている。したがって，クライエントに対して治療期間の目安を伝えやすい。一方，EMDR の場合，ある特定のターゲット記憶だけではなく，同じ系統に属する記憶全体の処理を目指し，かつ，両側性刺激が他の系統に属する記憶も賦活させやすくするため，どのくらいかかるという見通しを立てにくい。ただし，EMDR においても，セラピストがある程度，期間を見越した上で治療計画を立てることは重要であり，現在の問題に最も関連している症状のみを扱うこともできる。経験的にも，EMDR で複数の系統のトラウマ記憶を扱った場合においても，CBT 的アプローチとそれほど変わらないか，より短い期間で治療を終結することも多い。

セッションの頻度については，PE の方は馴化のメカニズム上，1 週間に 1 回もしくは 2 回の頻度で行うことが望ましい。EMDR も 1 週間に 1 度が最適とされているものの，1 週間以上，間が空くと効果が落ちるというわけではない。したがって，毎週セラピーを受けることが困難であり，2 週間に 1 度ぐらいの頻度でしか通えないというクライエントに対しては，EMDR を優先的に選択している。

セッション内およびセッション間にクライエントが感じる苦痛に関しては，PE の場合，馴化が十分に起こるまでの最初の 5 〜 6 セッションまでは，回避していた記憶に直面化したことによって，比較的高い状態が続く。EMDR では，セッション内にターゲット記憶に対する苦痛度が完全に無

くならなかったとしても，ある程度までは下がるため，各セッションの終了時点における苦痛度はPEに比べて低いとされている[9]。また，セッション間にも，より適応的な方向へと再処理が進んでいくことを報告するクライエントも多い。

　セッション間の時間的負担に関する大きな違いは，PEの方は次回のセッションまでに毎回，呼吸法の練習や実生活内曝露の課題があり，全てを行うのに1日平均2時間程度を要することである。一方，EMDRの場合，日々の生活の中で生じた気づきや行動上の変化について日誌に記すことが奨励されているが，それほど多くの時間を費やさない。PEの毎日の課題は確かに大変ではあるものの，成し遂げた時の達成感は大きく，クライエントの自信につながるようである。それに対してEMDRの場合，自分の力で達成したというよりも，セラピストから加えられる両側性刺激によって，自然な自己治癒力が引き出されていくことに不思議な感覚を抱くクライエントも多いようである。

　以上のように，EMDRとPEとではクライエントに与える心理的，時間的負担にそれぞれ特徴があるため，クライエントの治療受容性を考慮して選択することが重要である。

## 6. 効果が現れにくいクライエント

　近年のマスメディアの報道によって，簡単によく効く万能の治療法として誤解されがちなEMDRであるが，どの治療法でもそうであるように，あまり効果が期待できないクライエントも存在することを述べておきたい。

　大前提として，EMDRはトラウマに対して開発された治療法であるため，現在抱えている不適応の問題や非機能的反応の主要な原因が，トラウマ性の病理によって生じている場合にこそ，最も効果を発揮する。例えば，ひと口に不適応の問題と言っても，重篤な精神疾患や，その徴候によって社会機能が低下している場合もあれば，クライエントが潜在的に抱えている発達障害の問題により，新たな環境に適応できなくなっている場合もある。あるいは，本人はトラウマだと主張していても，被害妄想が強いパーソナ

リティである場合や，もともと社会認知の障害があることによって，対人関係のトラブルが生じやすい場合もある。当然のことながら，このような場合には，EMDR は補助的なアプローチにはなり得たとしても，第一選択として実施すべき治療法ではない。

　さらに，EMDR の治療モデルである適応的情報処理においては，否定的記憶と肯定的記憶との弁証法的な統合プロセスが，治癒への主要な推進力とされているため[20]，治療への反応性はクライエントの有する認知処理特性によるところが大きい。筆者の研究および，臨床経験からも，EMDR への反応性が悪く，回数を重ねても効果がみられにくいクライエントは，ロールシャッハ・テストで測定されるところの情報の統合能力や，効果効率に問題のあることが認められた[8]。このようなクライエントに対しては，セラピーの構造がより明確な CBT アプローチの方が適する場合もあるだろう。また，EMDR を適用する場合においても，治療契約を結ぶ際に具体的なゴールを定め，処理するターゲット記憶を限定するなどの工夫が必要かと思われる。

## 7. EMDR のトレーニング

　EMDR の技術を身につけるためのトレーニングには，初級と中級とがあり（2013 年以降，それぞれ Weekend 1，Weekend 2 という名称になっている）年に 2 回程度開催されている。各トレーニングの修了にあたっては，実際に担当したケースを提示して，5 時間分のコンサルテーションを学会認定のコンサルタントから受けることが必須条件となっている。

　EMDR のトレーニング日程，関連書籍，論文，国内の治療者の名簿などは，日本 EMDR 学会の下記のホームページに詳しく掲載されている。

　日本 EMDR 学会　https://www.emdr.jp/

# Ⅱ．EMDR の症例

EMDR の実際の症例については，既に症例集[17]も出版されており，一

般書店で入手できる書籍にも EMDR が奏功した事例が幾つか紹介されている[7, 14, 23]。本書では，さまざまなトラウマ治療のアプローチを症例に学ぶという趣旨を生かし，EMDR において両側性の刺激を加えるたびに，クライエントのトラウマ記憶がどのように処理され，適応的解決に導かれるのかという，この治療法独特の雰囲気が伝わりやすいよう，セッション中のクライエントの感情や認知の変化を詳細に記すことを心がけた。また，セッションの区切りで適宜，解説を設けた。ただし，EMDR は高度な技術の獲得が要求され，書物のみによる実施は固く禁じられているため，具体的な手続きやセラピストの教示については省略あるいは簡略化してある。（技法の概要については本稿 I - 4 を参照されたい。）

　症例提示にあたっては，クライエントから書面による同意を得ているが，プライバシー保護の観点から必要な範囲内で改変を加えてある。

## 1．症例の概要

【クライエント】30 代前半の女性，専門学校事務職・講師
【主訴】過去の出来事へとらわれてしまい，今を生きることができない。仕事に行くことができなくなり，休職に追い込まれてしまった。継続的な対人関係を築くことができない。感情の波が激しく，過去に患った過食嘔吐を再発してしまい，引きこもりがち。
【既往歴】摂食障害
【家族歴】地元の工場に勤める父と，専業主婦の母親との間に第三子として出生。同胞は 4 つ違いの姉と 2 つ違いの兄。18 歳の時に実家を出て，現在は独り暮らし。
【現病歴】X- 5 年，不倫相手と別れた直後から，相手のストーカー行為に苦しめられた。転居をし，ストーカー行為が止んだ後も，誰かに見られているような落ち着かない感覚や，飲食店で隣り合った人にバカにされているような感覚が持続し，自分に自信が持てないでいる。感情の起伏が激しく，落ち込んだ時には食べ吐きを繰り返し，むくんだ自分の姿を人目にさらすのが恥ずかしくて引きこもってしまう。職場も休みがちになり，昨年

前半は休職に追い込まれてしまった。昨年の秋以降，少しずつリハビリ通勤をしているが，相変わらず気分は不安定で，完全に復職できる見通しは立っていない。テレビの放映でEMDRのことを知り，過去のトラウマにとらわれず生きて行けるようになりたいと思い，治療を希望。人目につく地元よりも，都心でEMDRを受けられるカウンセリングルームを探して申し込み，X年2月に初回面接。

## 2. 治療経過

　各セッションは1回90分，前半はおよそ2週に1回，後半は1，2カ月に1回の頻度で実施した。治療期間は初回から終結面接まで約10カ月間，全14セッションであった。

### <第1回>生育歴・病歴の聴取

　初回面接では，通常のカウンセリングで行われるようなインフォームド・コンセントのほか，特にEMDRの適応に関する選定基準を考慮しながら，生育歴と病歴に関する情報収集（EMDRの第1段階）を行った。

　†生育歴・病歴の聴取に基づくライフラインの作成

| 年齢 | 出来事 | クライエントのコメント |
|---|---|---|
| 0－6 | 不安に満ちた幼少期 | ・父の酒乱，父から母へのDVを年中目撃していた。<br>・泣いている母親を助けなくてはと思っていた。 |
| 7－12 | 世間の目を気にして生きていた小学校時代<br>姉と兄からの罵倒<br>母からの叱責 | ・両親の喧嘩のことが近所中に知られていると思って恥ずかしかった。<br>・姉と兄からブス，デブ，バカと言い続けられていた。<br>・兄と喧嘩になるとすぐに殴られた。<br>・母親から父親が暴力をふるうのはお前のせいと怒られた。 |
| 12 | 姉の摂食障害 | ・姉が摂食障害で入院し，家族中が振り回されていた。 |

| 18 ー現在 | 摂食障害 | ・自分も摂食障害になり，姉と同じ病院に入院させられた。<br>・その後も入退院を 2 回ほど繰り返した。<br>・現在でも気分が落ち込むと時々，過食をする。 |
|---|---|---|
| 18 | 独り暮らしを開始 | ・高校を中退し，実家を出て病院の経営する施設で独り暮らしを始めた。 |
| 19 ー 21 | 通信教育で勉強 | ・通信教育を受け，高校卒業資格を取得した。 |
| 22 | 転居 | ・病院の施設を出て，アルバイトをしながら独り暮らしを始めた。 |
| 22 | 職場での不倫関係 | ・職場の男性と不倫関係になった。<br>・暴力をふるわれたが，最初の恋人だったため，これが普通だと思っていた。 |
| 23 | 最初の中絶 | ・不倫相手との間に子どもができ，中絶をした。 |
| 24 | 2 度目の中絶 | ・摂食障害で入院中に妊娠に気づき，逃げるようにして退院し，法的に可能なぎりぎりの週で中絶手術を受けた。 |
| 25 | 不倫相手との別れとストーカー行為 | ・不倫相手と別れた後，ストーカー行為に悩まされた。<br>・人づてに，元不倫相手が自傷行為をしていると聞いて，自責の念に駆られた。 |
| 25 | 退職と転居 | ・元不倫相手と一緒だった職場を辞め，転居した。 |
| 25 ー 27 | 職業訓練学校 | ・PC と簿記の職業訓練学校に通った。 |
| 28 | 資格試験に合格 | ・学歴コンプレックスがあったため，専門学校卒と同程度の資格が取れたのは嬉しかった。 |
| 29 | 就職 | ・精神障害者の雇用に理解のある職場に就職，事務職・講師として働き始めた。 |
| 30 | 新しい恋人の出現 | ・職場で新しい恋人ができ，付き合い始めた。 |

†マイナスの記憶とプラスの記憶トップ 10

●マイナスの記憶（10 段階による絶対評価，カッコ内はそれを体験した年齢）

－ 10　不倫相手の子の中絶（23 歳，24 歳，年齢はあいまい）

－ 10　別れた不倫相手からのストーカー行為（25 歳）

－ 10　別れた相手の自傷行為を人づてに聞いて自分を責めたこ

と（25歳）

　　　－10　　父親の酒乱と母へのDV目撃（幼少期～中学時代まで）

　　　－10　　母から無能と責められたこと（幼少期）

　　　－10　　姉・兄から罵倒され続けていたこと（幼少期）

●プラスの記憶（10段階による絶対評価，カッコ内はそれを体験した年齢）

　　　＋10　　資格試験に受かったこと（28歳）

†ベースラインのトラウマ関連症状の評価

● IES-R（改訂出来事インパクト尺度）：59点（原家族のこと），49点（不倫相手とのこと）

● DES-Ⅱ（解離性体験尺度－Ⅱ）：28点

†適応的情報処理モデルに基づく治療計画の作成

＜トラウマに関する症候群＞

●自己に対する否定的信念：「私は悪い」・「私は醜い」，「私は無力だ」，「私は危険にさらされている」

●行動：社会生活からの撤退，過食への逃避

●情動：気分の落ち込み，感情の起伏の激しさ，強い自責の念

●身体感覚・身体症状：だるさ，むくみ

●症状：再体験，過覚醒，回避，解離

＜3分岐のプロトコル＞

●過去のトリガー

　✓最初の体験（試金石的記憶）：両親のDV目撃

　✓最悪の体験：不倫相手との間にできた子どもの2度目の中絶

　✓その他の寄与する過去の体験：母・姉・兄からの罵倒，摂食障害による入院

●現在のトリガー

　✓仕事上の失敗

　✓外出時の他者からの視線

　✓実家の家族からの連絡

● 未来の鋳型
　✓職場に完全復帰して安定した職業生活を送ること
　✓仕事や対人関係でトラブルを経験したときでも，感情が不安定に
　　ならず，過食嘔吐へ走らないこと
　✓現在の恋人と安定した関係性を築くこと

【解説】EMDR の第 1 段階である生育歴・病歴の聴取のポイントは，現在
のクライエントの主訴が，過去のどのようなトラウマ体験に起因している
のかという概要をセラピストが把握し，EMDR への適格性を判断すること，
ならびに，適応的情報処理モデルに基づく治療計画を立てることである。

　本クライエントの場合，カウンセリングルームに援助を求めてきた時の
主訴は，5 年前に経験したストーカー事件以降の心身の不調であったが，
生育歴・病歴の聴き取りからは，幼少期から数多くのトラウマ体験があり，
安心感や自己肯定感が育つための適切な情報が欠如していたことが，その
後の不安定な感情制御や対人関係に影響を与えているものとみなされた。

　適応的情報処理モデルにおいて，非適応的な情報の貯蔵状態にあると考
えられる「自己についての否定的認知（NC）」には，大きく分けて＜安全
に関するテーマ＞，＜責任・欠陥に関するテーマ＞，＜パワー・コントロ
ールに関するテーマ＞がある。本クライエントの場合，「私は危険にさら
されている」，「私は悪い」・「私は醜い」，「私は無力だ」といった NC が各
テーマに該当し，それぞれの非合理的信念の基盤を成しているのは，マイ
ナスの記憶トップ 10 に挙げられたような「父から母への DV 目撃」，「姉・
兄からの罵倒」，「母親から無能よばわりされたこと」，などの幼少期から
のトラウマ体験であるとみなされた。したがって，クライエントの現在の
不適応の問題を根本的に解決するためには，人生最早期のトラウマ記憶に
さかのぼって再処理を行う EMDR の適用がふさわしいと考えられた。

　マイナスの記憶については詳細が思い出せないものもあり，DES も平
均よりやや高めであった。しかしながら，時折，涙ぐみながらも思い出そ
うと努力する様子がみられ，EMDR によって過去の記憶にアクセスする
ことは問題ないと考えられた。プラスの記憶は 1 つだけであったが，資格

試験の合格が＋10の評価として挙げられたことはクライエントにとって大きなリソースであり，知的な作業を得意とする点は，セラピーを通じて行われる心理教育の受容や理解においても強みになるものと思われた。

さらに，遠方から数時間かけてセラピーに通う意欲とエネルギーがあり，治療に関しては職場の理解や交際相手のサポートも受けられるなど，時間的・環境的な準備性も整っているものと判断された。

### ＜第2回＞準備：落ち着く場所の開発と強化

この回では，過去の記憶の再処理に入る前の準備（EMDRの第2段階）として，「落ち着く場所のエクササイズ」を実施した。

以下，クライエントが報告した内容については，丸囲みの番号を付けて記し，セラピストの教示については＜＞に斜体で示した。

①自分の部屋のいつも座っている場所で，テレビの前のテーブルが見えます。

＜*その場所について思いを巡らすと，どんな感情や身体の感覚を感じますか？*＞

②身体の力が抜けています。部屋に干してある洗濯物の柔軟剤の香りがします。

＜*では，その場所の風景，音，匂い，身体の感覚に集中してください。あなたが体験していることについて，もっと教えてください。*＞

③身体がほわっとして，テレビの後ろの窓や，水色のカーテンが見えます。

＜*その場所のイメージを想い起してください。心地よい身体の感覚に集中しながら，それを楽しんでください。（数回のゆっくりとした眼球運動：以下EM）今，何に気づいていますか？*＞

④リラックスして，腕の力が抜けてきました。

＜*あなたの安全な場所を代表する言葉やフレーズはありますか？*＞

⑤自分の部屋。

＜*では，「自分の部屋」について思いを巡らす時に出て来る肯定的なイメージに気づきながら，私の指を追ってください。（EM）*＞

⑥身体が温かい感じがします。

　＜それに集中してください。（EM）＞

　＜今度は自分で手掛かり語を思い浮かべて，どんな気持ちになるか気づ
　いてください。（EM）＞

⑦胸から上，顔の周りが温かく感じます。

　＜それでは，ちょっとした不快な状況を想像してください。どんな気持
　ちになりますか？＞

⑧ここへ来るまで雪道を運転している間，本当に着くのだろうかと不安で
　緊張していました。

　＜では，あなたの落ち着く場所を表す言葉“自分の部屋”を思い浮かべ
　て，身体に起こる変化を感じてください。何に気づきますか？（EMは
　加えずに待つ）＞

⑨腕の力が抜けてきました。

　（この後，クライエントは別の苦痛状況を思い浮かべ，セラピストの教
　示なしに自分一人の力で状態をシフトすることを練習し，このセッショ
　ンを終了した。）

【解説】「落ち着く場所のエクササイズ」においては，クライエントが苦痛
な状態から別の状態へシフトする力がどのくらいあるかを評価するととも
に，眼球運動に対する反応性のアセスメントも兼ねている。脆弱性の高い
クライエントの場合には，「落ち着く場所のイメージ」が否定的な記憶を
活性化させたり，両側性の刺激を加えても肯定的な状態が強くならない場
合がある。（そのような場合には，EMDRの他のテクニックを用いてリソ
ースの開拓をしておく必要性がある。）本クライエントの場合，両側性の
刺激に肯定的に反応し，安心感を身体感覚として感じとることがよくでき
ていた。


＜第３回：EMDR #1＞源家族のこと（１）：父から母へのDV

　この回から，過去のトラウマ性記憶の脱感作と再処理を行った。EMDR
において再処理のターゲットとして扱う記憶の順番は，人生最早期のもの

から始めるのが基本であるが，臨床的な判断も必要とする。本クライエントのように，幼少期から両親のDV目撃体験があったり，家族メンバーから罵倒され続けてきたりした場合，「私が悪い子だからそうなる」という自己の責任・欠陥に関する非適応的な情報がしっかりと埋め込まれてしまっている。したがって，「私が悪い」と感じた最初の記憶にさかのぼって再処理を行うことにした。

　以下，EMDRの手続きにおける第3段階の「アセスメント」（ターゲット記憶，その体験における最悪の映像，NC，PC，VOC，感情，SUD，身体感覚の同定）に関しては，枠内にゴシック体で記し，両側性刺激を加えた後にクライエントが報告したこと（EMDRの手続きの第4段階以降）については，丸囲みの番号の後に示した。セラピストの教示や語りかけは＜＞に斜体で記した。

| EMDR#1 | 原家族のこと（1）：父から母へのDV |
|---|---|
| ターゲット記憶 | 父が帰宅して酒を飲むと，いつも母へ暴力をふるったこと |
| 映像 | 何かあったら母を助けようと，自分の部屋で耳をそばだてている |
| 否定的認知（NC） | 私は間違いを犯した |
| 肯定的認知（PC） | 私は正しい |
| 確信度（VOC） | 1 2 3 4 5 6 7 |
| 情動 | 苦しい，悲しい |
| 苦痛度（SUD） | 0 1 2 3 4 5 6 7 8 9 10 |
| 身体感覚 | 胸や喉が締め付けられる感じ |

*（セラピストは，クライエントにアセスメントで同定したことに意識を向けるよう指示し，クライエントの反応を見ながら一定の手続きによって両側性の刺激を加えいく。）*
①母の泣いて怯えた顔が見える。母がかわいそう，あまりにもひどい。
②父がお皿を次々と投げ，母が走って逃げていく。
③私たちきょうだいは，母に「逃げて！」と叫んでいる。
④お皿が飛ぶのがやんだ。でも，もう一度父のスイッチが入る時があるか

ら油断できない。

⑤苦しくて息が止まりそう。

⑥次の日の朝，目が覚めた瞬間，「終わった」と思っている。

⑦朝のイメージ。家の前の道。きっと昨晩の騒ぎを，近所の人はみな知っているんだろう。

⑧嫌だな。思い出すと悲しい。でも両親はけろりとしている。本当にそんなことあったんだろうか…。

⑨学校に行っても現実感がない。時折，昨晩のことを思い出して涙がにじみ出る。

⑩小学校の教室にいる。担任は年配の女の先生，私はかわいがられていなかった。いつも心ここにあらずで，気づくと授業が終わっているような日々。

⑪教室にいる感覚が甦ってきた。ふわふわした感じ。

*(時間切れのため，「落ち着く場所のイメージ」を実施して終了。)*

⑫部屋の外から鳥の声が聞こえてきました。普段，焚いているお香の香りと，自分の吸うタバコの匂いがします。

【解説】幼少期に虐待を経験したクライエントの多くは「解離」という防衛様式が身についている。そのため，EMDR で幼少期のトラウマにアクセスすると，当時の感覚が甦って解離した感じになることがある。そのような時には，EM をタッピングに替えたり，EM にパルサー（左右交互に振動が伝わる器具）を加えたりするなどして，今ここに居る感覚に戻すことが重要である。今回は，再処理の途中で時間切れとなったため，セルフコントロール技法の「落ち着く場所のイメージ」を用いて，クライエントの意識を現実にひき戻す介入を行った。前回のセッションでイメージされた肯定的感覚に，新たな聴覚や嗅覚も加わって，今ここへのグラウンディングがしっかりとできていた。

＜第 4 回：EMDR #2 ＞原家族のこと（2）：父から母への DV

●再評価

クライエントからは，前回のセッション後に食べ吐きをして，授業を1回休講にしてしまったこと，ただし今回の食べ吐きは，いつもの半分ぐらいの日数で終わったことが報告された。また，仕事に対して自信がなく，逃げたいと思う気持ちもあるとのことであった。

前回のセッションで取り上げたターゲット記憶に対する苦痛度がSUD＝0まで下がっていないため，同じターゲット記憶に関して，現時点での最悪な場面の映像，感情，SUD，身体感覚を同定するところ（EMDRの第3段階「アセスメント」）から開始した。

| EMDR#2 | 原家族のこと（2）：父から母へのDV |
|---|---|
| ターゲット記憶 | 父が母を殴るのは，私のせいだと兄から責められたこと |
| 映像 | 私が兄から罵倒され，殴られている |
| 否定的認知（NC） | 私は間違いを犯した |
| 肯定的認知（PC） | 私は正しい |
| 確信度（VOC） | $\boxed{1\ \ 2}$　3　4　5　6　7 |
| 情動 | 恐い，イライラ，怒り，憎しみ，敵意 |
| 苦痛度（SUD） | 0　1　2　3　4　5　6　7　$\boxed{8\ \ 9}$　10 |
| 身体感覚 | 頭が締めつけられるように痛い，手のひらが熱い |

①母の泣き叫んでいる顔が見える。

②父が母に暴力をふるうのは，「お前がそんなことを言うからだ！」と兄から責められている。

③「ブス，デブ，バカ，ウドの大木！」と兄に頭を叩かれた。

④私はそんな悪いことを言ったのだろうか。

⑤兄に「叩かないでちゃんと言葉で言って。私だって自分の意見を言う権利がある」と訴えた。

⑥私はバカじゃない！　勇気を持って言ってみた。

⑦兄が向かってくる。でも，怖くない。

⑧兄もかわいそう。父が暴れたり母が泣き叫んだりする姿を一緒に見てきたよね。

⑨1人で家に残るのは心細いので，兄が出かけるときに付いて行ったこと

もあった。

⑩親のことを兄と話したことはなかった。まるでタブーのように。でも，話したかったよ。

⑪「もし親が離婚したら，どっちに付いていく？」みたいなことを話し合ったことがあった。

⑫「家の状況を親戚とかに話して助けてもらおうよ」と提案したこともあった。

⑬兄からよくキャッチボールの相手をさせられた。球技は苦手だったけど，仕方なく付き合った。でも，役割を与えられたようで嬉しかった。自分に価値があるようで。

＜（ターゲットから離れてきたので）もとの体験に戻ると，今，何に気づきますか？＞

⑭兄に対する恐怖は無くなった，でも，敵意やイライラはある。

＜それを出してみましょう。＞

⑮兄をドンとどついてみた。でも，手を挙げると兄からの報復が怖い。罵倒された時，言葉で返してやればよかった。

＜それを言ってみましょう。＞

⑯「チビ！」と兄に言ってやった。私が選んだ洋服とか，なんでも「変だ」と否定されたけど，私の選んだものは変じゃない！

⑰もっと，きょうだいで話をしていればよかった。なんでも話していればよかった。

⑱姉はおとなしくていい子，私と兄は父に反抗的だった。でも，私よりも兄の方がもっと父から暴力をふるわれていた。

⑲一緒に「お姉ちゃんだけずるいね」と話したこともあった。一緒に姉の悪口を言ったね。

●終了時点の評価：SUD＝0～1（SUD＝0まで下がりきっていないため，前回と同じセルフコントロール技法にて終了。）

【解説】前回のセッションで扱ったターゲット記憶に関連して，新たに兄からの罵倒や暴力を受けた場面が出てきたため，今回はその映像から再処

理を開始した。これまで処理が停滞していた兄への怒りや，実現されなかった願望に関する情報処理が再開されたところで，兄にも自分と同じような面があったことや，2人で助け合ったことなど中立的・肯定的情報も想起された。EMDRでは両側性の刺激がクライエントに生来備わっている自己治癒力を促し，自然な洞察を生じやすくするのが特徴的である。セッション中にクライエントが体験した変化や気づきは，セッション間にも進んでいく。

<第5回：EMDR #3 > 原家族のこと（3）：父から母へのDV
●再評価

前回以降の行動の変化としては，職場に出勤できた日数が前月よりも多かったこと，家でも少し仕事ができたことが報告された。

また，新たに思い出されたこととして，小さい頃，母と一緒にお風呂に入った際，母の身体がアザだらけだったこと，母からも「あんたのせいでこうなるんでしょう」と言われたこと，母がよく実家の父親に電話で相談していたこと，それを聞いてはいけないとドキドキしながら緊張していたことなどが語られた。前回までの2回のセッションで扱ったターゲット記憶からの連想により，新たに出てきた題材と思われる「母との関係」について取り上げることにした。

| EMDR #3 | 原家族のこと（3）父から母へのDV |
|---|---|
| ターゲット記憶 | 父の暴力について母からも責められたこと |
| 映像 | 母が父から殴られたり蹴られたりして，泣きながら叫んでいる |
| 否定的認知（NC） | 私は間違いを犯した |
| 肯定的認知（PC） | 私は正しい |
| 確信度（VOC） | ⬚1 2⬚ 3 4 5 6 7 |
| 情動 | 悲しい |
| 苦痛度（SUD） | 0 1 2 3 4 5 6 7 ⬚8⬚ 9 10 |
| 身体感覚 | 胸が痛い，胸が緊張して固くなっている |

①自分が言ったひと言がきっかけで，父から母への暴力が始まった。取り返しのつかないことをした。

②「お母さん，ごめんね」というひと言がなかなか言えなかった。家族の中で，誰も謝るということをしなかった。そういうことが言える関係だったらよかったのに。

③父が寝室へ行こうとしている。母は父が投げたものを片付けている。

④母にすごく謝りたかった。でも，母だって私の言うことを聞いてくれなかった。

⑤「あんたが変なこと言うから」と母は言うけど，こちらの話は聞いてくれない。謝る機会すら与えてくれない。腹立たしい。

⑥もっと話を聞いて欲しかった。今日は学校でこんなことがあったとか，こんなことをしたとか，よその子が普通にお母さんとしているような話をもっとしたかった。

⑦寂しかった。保育園や学校生活もうまくいっていなかった。それが話せていたら，相談できていれば，違ったのかな。

⑧母が台所で「今日何があった？」と聞いてくれたことがあった。

⑨その時の私は反抗期だったから，「別に」とかひねくれていたけど。周りでお母さんと仲良くしている友達がうらやましかった。母とはそういう信頼関係がなかった。

⑩私が小6の時，姉が摂食障害で入院した。病院で家族療法を受けた時，母が色々と私に聞いてきた。でももう遅いよ，私はあの時，聞いてほしかった。

⑪私が摂食障害になった時，よく母に泣いて謝られた。でも，今じゃないよ，もう遅いよ，という気分だった。

⑫もしこんな母でなかったら，私は摂食障害にならなかったかもしれない。姉が摂食障害で入院してから，家の中がさらに荒れた。母は病院の信者みたいになっていた。もっとほかの治療法があったかもしれないのに。

⑬私はすごく振り回された。当時は姉のことが最優先で，他の家族のことはほったらかしだった。お父さんのことは，あんた達にも原因があると

言われ，そういう言い方はすごく嫌だと病院で母に言った。

⑭母は平謝りした。振り回してごめんねと。今さら謝られても遅い，私の人生返してよ！

⑮姉が病気になった時には，あんたたちのせいだと言ったのに，私が病気になった時には，他のきょうだいのせいだと言ってくれない。

⑯小さい時以上に，自分は大切にされていないと感じていた。母は病院の先生の言うことを最優先して，私たち家族をぞんざいに扱った。今でも許せない！

⑰一体，何だったんだろう。父が暴力をふるい，姉が暴れ，兄が罵倒し，母がヒステリックに叫ぶ。何だったんだろう…。でも，私のせいではないような気がする。

＜もし，親友の家族がそうだったら，何て言ってあげたい？＞

⑱誰か一人のせいということではない。家族だから一緒にいなくてはいけないということはない。他人でも，実の家族以上に仲良くなれる。

⑲昔は家から逃げたとしても遠くへ行けなかった。田舎だから周りは畑ばかり。ここしか居場所ないという閉塞感があった。でも，車の免許を取った時，私はどこへでも行けると思った。

⑳昨年，兄と姉が結婚して，結婚式には出たくなかったけど，無理やり出席させられた。そういう時だけ私を巻き込んでくるのは嫌。今，私は独りで生活している。私は私。

●終了時点の評価：SUD = 2〜3（SUD > 0 のためセルフコントロール技法で終了。）

【解説】「父から母へのDV」というターゲット記憶に関連して，今回は母からも責められた体験を扱った。クライエントは，幼い頃から家族内の問題をすべて自分のせいだと言われ続けてきたため，「私が悪い」という誤った情報しか与えられてこなかった。再処理が起こるにつれ，「母に謝りたい」という気持ちから，母やきょうだいに対する正当な怒りの感情が表出され，⑰において初めて「私のせいではないような気がする」という気づきが生じた。ここでセラピストは，より積極的な自発的処理を引き出す

べく「認知の編み込み」という EMDR 技法の1つを用いている。クライエントは現在の大人の視点から客観的に問題を捉え直し，家族という縛りから解放されて「私はどこへでも行ける」，「私は自分らしくあってよい」という，自己のパワーとコントロールに関する適応的な情報処理が起こり始めた。

## ＜第6回：EMDR #4 ＞原家族のこと（4）：母からのお仕置き
### ●再評価
　セッション間の出来事として，実家の母から野菜を置きに行くと連絡あったが断ったこと，週末の朝，ピンポンが鳴ったので母かと思ったら宗教の勧誘であり，被害妄想に陥っている自分が情けなくなって涙が出てきたことなどが報告された。仕事に関しては，出勤できた日数も増え，以前とは違ってきていると感じるとのことであった。

　新たに思い出された記憶として，小さい頃，母親から怒られると真っ暗な納戸部屋によく閉じ込められたことが報告された。前回の再処理による連想と，現在の刺激によって想起された出来事と思われるため，今回はこの記憶をターゲットとして取り上げることにした。

| EMDR #4 | 原家族のこと（4）：母からのお仕置き |
|---|---|
| ターゲット記憶 | 母から怒られると，よく納戸部屋に閉じ込められたこと |
| 映像 | 母に抱きかかえられた自分が泣き叫んでいる |
| 否定的認知（NC） | 私は悪い人間だ |
| 肯定的認知（PC） | 私は私のままで良い |
| 確信度（VOC） | 1　2　3　4　5　6　7 |
| 情動 | 混乱，ひどい，残酷，悲しい |
| 苦痛度（SUD） | 0　1　2　3　4　5　6　7　8　9　10 |
| 身体感覚 | 胸に圧迫感 |

①小さな私が母に抱きかかえられ，納戸に連れていかれようとしている。「やだやだ！」と抵抗している。
②閉じ込められた瞬間，無力感が襲ってくる。私のひと言がいけなかった

のだろうか。母のスイッチが入るとまったく抵抗できない。あんな事，言わなければよかった。後悔でいっぱい。

③とにかく出してほしい。怖い。恐怖で泣き叫んでいる。

④結構長い時間が過ぎた。泣き疲れて，力尽きている。

⑤私の何がいけなかったのだろう。母はいつも「そんなことするとあそこに入れるよ」と言った。そんなことって，具体性がない。一体私が何をしたというの？

⑥私は本当に怖かった。お母さんは大人だから閉じ込められても怖くはなかったかもしれないけど，子どもだったらどんなに怖いかわかる？

⑦毎回，なんでこうなるのかわからなかった，またやっちゃった，という気分…。

　＜あなたはそんなに悪いことをしたの？＞

⑧母がいけない。私は悪くないと思う。腹立たしい気持ちが出てきた。

　＜その怒りを出してみましょう。＞

⑨ひどいよ！　そっちは大人なんだから，別の方法があったはず。私の存在，態度が気に入らなかっただけなんでしょう！　私がストレスのはけ口だったんでしょう！

　＜その女の子はどうしたら外に出られそう？＞

⑩当時は恐怖で外から鍵がかかったドアしか見ていなかったけど，庭に出られるサッシがあったはず。そのサッシを開ければ出られる。

⑪部屋の中を見まわしてみた。日本人形や古い道具が置いてある。

⑫雨戸を開けたら日の光が入ってきた。サッシを開ければ外に出ることもできる。

⑬閉じ込められている間，部屋の中の物で遊ぶこともできた。

⑭もし，私がそこにいたら助けてあげられたのに。でも，そもそも，そこに入らなくてもいいんだよね。

●終了時点の評価：SUD＝0，PC：「私は対処できる」，VOC＝7，身体感覚：なし

【解説】母からのお仕置きに関するターゲット記憶が完全に処理されたセ

ッションであった。処理の前半では，当時の恐怖や自責の気持ちが出てきていたが，⑦でセラピストが責任の所在をはっきりとさせるための認知の編み込みを行ったところ，「私は悪くない」という気づきが生じ，自分がされたことに対する正当な怒りの感情が処理された。そして，今の自分がそこにいたら助けてあげられたのに，という自己のパワーに関する信頼感が高まると同時に，そもそもそこに入る必要などなかったのだ，という適応的解決に至った。再処理前の PC は「私は私のままでよい」であったが，適応的な情報処理の結果，「私は対処できる」という積極的かつ自己コントロール感に満ちた肯定的認知へと変化した。

＜第 7 回：EMDR #5＞原家族のこと（5）：姉とのこと
● 再評価
　ゴールデンウィークを挟んで 5 週間ぶりのセッションとなった。前回，処理したターゲット記憶に関しては，SUD = 0 が保たれていることが確認された。また，原家族のトラウマ記憶に関する IES-R の評価は 32 点であり，過去 4 回分の再処理によって 40% 以上の症状軽減がみられた（IES-

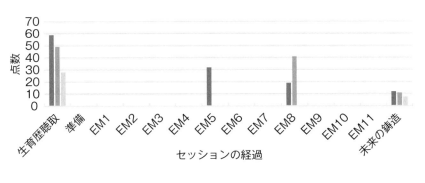

図 2　トラウマ関連症状の変化

Note. EM = EMDR によってターゲット記憶の処理を行ったセッション；IES-R =改訂版出来事インパクト尺度；DES-II =解離性体験尺度 -II

RとDES-Ⅱの治療経過による変化は図2に示した)。

　クライエントからは，前回のセッション後，3週間ほどは調子がよかっ
たが，ゴールデンウィークを過ぎてから姉のことを思い出し，食べ吐きが
ひどくなったことが報告された。クライエントの現在の問題の解決のため
には，まだ生育歴・病歴の中で扱っていない「姉の摂食障害」に関連した
記憶の再処理が必要と判断し，この回から姉との間の出来事をターゲット
にしていくことにした。

| EMDR #5 | 原家族のこと（5）：姉とのこと |
|---|---|
| ターゲット記憶 | 姉の摂食障害に家族全体が振り回されたこと |
| 映像 | 姉が台所で食べ吐きをしている音を居間で聞いている |
| 否定的認知（NC） | 私は取るに足らない人間だ |
| 肯定的認知（PC） | 私は生きる価値がある |
| 確信度　（VOC） | 1 2 3 4 5 6 7 |
| 情動 | 嫌悪感，怒り，落ち込み |
| 苦痛度（SUD） | 0 1 2 3 4 5 6 7 8 9 10 |
| 身体感覚 | 耳のあたりがぼうっとする，胸が重苦しい |

①姉に付き合わされて，私も食べろと言われた。両親は我慢して食べてい
　る。

②苦しそうに食べている両親がかわいそう。見ていて苦しい。私はどうす
　ればいいんだろう…。

　＜今ならその時の自分に何て言ってあげたい？＞

③無理して食べなくていいんだよ。お姉ちゃんに付き合わなくてもいいん
　だよ。病気だからって，何でも許されるわけではない。

④姉は，病気になったのは私のせいだと言った。私と兄は感情を爆発させ
　て親に反抗していたけれど，「感情を出せる方がよほど楽だ」と。「自分
　だけ我慢していた」と。

　＜お姉さんに向かって言いたいことを言ってみて。＞

⑤私のせいじゃない！　納得いかない！

⑥でも，心の中でしか言えない。姉は怖かったから。何か言っても無視されたり，「はあ？」とか「バカ！」とか言われるだけ。家全体が姉の支配下にあった。

⑦姉が台所で食べ物を作っている間，引き戸を閉めていて，誰も中に入ってはいけなかった。私は心の中で「もうやめて！」と叫んでいた。

⑧母は姉の言いなりで，私を守ってくれなかった。父も関わろうとしなかった。

＜家族の一人ひとりに言いたいことを言ってみて。＞

＜まず，お父さんには？＞

⑨知らんふりしないで！ ちゃんと関わってよ！

＜お母さんに＞

⑩悲劇のヒロインぶらないで！ 病気なのは自分でしょう。家族よりも病院の方が大事なんでしょう。何か２つのものがあると，いつも良い方を病院に付け届けしていた。ああ，私は大事じゃないんだ，と思っていた。

＜お姉さんに＞

⑪家族の行動を制限しないで！ 自分だって苦しいでしょう。もう降参しなよ！

＜お兄さんに＞

⑫親に原付を買ってもらっていたから，夜にコンビニとか遠くまで行けていいな。私は何も買ってもらえなかったよ。

＜もともとの出来事に戻ると，今，何がありますか？＞

⑬姉が，ああ，またやっているなという感じ。ちょっと距離を取って見ることができる。

●終了時点の評価：SUD ＝ 2 （SUD ＞ 0 のためセルフコントロール技法で終了。）


＜第８回：EMDR#6 ＞原家族のこと（６）：姉とのこと

●再評価

前回のセッション後，姉の摂食障害のことが意外と根深いと感じたこと，

家族に対する怒りの気持ちは「姉＞母＞父＝兄」という順序だと気づいたこと，人に会いたくないという気持ちが大きくなったことなどが報告された。姉に関する記憶がまだ完全に処理されていないため，今回も引き続き取り上げることにした。

| EMDR #6 | 原家族のこと（6）：姉とのこと |
|---|---|
| ターゲット記憶 | 姉が遠足の前夜に暴れたせいで，遠足に行けなくなってしまったこと |
| 映像 | 姉が包丁を手にしているのをじっと見ている |
| 否定的認知（NC） | 私は無力だ |
| 肯定的認知（PC） | 私は対処できる |
| 確信度（VOC） | 1  2  ③  4  5  6  7 |
| 情動 | 恐怖，怖い |
| 苦痛度（SUD） | 0  1  2  3  4  5  6  7  8  ⑨  ⑩ |
| 身体感覚 | 心臓が止まったような感じ |

①姉が父親に向けて包丁を手にしている。父は「殺すのなら殺せ！」と怒鳴っている。母は「包丁だけは置いて！」と叫んでいる。

②私と兄は固唾を飲んでじっと見ている。

③私は「わあーっ」と声を上げて泣き出した。

④姉が父に蹴りを入れようとした。でも，身体が弱っていたので，父に脚を取られた。

⑤翌朝，目が開かないくらいパンパンに腫れていた。遠足に行けるような状態でない。こんなことで行けないなんて恥ずかしい。

⑥気づくと玄関のガラスが割れている。近所の人が回覧板でも持ってきたらどうしよう。

⑦絶望感。大事なものがまた壊された気分。いつも私は邪魔をされる…。
＜（ぼおっとして解離っぽくなっているため，水を飲むように勧める。）
先ほどの朝の場面に戻って。今，何がありますか？＞

⑧母が「今日はどうする？」と言って，私は「こんなんじゃ遠足に行けないじゃん！」と言って泣いている。

⑨でも，なぜか母を責めることはできない。罪悪感が出て来て何も言えない。

 ＜小さな自分に向かって，何て言ってあげたい？＞

⑩辛かったね。今の自分がそこにいたら，すぐに安全なところに連れ出してあげるよ。車で家から遠いどこかへ。きれいな景色が見えて，自然がいっぱいのよその世界を見せてあげるよ。

⑪当時，自分が考えていたことを思い出した。死んでしまいたいと思っていた。辛くて希望が持てなかったから，30まで生きたくないと思っていた。20代で死んでしまいたいと。大人になって母や叔母たちみたいになるくらいなら，死んだ方がましだと。

⑫死ねないから生きているだけ。そういう女の子が私の運転する車の助手席に座っている。

 ＜その子に向かって何て言ってあげたい？＞

⑬子どもの頃は，家から学校までの間にある田んぼや畑ぐらいしか知らなくて，この生活が一生続くように思っていた。でも，大人になったら自由に色々なところへ行けるし，いいなと思える体験もできるよ。生きている限り，いろんな所に行けるし，感動できることもあるよ。

⑭家のことを周りに知られないよう，氷で目を冷やしたり，休んだりして大変だったね。いいんだよ，学校休んだり，部活を辞めたりしても。隠さなくたっていいんだよ。

●終了時点の評価：SUD ＝ 0，PC：「私はこのままでよい」，VOC ＝ 7，身体感覚：なし


＜第9回：EMDR #7 ＞原家族のこと（7）：姉とのこと

●再評価

　前回のセッション後，テレビなどで姉妹のことをやっていると，姉のことが思い出され，姉には一度も謝罪してもらっていない，許せない，という気持ちが出て来たことが報告された。現在の刺激によって生じた題材と思われるため，今回は大人になってからの姉との出来事をターゲットとす

ることにした。

| EMDR #7 | 原家族のこと（7）：姉とのこと |
|---|---|
| ターゲット記憶 | 姉との待ち合わせに遅れてしまい，電話で嫌な言い方をされたこと |
| 映像 | 公衆電話の受話器を持ったままぼう然としている |
| 否定的認知（NC） | 私は間違いを犯した |
| 肯定的認知（PC） | 私は正しい |
| 確信度（VOC） | 1 2 ③ 4 5 6 7 |
| 情動 | 驚き，衝撃 |
| 苦痛度（SUD） | 0 1 2 3 4 5 6 ⑦ ⑧ 9 10 |
| 身体感覚 | 胸のあたりが締め付けられるよう |

① （姉との待ち合わせの前に ATM に立ち寄ったところ，使い方に手間取ってしまい，待ち合わせに遅れると電話をしている場面で）姉の「お前，何かやったの！」と言う声が受話器から聞こえる。衝撃。「いや，何もしてないけど…」と言うのが精いっぱい。

②胸がムカムカしている。

③何でそういう言い方するの！　いつもそういう言い方するよね。いつも私のせいばかり。母も父も兄も姉も，何かあると私のせいばかり！

④遅刻しないように，もっと早く家を出ればよかった。姉に借りを作ってしまった。

⑤姉と出かけなければ良かった。何でそんな嫌な言い方する相手のところへ遅れて行っちゃったんだろう。やめておけばよかった…。
　　＜遅れたのは，そんなに責められること？＞

⑥ ATM を使うのが初めてだったんだから，しょうがないじゃない。「大丈夫？」のひとことぐらい言ってくれたっていいでしょう。

⑦小学校の時，仲の良い姉妹を見て憧れていた。お姉ちゃんにこれを貸してもらったとか，これをもらったとか。でも，私は姉から怒られてばかり。心の中で，私のことを嫌わないで，と思っている自分もいた。

⑧子どもの頃にできなかったから，大人になったら仲良くできると思って

いた。でも，変わらなかった。

⑨姉は私のことを「父親にそっくり」と言ったことがある。でも，よく考えてみたら，父親にそっくりなのは姉の方。

⑩私も一人の人間なんだよ。もう，子どもの頃とは違うから，もし，姉が今度，嫌なことを言って来ても「違うよ」，「私はもうそれには付き合わないよ」と言い返せる。

●終了時点の評価：SUD = 0，PC：「私は自分の意見を言ってもよい」，「私は付き合う相手を選べる」，VOC = 6 ~7（VOC が完全に 7 ではないためボディ・スキャンは未実施。）

【解説】原家族に関連する記憶の中で，まだ処理されていなかった姉との出来事について 3 回のセッションで取り上げた。家族全体が姉の支配下にあった中で，一番幼いクライエントは誰にも助けてもらえず，絶望感を抱えて生きていた。当時の幼い自分（癒されていない内なる自分）を，大人になった自分が車で安全な場所に連れ出し，生きる希望を伝え，慰めてあげるという形での適応的情報処理がなされた。「生きている限り，感動できることもあるよ」と過去の自分に対して言えたことは，これまでのセッションを通じて自己に関する肯定的認知が高まってきたことの証でもあろう。ただし，EMDR #7 で最終的に選択された「私は自分の意見を言ってもよい」，「私は付き合う相手を選べる」という PC に対する確信度が「完全に本当（VOC=7）」になるためには，不倫相手に関するトラウマ記憶の処理が必要と思われ，次回以降のセッションで扱っていくことにした。


＜第 10 回：EMDR #8 ＞：不倫相手とのこと（1）：ストーカー事件

●再評価

　この回から，不倫相手とのトラウマ記憶について取り上げていくことにした。前回までに処理をしてきた原家族のことに関する IES-R の点数は 19 点であり，カットオフポイントの 25 点以下に下がっていた。また，不倫相手とのことに関しては 41 点であり，開始前よりも若干低下がみられた。

| EMDR #8 | 不倫相手とのこと（1）：ストーカー事件 |
|---|---|
| ターゲット記憶 | 自宅前で待ち伏せされ，警察沙汰になったこと |
| 映像 | 家の前に別れた相手の車が止まっているのが見える |
| 否定的認知（NC） | 私は危険だ |
| 肯定的認知（PC） | それは終わったことだ |
| 確信度（VOC） | 1 2 3 4 5 6 7 |
| 情動 | 恐怖，怒り |
| 苦痛度（SUD） | 0 1 2 3 4 5 6 7 8 9 10 |
| 身体感覚 | 全身が硬直した感じ，胸がムカムカする |

①夜，帰宅した時，家の前の道路に別れた相手の車が止まっているのが見えた。全身が硬直。怖い。

②彼が車から出て来て「もう一度話がしたい」と言った。「話すことないから」と私は言った。

③すごく恐かった。「取りあえず車に乗ってよ，話すだけだから」と迫って来たので，「話なんてないから」と頑張って立ち向かった。怖くて感覚は無かった。

④「お願いだから乗ってよ」と腕をつかまれた。その瞬間，ずっと抑えていた怒りがわいてきて「人殺し！」と叫んだら，「お前もな！」と言い返された。

⑤そんな…。彼からそんなことを言われるなんて。ショックで頭が真っ白。

⑥彼に腕を引っ張られて，無理やり車に乗せられそうになったので「助けて！」と叫んだ。

⑦「ざけんなよっ！」と途端に彼が豹変した。

⑧道路の脇の草むらに押し倒され，口をふさがれた。一生懸命，抵抗した。

⑨私の叫び声を聞いた近所の人が通報してくれたのか，すぐに警察が来た。

⑩警察官の男性2人と女性1人が来たので，彼もすぐに手を離した。よかったと安心した。

⑪彼はころりと態度を変えて「なんでもないんです，ちょっと喧嘩しちゃって」と言った。すると警察は「ああ，そうなんですか」と信じてしま

った。

⑫彼と警察の両方に腹がたった。でも，その時はただ泣くことしかできな
かった。警察は行ってしまった。終わってしまった。

⑬ちょっと喧嘩しただけで「助けて」とは言わないだろう！ 警察にはも
っと私が落ち着くまで居てほしかった。「お前もな」と言われた時の彼
の顔が出て来て，吐気がする。

 ＜その怒りを出してみましょう。＞

⑭何でせっかく離れようとしていたのに邪魔するの！ もうあんたなんか
嫌いなんだから！ 気持ち悪いんだよ！

⑮これまで，彼に対してかわいそうという気持ちもあって言えなかった。
あんな危険な人から身を守るために，あの時，言えればよかった。警察
にも偽善者と言ってやりたい。

⑯始めに彼と対峙した時，すぐに「助けて」と言えればよかった。でも，
一時期つき合っていたという後ろめたさのようなものがあって，すぐに
は言えず，話を聞いてしまった。

⑰警察にいつか本当のことを話しに行く。彼には，「あなたの責任は自分
で取りなさい」と言いたい。

●終了時点の評価：SUD ＝ 1 （SUD>0 のためセルフコントロール技法で
終了.）


＜第11回：EMDR #9 ＞不倫相手とのこと（２）：ストーカー事件

●再評価

　前回のセッション後，別れた相手とのいろいろなことを断片的に思い出
したとのことであった。引き続き，不倫相手からのストーキングに関する
記憶に取り組むことにした。

| EMDR #9 | 不倫相手とのこと（2）：ストーカー事件 |
|---|---|
| ターゲット記憶 | 相手の家族と対峙させられたこと |
| 映像 | 会社の駐車場で別れた相手が近づいて来た |
| 否定的認知（NC） | 私は悪い人間だ，私は間違いを犯した，私はバカだ |
| 肯定的認知（PC） | 私はそこから学んだ |
| 確信度（VOC） | 1 2 3 4 5 6 7 |
| 情動 | なさけない，絶望感 |
| 苦痛度（SUD） | 0 1 2 3 4 5 6 7 8 9 10 |
| 身体感覚 | 喉のあたりが締めつけられるよう，苦しい |

①会社の駐車場で彼がいきなり近寄ってきて，近くのコンビニの駐車場へ行くように言う。

②拒否したけれど，相手が引かないので，取りあえず向かった。胸のあたりがそわそわする。相手の奥さんが来ているような予感。

③コンビニの駐車場に相手が先に着いていて，「車の中で話そう」と言われた。頭の中で別の自分が「こんなところにいてはダメ」と言っている。自分の気持ちを無視して，いったい何をしているんだろう，私は。いつも間違った方向に行ってしまう。

④相手のワンボックスに乗り込んだ。コンコンと窓を叩く音がして全身が凍り付いた。奥さんが「歯医者の予約があるのに来ないから，探しに来たらやっぱり！」と言った。

⑤相手に対して怒りを感じる。ふざけんなよ！ だったら歯医者に行けよ！ なんで歯医者に行かないんだよ！

⑥私は車の中で体育座りをしている。帽子の庇を下げて，黙りこくっている。小さく縮こまっている。

⑦ずるい！ 腹が立つ！ アンタもしゃべんなさいよ！ 自分だってやったことでしょう！ 責任取りなさいよ！ そう言えればよかった…。

⑧「結婚してること，知ってたんでしょう」と奥さんに言われ，何も言えない。だからここへは来たくなかったのに…。感情がマヒして何も言えなかった。

⑨相手の母親が「こういうことがあっても，息子は家族を養っていかない
といけないから，会社辞められないけど」と言う。奥さんも「あなた実
家に帰るんでしょう，正社員じゃないんでしょう」と私を責めたてる。

⑩別れた時，すぐに引っ越していればよかった。でも，今よりも，もっと
自分に自信がなかったから，できなかった。

⑪その職場は初めて長く勤められたところ。ちょっとしがみついてしまっ
た。

⑫今から思えば，他にも選択肢はあったかもしれないけど，自分に自信が
なくて，どうしようもなかった。

⑬母親に促されて，奥さんは赤ちゃんをおぶって外に出た。「見てみなさ
い，あんなにやせちゃって。ガリガリじゃない」と母親が言う。「上の
子だって，お母さんの手を離さなくなっているよ」と。私にというより
も，自分の息子に言い聞かせる感じで。

⑭ズルい！相手は親まで出て来てくれているのに，私は一人ぼっち。実家
でもそうだった。1人対家族という感じ。私の実家は帰れるような場所
ではない。

⑮「実家に帰るんでしょう」と言われてショックだった。実家は帰れるよ
うな場所ではない。18でこの地へ出て来て，私の居場所はここ以外に
ない。ここに住むのは私の自由。

　　＜それを相手に言うつもりで言ってみましょう。＞

⑯当時は本当にすみませんでした。でも，私はここに住み続けます。

● 終了時点の評価：SUD ＝ 2 （SUD>0 のためセルフコントロール技法で
終了。）


＜第 12 回：EMDR #10 ＞不倫相手とのこと（3）：ストーカー事件
● 再評価
　夏休みを挟んで 5 週間ぶりのセッションであった。クライエントからは，
前回のセッション以降，だいぶ調子が良くなり，セラピーへ来るのが待ち
遠しかったこと，食べ吐きが起こっても以前のように全力投入しなくなり，

自分に自信がついてきたことが報告された。また，仕事の上では，人に助けを求められるようになったとのことであった。

適応的な行動が少しずつ増えてきていることを，クライエント自身が実感できているようであったため，終了を見込んだ計画を提案した。

| EMDR #10 | 不倫相手とのこと（3）：ストーカー事件 |
|---|---|
| ターゲット記憶 | 相手に部屋に押し入られ，暴れられたこと |
| 映像 | 相手が暴れて色々な物を投げているのをじっと見ている |
| 否定的認知（NC） | 私は弱い，私には力がない |
| 肯定的認知（PC） | 私は強い |
| 確信度（VOC） | 1 [2] 3 4 5 6 7 |
| 情動 | 怒り |
| 苦痛度（SUD） | 0 1 2 3 4 5 [6] 7 8 9 10 |
| 身体感覚 | 胸がムカムカする |

①彼が私の色々なものを投げているのをぼうっと見ている。心がどこかに行っていて，ただ時が過ぎるのを待っている。

②怒りがわいてくる。父の暴力を見てきたので，暴力さえふるわなければ良い人と思いこもうとしていた。そんな自分にも腹が立つ。

③職場の人と飲みに行ったり，遊びに行ったりしたのは，新しい関係を利用して彼から離れたかったから。

④私の人生の邪魔をしないで！

⑤相手が私の家に持ち込んだ物を家中から集めて来て，「こんなものいらない！」とバッサバッサと捨てた。

⑥「会話もまともにできないような人とは一緒にいられない！」と彼に言ってやった。

⑦こんな人，全然恐くないじゃん！ 嫌われるにも値しない男。家から逃げ出してもよかったけれど，私はそこに居た。「もう嫌だ」と彼にはっきり言えた。

⑧結婚しているのに私を束縛するなんて，おかしい！ そもそも悪いことだよ。

⑨私はあなたと違うし，できるだけ正しく生きたい。悪いことはしたくない。

⑩一度，私は良くないことをしたから，自分は弱いと思っていた。でも，この関係はいけない，やめたいとずっと思っていた。確かに悪いことだったけれど，100％私が悪かったわけではない。

●終了時点の評価：SUD＝1（*SUD＞0のためセルフコントロール技法で終了。*）

【解説】不倫相手から別れた後につきまとわれた出来事をターゲットとして，3回分の処理を行った。クライエントに幼少期の頃から埋め込まれてきた「私は悪い」という否定的認知の処理がさらに進み，過去の自分の過ちを認めつつも，「100％自分が悪かったわけではない」という適応的認知への修正が生じた。ただし，自己の責任・欠陥に関する否定的認知が完全に処理されるためには，マイナスの記憶の筆頭に挙げられた「2度目の中絶体験」について扱う必要があると考え，次回のセッションで取り組むことにした。

＜第13回：EMDR #11＞不倫相手とのこと（4）：2度目の中絶体験

| EMDR #11 | 不倫相手とのこと（4）：2度目の中絶体験 |
|---|---|
| ターゲット記憶 | 不倫相手との間にできた子どもを，2度目に中絶したこと |
| 映像 | 病院で妊娠に気づいたとき |
| 否定的認知（NC） | 私は間違いを犯した |
| 肯定的認知（PC） | 私はそのことから学んだ |
| 確信度（VOC） | 1 2 3 4 5 6 7 |
| 情動 | 絶望感 |
| 苦痛度（SUD） | 0 1 2 3 4 5 6 7 8 9 10 |
| 身体感覚 | 胸が締めつけられるよう，胸がムカムカして気持ち悪い |

①病室の中。自分だけぽっかりと切り取られている。前後がわからない。重いシャッターがドン！と閉まって，真っ暗闇。自分が行動しているのか現実感がない…。

*＜初めて妊娠に気づいたのはどんな状況？＞*

あれは，ベッドに寝ていた時に，胎動で気づいた。

*＜パルサーをお腹の上に当ててみましょう。（今ここへの注意の二重焦点化を保つためと，身体感覚として残っているトラウマ記憶に対して両側性刺激を加えるため。）＞*

②体調がずっと悪くて吐き気がしていた。病院の食事を無理して食べて，でも，吐いて。すっかり痩せちゃって，生理が止まったかと思っていた。することなくて暇だったから，タバコを無理やり吸っていたけど，気持ち悪くて吸えなくなっていた。身体も熱っぽかった。

③瞬時に悟った。もう終わりだと。1回目の中絶も入院中だったから，病院中の人が知っている。2度目は絶対に言えない。どうしよう。焦り。もう死ぬしかないかな。

④すぐに主治医のところへ行って「退院したい」と言った。優しくて好きな先生だったのに，嘘ついてしまった。罪悪感。

⑤逃げるようにして退院した。私は主治医さえ裏切ってしまった。どうしよう，誰にも言えない。何とかして産めないだろうか。死ぬか，産むか。どうやって死のうか。考えようとしても何も考えられない…。

⑥消費者金融でお金を借りようとしたが，何度やっても機械がエラーになってしまった。母に電話をしてみた。私のことは誰も助けてくれないと，頭ではわかっていたけれど。

⑦ちょうどその頃，実家が物入りで，親戚からお金を借りたところだった。母はそのお金をすぐに振り込んであげるから，「その人とは本当に終わりにしなさい」と言った。

⑧私が「産み育てたい気持ちがある」と言ったら，母は「もう年だし，面倒を見てあげられない。そういういう相手の子は産んでも可愛いがれないんじゃないの」と言った。そして，「堕ろせるか堕ろせないかのタイミングで妊娠に気づいたのは，自分自身の人生を生きろという意味だ」とも。

⑨怒られて，突っぱねられると覚悟していたけど，母は動じなかった。強

いな。

⑩産科に入院して手術をすることになった。母は「都合をつけて行こうか」とも言ってくれた。けど，断った。こんな姿，母には見せられない。

⑪相手に最後まで付き合わせてやろうと思った。復讐のため。私も悪いけど，相手にも罪を実感してほしかった。

⑫病院では，ほかの妊婦さんたちはみな幸せムード。院内は明るい感じの装飾で，食事も豪華。私は意地で食ってやると思った。自分自身が生きるために，完食してやろうと。

⑬部分麻酔で，陣痛を起こさせた。痛みが襲ってきた。

⑭手術が終わり，車いすに乗せられ，病室に運ばれた。私はまるで抜け殻のようだった。

⑮しばらくして，亡くなった赤ちゃんが布に包まれ，病室に連れて来られた。ケーキが入っているような白い厚紙の箱に入って。

⑯箱のまま抱いて，泣いた。何ていうことをしてしまったのだろう…。

　　＜それは，あなただけのせい？＞

⑰半分は相手も悪い。相手も赤ちゃんを抱いたが，嘘っぽかった。泣いてはいなかった。赤ちゃんは可愛い穏やかな顔だった。相手は赤ちゃんのおでこにキスをしていた。汚い！ 汚らわしい！

⑱その日はちょうど相手の誕生日だった。病室で「おめでとう」と言ったけど，「死ぬんだったら，お前が死ね！」と思った。

⑲２人で火葬場に行った。どう振舞えばいいのかわからなかった。取り乱すほどでもないし，かといって気丈に振舞うのも何だし。灰になった赤ちゃんの骨。大腿骨がしっかり残っていた。

　　＜最初の体験に戻ると，今，何がありますか？＞

⑳若かったのに，よくおかしくならないで生きていられたなと思う。人間の底力という感じ。仕事中，思い出して涙が出ることはあったとしても，「自分自身の人生を生きろ」というメッセージだと思って気を取り直す。赤ちゃんのお骨は，お守りみたいな袋に入って部屋の片隅に置いてある。ぬいぐるみと一緒に。ちょっとお友達みたいな感じ。

●終了時点の評価：SUD ＝ 0，PC：「私はそのことから学んだ」，VOC ＝ 7，身体感覚：なし

【解説】トラウマ記憶には必ずと言ってよいほど，何か大事なものを無くすという喪失体験が伴う。それが親しい人や，この世に生を受けることのなかった子どもである場合，生きている者にとっては自分の人生を享受することへの後ろめたさが強く残る。それゆえ，グリーフ・ワークを終えてはじめて，人生を前向きに歩めるようになることが多い。クライエントにとって自分が死ぬか，産むかという場面において想起されたのは，これまで否定的なイメージでしかなかった母からの「自分自身の人生を生きろ」という力強い言葉であった。そして，家族にまつわるさまざまな否定的情報と結びついていた「食べる」という行為に対して，「自らが生きるために食う」という主体的イメージが加わって統合された。さらに，今後，仕事中に思い出して涙が出たとしても，亡くなった子からの「生きろ」というメッセージだと思って気を取り直す，という未来の適応的な姿までが，自然な情報処理の流れで起こったセッションであった。

＜第 14 回：EMDR#12 ＞終結面接：未来の鋳造

　クライエントの仕事の都合により，約 2 カ月ぶりの来室となった。この間，仕事のことで落ち込むことはあっても，以前よりも立ち直りが早くなってきたこと，大変な仕事をやり遂げた時には，達成感もあったことが報告された。また，放ったらかしになっていた赤ちゃんのお骨を置いたコーナーを，キャラクター物で飾って久々に「向き合うことができた」とのことであった。さらに，母に関する良いイメージとして，子どもの頃によく手作りのおやつを作ってくれたことが思い出されたとのことであった。

　症状に関する評価では，原家族のことに関する IES-R は 12 点，不倫相手とのことに関しては 17 点と，順調な回復がみられた。

　終結面接として，クライエントの主訴であった問題を 1 つずつ振り返り，適応的な未来の行動パターンを頭の中でイメージしてもらいながら，両側性の刺激によって強化していった。母のことは，自分からは連絡を取るこ

とはないとしても，100% 好きでもなく 100% 嫌いでもないという，ほどほどのところで付き合えるというイメージが出てきた。また，現在の彼とは，ほどよい距離を保ち，独りで過ごしたい気分の時には，正直に自分の気持ちを伝えて無理して会わない，というイメージが語られた。

　最後に全体のセラピーを振り返った感想として，「色々なことが過ぎ去り，過去のことなんだという実感がわいた。確かに，思い出すのは嫌なことではあったが，セラピーの後半は清々しい気持ちすらあった。忘れ去っていた記憶や，無かったことにしてやって行こうと思っていた出来事の数々が，今，自分の歴史の大切な一巻として本棚に収まった気がする」と語られた。

　セラピストからは，約 10 カ月にわたるクライエントの真摯な治療への取り組みに，心からの賛辞を贈って終了とした。

## 3. まとめ

　本ケースは，複雑性トラウマを抱えたクライエントの主訴に対して，直近のトラウマ性の出来事から扱わずに，生育歴上の関連する最初の出来事にまでさかのぼって処理をしていくという，EMDR によるトラウマセラピーの特徴がよくわかる例であったと思われる。そして，辛い情動をともなうトラウマ治療の中にあっても，肯定的な情動体験が多くできるという EMDR の最大の魅力が，筆者の解説を待つまでもなく，クライエントの一つひとつの言葉から感じ取れる症例だったのではないだろうか。終結面接の際に，クライエントがはからずも述べた「清々しい気持ちすらあった」という感想は，EMDR によるトラウマセラピーが決して苦痛の軽減だけにとどまらず，自己成長を強く感じられる体験であることを象徴していると言えるだろう。

　EMDR は連想や洞察の生じやすさから，精神分析との類似性が指摘されることもあるが，精神分析的なアプローチであれば，このような短い時間内でつぎつぎと連想が生じ，深い洞察に至るということはなかったであろう。また，認知行動療法との比較で言えば，セラピストの頭の中に適応

的な思考の答えが用意された上で，それに向かってクライエントを誘導していく（いわゆるソクラテス式質問法を行う）のが認知行動療法的アプローチの特徴であるのに対して，EMDRでは両側性の刺激がクライエント本来の情報処理能力を引き出し，加速させるという違いがある。そして，滞っていた処理が再開された結果，生じる適応的解決とは，死にたいと思っていた小さな自分に「生きていれば，感動できることもあるよ」と大人の自分が言って慰めてあげることであったり，泣いて怯える弱々しい母の姿が，娘の一大事にも動じない強い母の姿となって「自分自身の人生を生きよ」と教え諭したりするなど，セラピストの予想だにしなかった結末であり，すべては両側性の刺激によって導き出されたクライエントの自己治癒能力によるものなのである。

謝辞

　本書への症例掲載を快諾してくださったクライエントに心より感謝申し上げます。また，本稿に対して御助言を頂きました日本EMDR学会理事長の市井雅哉先生，ならびに本症例のスーパービジョンをしてくださいました近藤千加子先生にも深く御礼申し上げます。

## ■文　献

1 ) de Roos C, Greenwald R, den Hollander-Gijsman M et al: A randomised comparison of cognitive behavioural therapy (CBT) and eye movement desensitisation and reprocessing (EMDR) in disaster-exposed children. European Journal of Psychotraumatology 2: 5694-DOI: 10.3402/ejpt.v2io.5694, 2011.

2 ) Diehle J, Opmeer BC, Boer F et al : Trauma-focused cognitive behavioral therapy or eye movement desensitization and reprocessing: what works in children with posttraumatic stress symptoms? A randomized controlled trial. Eur Child Adolesc Psychiatry 24 ( 2 ) : 227-236, 2015.

3 ) Foa EB, Hembree EA, Rothbaum BO (eds.) : Prolonged Exposure Therapy for PTSD. Emotional Processing of Traumatic Experiences. Therapist Guide:

Oxford University Press, 2007.（金吉晴，小西聖子監訳：PTSD の持続エクスポージャー療法，星和書店，東京，2009）

4 ）Foa EB, Keane TM, Friedman MJ et al（eds.）: Effective Treatments for PTSD: Practice Guidelines from the International Society for Traumatic Stress Studies. Guilford Press, New York, 2008.

5 ）Foa EB, Kozak MJ: Emotional processing of fear: Exposure to corrective information. Psychol Bull 99（ 1 ）: 20-35, 1986.

6 ）Gunter RW, Bodner GE: How eye movements affect unpleasant memories: support for a working-memory account. Behav Res Ther 46（ 8 ）: 913-931, 2008.

7 ）市井雅哉編：EMDR…トラウマ治療の新常識．こころのりんしょうà・la・carte 27（ 2 ）: 1-164, 2008.

8 ）井上直美：EMDR と PE 療法の治療効果の比較：ロールシャッハ指標によるパーソナリティ機能の改善効果と治療抵抗性要因の検討，お茶の水女子大学，東京，2012.

9 ）Ironson G, Freund B, Strauss JL et al: Comparison of two treatments for traumatic stress: A community-based study of EMDR and prolonged exposure. J Clin Psychol 58（ 1 ）: 113-128, 2002.

10）Lanius RA, Vermetten E, Loewenstein RJ et al: Emotion modulation in PTSD: Clinical and neurobiological evidence for a dissociative subtype. American Journal of Psychiatry 167（ 6 ）: 640-647, 2010.

11）Lee CW: Crucial processes in EMDR. More than imaginal exposure. Journal of EMDR Practice & Research 2: 262-268, 2008.

12）National Institute for Clinical Excellence[NICE]: Posttraumatic Stress Disorder: The Management of PTSD in Adults and Children in Primary and Secondary Care. Royal College of Psychiatrists, London, 2005.

13）岡田太陽：第 I 部 EMDR Q&A 集．こころのりんしょう a・la・carte 27（ 2 ）: 175, 2008.

14）大河原美以：子どもの感情コントロールと心理臨床，日本評論社，東京，2015.

15) 大澤智子：第Ⅰ部 EMDR Q&A 集．こころのりんしょう a・la・carte 27（2）: 26, 2008.

16) Propper RE, Pierce J, Geisler MW et al: Effect of bilateral eye movements on frontal interhemispheric gamma EEG coherence: implications for EMDR therapy. J Nerv Ment Dis 195（9）: 785-788, 2007.

17) 崎尾英子編：EMDR 症例集．星和書店，東京，2003.

18) Shapiro F: Eye movement desensitization: a new treatment for post-traumatic stress disorder. J Behav Ther Exp Psychiatry 20（3）: 211-217, 1989.

19) Shapiro F: Eye Movement Desensitization and Reprocessing（EMDR）: Basic Principles, Protocols, and Procedures. Guilford Press, New York, 1995.（フランシーヌ・シャビロ著，市井雅哉訳：EMDR：外傷記憶を処理する心理療法，二瓶社，大阪，2004）

20) Shapiro E, Laub B: The Recent Traumatic Episoce Protocol（R-TEP）: An integrative protocol for Early EMDR Intervention（EEI）. In: Luber M（ed）. EMDR Scripted Protocols: Basic and Special Situations. 251-270, Springer, New York, 2009.

21) Shapiro F, Maxfield L: Eye Movement Desensitization and Reprocessing（EMDR）: information processing in the treatment of trauma. J Clin Psychol 58（8）: 933-946, 2002.

22) Stickgold R: EMDR: a putative neurobiological mechanism of action. J Clin Psychol 58（1）: 61-75, 2002.

23) タル・クロイトル著，市井雅哉訳：EMDR 革命：脳を刺激しトラウマを癒す奇跡の心理療法―生きづらさや心身の苦悩からの解放，星和書店，東京，2015.

24) Tol WA, Barbui C, van Ommeren M: Management of acute stress, PTSD, and bereavement: WHO recommendations. JAMA 310（5）: 477-478, 2013.

25) van der Kolk B: Beyond the talking cure: somatic experience and subcortical imprints in the treatment of trauma. In: Shapiro E（ed）. EMDR as an Integrative Psychotherapy Approach: Experts of Deverse Orientations Explore the Paradigm Prism. 57-83, American Psychological Association, 2002.

# PART 3

# 認知処理療法

## Cognitive Processing Therapy：CPT

森田展彰

---

**ここがポイント!!**

　CPT は，トラウマ体験がもたらすバランスの悪い認知が，トラウマ反応の自然な改善を妨げることで PTSD が生じるとして，その修正に焦点をあてるところに特徴がある。筆者は CPT の特徴として以下の 4 つを挙げている。①エビデンスに基づく PTSD に対する短期治療である。②疾患特異的なプロトコルを有する認知行動的治療である。③トラウマに関連する認知を中心に扱う。④個人療法のみでなく，集団療法およびその両方を用いた混合療法の形式で行うことができる。CPT では，トラウマ体験がもたらすバランスの悪い認知（スタックポイント）が，トラウマ反応の自然な改善を妨げ，その後の感情や対人関係の問題につながっていると考え，これを見つけ出し，変容することを目指す。

　症例提示は，性被害の事例の経過を示し，治療過程における認知の修正の進め方や回復への影響について豊富な図表を盛り込み懇切丁寧に論じている。

　最後に述べられている筆者の PE と CPT の比較論も大変興味深い。CPT の方が筆記による曝露や認知を中心に扱うので，PE よりもクライアントの側の操作ができる印象があり，構造的にシンプルな PE よりも課題にむけていくやり取りに工夫が必要である。しかし，筆記への抵抗や，偏った解釈が生じているところにこそスタックポイントがあるので，そこを取り上げていくことで自然な感情がでてきて症状が少しずつ改善する様子がみられるという。その人自身の考え方や感情の変化のプロセスを治療者とクライアントが確認しながら進んでいけることは CPT の魅力である。（野呂浩史）

森田展彰（もりた　のぶあき）

　筑波大学医学医療系准教授。博士（医学）。

　専門は精神保健学。研究テーマはアディクション，トラ
ウマ関連障害の治療，児童虐待・ＤＶ・犯罪の加害者・
被害者のケアと介入など。

　著書に『中高生のためのメンタル系サバイバルガイド』
（共著，日本評論社，2012），『アタッチメントの実践と
応用－医療・福祉・教育・司法現場からの報告』（共著，
誠信書房，2012），『虐待を受けた子どものケア・治療』（共
同編集，診断と治療社，2012）などがある。

# Ⅰ．はじめに

　認知処理療法（Cognitive Processing Therapy, 以下 CPT）は，米国の Resick, P. A. らによって開発された PTSD に対する認知行動療法である。CPT では，トラウマ体験がもたらすバランスの悪い認知が，トラウマ反応の自然な改善を妨げることで PTSD が生じるとして，その修正に焦点を当てるところに特徴がある。CPT は，PE と同レベルの治療効果があることが示されている。本稿では，CPT の治療の概要を示した上で，実際に CPT を用いた日本の事例の治療の過程を示した。

# Ⅱ．認知処理療法とは

## 1．CPT の特徴と有効性

　認知処理療法の特徴は以下の通りである。

　①エビデンスに基づく PTSD に対する短期治療である。

　②疾患特異的なプロトコルを有する認知行動的治療である。

　③トラウマに関連する認知を中心に扱う。

　④個人療法のみでなく，集団療法およびその両方を用いた混合療法の形式で行うことができる。

　トラウマ体験の曝露については，筆記による曝露を行う方法と行わない方法があり，後者が用いられることが最近増えている。トラウマに関連する感情や考えを検討することも曝露を行っていることになるが，トラウマ記憶そのものの記述や語りを行わない選択肢があるという点では，他のトラウマ焦点化治療にはない特徴といえるだろう。ただし，元々はトラウマ記憶を筆記し，これを読み上げるという形での曝露していたのが，これを行わない方法と比較で大きな効果の違いがなかったこと，曝露を行う方が脱落は生じやすいことなどはあり，認知の変容のみの方法が次第に中心になってきている。トラウマ焦点化治療の中では，PE（Prolonged Exposure：持続エクスポージャー療法）がトラウマ記憶にとにかく触れさせていき変化を促していく行動療法的な側面が強いのに対して，認知療法的な面が強いものである。

## 2．CPT における治療の基本的な考え方

　CPT では，トラウマ体験がもたらすバランスの悪い認知（これをスタックポイントと呼ぶ）が，トラウマ反応の自然な改善を妨げ，その後の感情や対人関係の問題につながっていると考え，これを見つけ出し，変容することを目指す。社会的情報処理理論をもとに，トラウマ体験というインプットがあるとき，これを元からもっていたスキーマとの間でどのように折り合いをつけるかで 3 つの処理のタイプがあるとする。すなわち，1）同化（assimilation）それまでもっていたスキーマにこだわり，これに合う形で出来事の解釈を歪めてしまう方法（例：「良いことをしていれば，良いことが起きる」（こうした考え方を「公正の信念」と呼ぶ）というスキーマをももっている人が災害に巻き込まれると，自分がしっかりでていなかったから災厄に遭うんだと自分を過度に責めるようになる，2）過剰調節（overaccomodation）新しい現実に過度に合わせて元のスキーマを極端に否定しまうこと（例：「何をしても，災厄は防げない」と無力感に陥る），3）調節（accomodation）入って来た情報に照らして既存のスキーマを現実的なものへと変化させること（例：「自分はいいことをしていても，悪いことが起きることもある。しかしある程度気をつけて避けることもできる」）。こうしたスキーマの歪みを，安全，信頼，力／コントロール，葛藤，親密さの 5 つの領域において検討され，同化や過剰調節という偏った処理を，調節に近づけていくことを考えさせる。

　以上のように書くと，難しく感じるかもしれないが，クライアントには上記のような同化，過剰調節などの言葉は使わずに，トラウマ体験に遭遇するとそれまでの信念が影響されることを伝え，上記の 5 つのテーマについて具体的に考えてもらうと，極端な信念が生じていることが比較的容易にわかってもらえる。特に過去の出来事が生じた理由づけとして，自分に

責任のないことまで自分を責めてしまうスタックポイント（例えば，自分がもっとしっかりしていれば被害を防げていたはずだという考え）を見つけだし，そうした考え方を修正して，そこまで自分を責めることはないという考えを感じてもらうことが回復の大きな契機になる。こうした過去の同化による自責感が処理されると，今後の自分がうまくやっていけるかどいうことに関する過剰調節のスタックポイント（例えば，「自分は誰ともうまくやっていけないだろう」「全ての男性は信用できない」）というような考え方を修正して現実的なものにしていくことができる。

## 3．治療の具体的な進め方

　CPT は，週に1回（1回50分）12回で行うプログラムである。構造化されたマニュアルに従い，限定された回数で行われる（より時間をかけた方がいい場合は17セッションまで増やすことがある，または逆に早目に症状が軽減すれば少ない回数で終えることもある）。治療の間隔は基本的に週に1回ないし2回である。12回のテーマを表1に示した。トラウ

表1　CPT の各回のテーマ

| 回 | オリジナルの CPT | CPT-C（認知に焦点をあてることに特化して、トラウマ記憶そのものの曝露が行わない方法） |
|---|---|---|
| 1 | 導入と教育 | 導入と教育 |
| 2 | 出来事の意味 | 出来事の意味 |
| 3 | 思考や感情を見つける | 思考や感情を見つける |
| 4 | トラウマ出来事を思い出す | スタックポイントを探る |
| 5 | トラウマ筆記　2回目 | 考え直しの質問 |
| 6 | 考え直しの質問 | 問題ある思考パターン |
| 7 | 問題ある思考パターン | 信念を考え直す用紙 |
| 8 | 安全 | 安全 |
| 9 | 信頼 | 信頼 |
| 10 | 力とコントロール | 力とコントロール |
| 11 | 価値 | 価値 |
| 12 | 親密さ&出来事の意味 | 親密さ&出来事の意味 |

マの出来事そのものの記述を行うオリジナルな方法と，それを行わないバージョンである CPT-C という手法の両２つのバージョンを記した。12 回の構成のうち，前半の６回では，PTSD やその治療に関する基本的な理解を得ていただく心理教育から始まり，出来事の意味筆記（出来事の原因や影響の記述）やトラウマそのもの筆記（CPT-C ではこれを行わない）を行う中でスタックポインを見つけること，そして数種類のワークシートを用いて修正する練習を行う。そして後半では，前半で習ったやり方を用いて，個々の５つのテーマについて取り組む。

# Ⅲ．認知処理療法による治療事例

　CPT（CPT-C ではなくオリジナルもの）を行った性被害の事例の経過を示し，そうした治療過程における認知の修正の進め方や回復への影響について論じる。

## １．事例の概要
　性的暴力被害事例，女性 Y，来院時 24 歳。
　【主訴】
　強姦事件後に人が怖くなり，引きこもりの生活。
　【成育歴・病歴】
　高卒後，女流将棋の棋士として訓練を積みながら，母の将棋教室を手伝っていた。X-4 年試合を見に来ていた男性 X に突然「ファンです」と言われた。その後いく先々でつきまとわれるようになり，思い切って「やめてほしい」と告げた。しかしその後も付きまとい行為を繰り返され，再度やめてもらうよう頼んだが攻撃的になっていった。
　同年のある日，男性 X が他の４，５人の友人に加勢を頼み，Y を呼びだした。ナイフで脅され，取り囲まれ，男性 X から性暴力被害を受けた。その後，その時の光景が繰り返し思い出されるようになり，入眠困難，他人とくに男性に対する不安が強くなり，外出や将棋の試合ができなくなった。

警察に訴えたが，証拠が十分でないと起訴されなかった。そのことで親類縁者からも責められる。その後は引きこもる生活。母と一緒でないと外に出られず，交通機関に乗れない状態になる。

　事件後に一度心療内科の病院に行ったが，話をあまり聞いてもらえず，数回で行かなくなった。その後も精神状態が改善しなかったことから母がトラウマの治療を行っている筆者のことを知人から聞いてYと一緒に来院して，診療を行うことになった。半年間に薬物療法やPTSDの心理教育や支持的なカウンセリングである程度改善し，書店でのアルバイトを行える程になったが，地震やニュースなどの刺激で悪化することを繰り返したこともあり，認知処理療法をすることになった。

【成育歴・家族歴】

　2人姉妹の長女として生まれる。母は原家族（Yの祖父母）の反対を押し切り，将棋の女流棋士として訓練を積み，将棋教室を開いてきた人であった。Yや妹も小さい時から母の指導で将棋に取り組んできた。父親はタクシー運転手であったが，母や子ども達に対して暴力的で，7歳時に離婚。母方祖父母やその他の親戚は母やYに対して非常に否定的な言葉を聞かせるなどの状況が続いていた。事件後に地域での風評被害もあり，祖父母の攻撃から逃れる意味もあって，別の場所（祖父母の知らない場所）に引っ越しを行い，少し気持ちが落ち着いた。

## 2．プログラム前の評価

【心理テストの評価】CAPS　生涯診断：122　現在症：67

IES-R：52点，BDI：24点

【診断】心的外傷後ストレス障害（PTSD）

## 3．各セッション

第1回目のセッション

　あらためて，PTSDとの心理教育を行う。PTSDの症状の4つの症状（再体験，過剰覚醒，気分や認知の変化，回避）をクライアントの症状と

照らし合わせて話した。世の中の多くの人が，トラウマ的な体験をすると，ただし大抵の場合それは自然に治るが，治りにくくなっている場合にPTSDとなる。自然な回復を邪魔するのは回避とバランスの悪い信念（スタックポイント）である。治療を行うには，回避しないで出来事について考えることと，回復を妨げているスタックポイント見つけて，修正することであると話した。Yの場合は，自分が相手の誘いにのらなければ事件を防げたかもしれないということや，否定的認知や，他人は裏切るという他者に対する否定的認知を話され，そうした考え方＝スタックポイントが回復を妨げていることはある程度納得してもらえた。

第2回のセッション

第1回のセッションのホームワークに出した「出来事の意味筆記」について書いてきてくれた（表2）。当方からはまずは頑張って書いてきたことについて評価した。それから一緒に内容を検討し，事件の影響により対人関係に対する否定的な認知が強く生じていることや，これらがあるために外に出ることが難しく，生活に影響していることを確認した。ただ，犯人のみならずその後の警察などの対応もそれまで信じていた人間関係の信

表2　出来事の意味記述（第1回のホームワーク）

> そのトラウマティックな出来事がなぜ起きたのかについて、ご自身の考えを書いてきてください。そのトラウマティックな出来事が、自分自身、他者、世界についての信念にどう影響したかを、安全、信頼、力とコントロール、価値、親密さのテーマを踏まえて考えてみてください。書いたものは、次のセッションに持ってきてください。
>
> ・話し合えばある程度わかりあえると思っていたが→話し合っても無理なときは無理と考えるようになった。
> ・自分は汚れてしまった。試合で他人に見られるのが嫌。
> ・友達で簡単に裏切ることができる人もいる。友達は最小限でもいい。
> ・警察や弁護士だって、頼りにならない人がいる。
> ・親戚こそ面倒くさい。
> ・A市は人間が冷たい。
> ・できないことの方が多い。

頼を裏切るものであり，そのように感じることも無理がないという妥当な面も保障し，その一方でこれが極端な場合に危ない関係を押し付ける人以外の人にまでこれを適用してしまうということになり，自分自身も損してしまうかもしれないと伝えました。自分は汚れてしまったという極端に否定的な認知を確認した。

第3回のセッション

ABCシートを付けてきてもらう。表3に示すようなものを書いてくる。これを本人から説明してもらい，内容を検討した。出来事に関係したものと日常的なものを書いてくるようにお願いしている，表2は出来事そのもののことではない。出来事に関連している。事件後から，ナイフが使えないという。修正した考えは十分かけていないが，最初のこの時点ではまだ無理をしないでよいと伝えた。

トラウマ筆記のホームワークを出した。トラウマの出来事をできるだけその時に経験した感情や考えをそのまま書いてほしいと伝えた。回避がPTSDを長引かせる要因であることをあらためて説明して，書いてくることの治療的な意義を確認した。また，思いだせないことや強い感情を感じたところがあればそれにスタックポイントが関係している可能性があるので，印をつけてくるようにお願いした。

第4，5回セッション

前回ホームワークに出したトラウマの意味筆記（表2）についてY自身に読み上げてもらう。第4回セッションに一度書いてもらうが，箇条書きのような形式で文章としてはつながった内容として書けていない。再度次の第5セッションまでに書き直してもらうと表4のようなものを書いてくる。性被害の場面の詳しい内容は思い出せないと跳んでいる。自分は相手の誘いに乗るべきではなかったという後悔や，「私は汚れだらけになってしまった」などの自分に対する否定的な考えがスタックポイントに関係していると考えられることをYと話し合った。これらのポイントをまとめて表5のようにスタックポイントログに書いた。これはスタックポイントの確認をしておく覚書のようなものである。

表 3　ABC シート

ABC シート

| A：何が起きたか | B：心の中のつぶやき | C：どんな気持ちになり何をしたか |
|---|---|---|
| 妹が遊びに来たので、皆で外食に出たが、洋食の店でナイフが出た。 | まだ、ちょっと怖い。 | 恐怖<br>ちょっと離れたところに座り、一人で箸で食べた。 |

◆あとで B を思い返して、どう思う
　　ナイフを見ることもダメだった時よりは進歩したが…

◆自分にいうこと
　　………………………

ABC シート

| A：何が起きたか | B：心の中のつぶやき | C：どんな気持ちになり何をしたか |
|---|---|---|
| カップルのお客さんが来る。 | 接客、無理<br>怒鳴られたらいやだな。<br>男性は危ない。 | 不安<br>情けないけど、他のスタッフにかわってもらう。 |

◆あとで B を思い返して、どう思う
　　あまり失礼なことをいわなければ、どなられないのではないか。

◆どうしたらいいか考える
　　頑張れば話しかけられるかも。

121

表4　トラウマの出来事の筆記

**出来事の筆記**

　携帯にメールが来る。来ないと母とＹがやっている将棋教室に火をつけるという内容。教室に何かあれば、母はもちろん、後輩や家族、親せき、友人にも迷惑をかけると思って動揺してしまった。

　公園にいくと、車がある。車があるなんて思っていなかったので後悔し、少し自分が浅はかだった。

　乗らずに後ろを向いて、走ろうとしたら、後ろからひっぱられ目隠しをされる。

　ここまで来たら下手に抵抗しても無理な気がしてくる。殺されるかもしれないと思う。そうなったらそうなったで、自分は道徳に外れる行為をしたわけではない、最悪殺されても胸をはっていようと思った。

　降りた時から目に入っていたが改めてＸの姿を見る、というかにらむ。笑われて、すごく嫌な気分になる。自分では、一生懸命逃げたが追いつかれる。前にバットがでてきてぶつかる。笑われる。私が抵抗すると後輩を代わりに殴るといわれる。ナイフがでてくる。完全犯罪にするつもりであると語られる。

　ストーカーのやることを拒む。いや、でも逃げられない。

　バットで体の周りを叩かれる。体が固まる。絶対に謝る気がないなら今ここで殺してくれと頼む。父に同じようなことをされそうになった時母と妹がまもってくれたのにそれを水の泡にされた気分。だから私は汚れだらけになった気がした。

表5　スタックポイントログ

「自分が犯人の誘いにならなければ、事件にあわなかった」
「自分は汚れてしまった」
「自分は幸せになれまい」
「自分の家の車にしか乗るとどこにつれていかれるかわからない」
「他人は必ずうらぎる」
「男性はあぶない」
「自分がもっとしっかりしていれば、うまくいったのに」
「自分は世の中でやっていくことができない」

　こうして出てきたスタックポイントについて，見直すシートを書いてもらう。その内容を表6に示した。「犯罪の被害にあったことは自分の注意が足りなかった」というスタックポイントは，自分がその被害を予想して対応すべきという考えだが，実際には初めに電話で呼び出された時点では，

表6　考え直しシート

以下は、不適応的で、問題のある信念やスタックポイントの考え直しをする際に役立つ質問リストです。

信念／スタックポイント　「犯罪の被害にあったことは自分の注意が足りなかった」

1. その考え方の証拠となるものと反証
   証拠：脅しが嘘だと思いながらも、後で後悔したくないためにだけにいってしまった。どこかで自分なりに切り抜けられると思っていたことが間違いだったかも。
   反証：・・・
2. 事実に基づいていますか、それとも、そう考える習慣ができたのでしょうか？
   以前バスで痴漢にあった時に耐えられたから大丈夫だろうと思ってしまった。
3. そのスタックポイントで、考慮されていない情報はありますか？
   でも毎日言われたら、そんな気がしてくるよ。
4. スタックポイントに、"全か無か"の言葉が含まれていませんか？
   確かに一度嫌だったことはずっと嫌ってもっているかも。
5. 極端な表現や大げさな言葉を使っていませんか？
   「もっとよく考えてみるべきだった」とは、いつも思う。
6. 全体の流れの、ある一部だけに注目していませんか？
   この前、先生と一緒に考えてみたよ
7. スタックポイントはどこからきましたか？信頼できる確かな情報でしょうか？
   思い込みと思う。
8. "起こりうる"ことと、"よくある"ことを混同していませんか？
   親類や警察から「あなたがちゃんとしていないために事件が起きた」と言われたので、信じ込まされているかも。
9. そのスタックポイントは、事実に基づいていますか？それとも感情に基づくものでしょうか？
   それはそうかもしれない。
10. 関係のない部分を関連付けていませんか？
    固定観念になっているかも。自分と同じような人が同じように悩んでいたら、「そんなことない」って言えそうなのに。

犯罪が行われる予測は不可能であったことや，来なかったら火をつけるなどの脅しもあり無視することは難しかったことなどを取り上げる。予測不能なことまで，後づけで自分が悪かったと考えてしまうのは，自分に過度に責任を負わせる考え方である。これは，典型的な「同化」に関するスタ

ックポイントであるといえる。これに対して，治療者として「そうした事件は電話を受けた時点で予測できたでしょうか」「応じないまま無視する，または断りのメッセージを送ることができたか」「そうした状況での判断について自分への評価や責任についてどう感じるか」などのソクラテス式質問（認知行動療法で用いられる方法で「無知の知」で知られるソクラテスのように改めて考え方の証拠や反証や極端になっていないかなどを問いかけていく方法）をして，Yにスタックポイントを修正する糸口を見出す手伝いをした（図1）。こうした問答によって，Yは自分には責任がなかったという考えに少しずつ気づく様子であったが，まだそれは不確実な様子であった。信念を見直すシートを，ホームワークに出して，書いてきてもらう。これは，治療者との間での問答をもとに，今度はこれを自分自身で「自問自答」を通して修正できるようにするものである。

第6回セッション

ここまで書いてきたいくつかの考え直しをまとめて，どのようなパターンがあるのかを「問題のある思考パターン用紙」に書き込んできてもらう

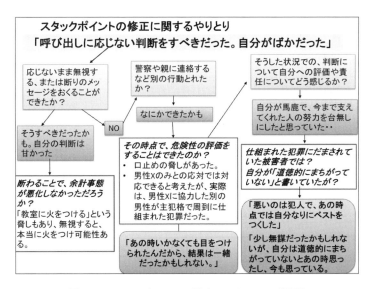

図1　スタックポイントに関するソクラテス式問答

（表7）。「自分が汚れてしまった」「他人は信用できない」等の考えが，結論への飛躍や，過度の一般化にあたることは次第にY自身も納得できてきた様子であった。更に，ここまで使った3つのワークシート（ABCシート，考え直し用紙，問題のある思考パターン用紙）をまとめた形式の用紙である「信念を考え直す用紙」（表8）の使い方を伝え，ホームワークに出した。

表7　問題のある思考パターン用紙

以下に、人が様々な状況で用いる、問題のある思考パターンを挙げています。こうした思考パターンは自動化して習慣になって、自分を傷つける行動を引き起こします。
ご自身のスタックポイントを振り返り、それぞれに該当するスタックポイントを挙げてください。書く欄に自分のスタックポイントを書き込み、どんなところがそのパターンにあてはまっているのかを書いて下さい。そして、その思考パターンが自分にどう影響しているか、考えてください。

1. 根拠のない決め付け
　・自分は幸せになれない。
　・母以外の車に乗ると、知らないところにたどり着いてしまうようなトラブルに巻き込まれしまう気がする。
2. 過大評価・過小評価
　・自分は汚れてしまった。
3. 部分的な焦点づけ（状況の大事な側面をみないようにする）
　・あの時、車にさえ無理やりにでも、のらなければ、今違う人生があったかもと思う。
4. 物事の過度な単純化
　・そもそもあの場所に行ってしまったこと自体が失敗だったし、声をださなかった、…もっと抵抗していればもっとよかったかもしれない。もっとあそこで頑張れなかった自分は悪かったのかも・・・
5. 極端な一般化
　・頭では絶対わかっているのですが、いざ知らない人の運転している乗り物にのろうとすると怖気づいてしまう。
　・人は裏切る。
6. 読心術
　・知らない人は何を考えているかわからない。
7. 感情による理由づけ
　・生きている価値がない。

### 第7回から第12回

　5つのテーマについて各回に取り上げ，それを中心にした見直しを行っていった。出来事が起きた時または日常的な場面で，強い感情や症状に関連した考え方すなわちスタックポイントを確認し，それを見直して，新たな考え方を見つけだし，元の考え方の時の感情と新しい感情を比べてその変化を確認した。表9，10，11は，それぞれ安全，力とコントロール，親密性のテーマについてのスタックポイントの修正を示したものである。自分や他者の極端に否定的な考えが修正され，極端さに自ら気づき修正することができるようになっていった。

　第11回後に，再度「出来事の意味筆記」のホームワークをだし，第12回に持ってきてもらった。第1回目のホームワークと比べると，相手の「自分勝手さ」を明確に述べ，自身を責める考えが少なくなっていた。こ

表8　信念を考え直す用紙による後付けバイアスの見直し

| 信念を考え直す用紙 | | | | |
|---|---|---|---|---|
| A：状況 | B：考え／スタックポイント | D：考え直し | E：よくない思考パターン | F：新しい考え |
| 事件のときに相手に呼び出されたときに「自分の行動は正しかったか？」と思いかえす。 | 行かなければ，もっと違う人生があったかも。80% | 証拠と反証？証拠：切り抜けられると考えてしまった自分がいた。反証：自分の道徳心は守られたこと。 | 根拠のない決めつけあの時いかなくても、別のパターンで事件にあっていたかも | あの時いかなくても目を見つけられたんだから結果は一緒だったかもしれない。80% |
|  | C：感情 |  | 過大評価？「いかなかったら」と考えることに意味がない。 | G：考えの再評価 |
|  | 怒り　相手へ　　　80%　　　自分へ　　　40%後悔　70% |  |  | Bの考えを信じる度合い 50% |
|  |  |  |  | H：感情 |
|  |  |  |  | 怒り　相手へ　　　80%　　　自分へ　　　30%後悔　20% |

表9　信念を考え直す用紙による安全のテーマに関するスタックポイントの検討

| 安全 | | | | |
|---|---|---|---|---|
| A：状況 | B：考え／スタックポイント | D：考え直し | E：よくない思考パターン | F：新しい考え |
| 親しくない男性と接する時。 | 「男性は危険で近づけない」70%<br><br>C：感情<br><br>恐怖　60%<br>後悔　100% | 証拠と反証？<br>証拠：過去の実体験です。<br>反証：<br>**思い込み？事実？**<br>最近、外に出るようになり、考えが間違っていると思うことが多くなった。<br>**可能性を読み間違っている？**<br>親切な人がたくさんいました。 | 根拠のない決めつけ<br>そんな人ばかりではなかった。 | いろいろな人がいるから警戒することも大切だけど、外に出てみてそういう人ばかりではない。60%<br>G：考えの再評価<br>Bの考えを信じる度合い20%<br>H：感情<br>恐怖　50%<br>後悔　90% |

表10　信念を考え直す用紙による
　　　力とコントロールのテーマに関するスタックポイントの検討

| 力とコントロール | | | | |
|---|---|---|---|---|
| A：状況 | B：考え／スタックポイント | D：考え直し | E：よくない思考パターン | F：新しい考え |
| 仕事中に何かいつもと違うことがあるとすぐに動揺してミスをしてしまう。 | 自分にこの件の対応はできない。80%<br><br>C：感情<br><br>パニック100%<br>できない気持ち90% | **証拠と反証？**<br>証拠：冷静に対処しようとして、いつも失敗するから。<br>反証：おちついてできることもある。 | 感情による理由づけ？<br>チキンハートですべてだめだと思ってしまう。 | 焦ると余計に動揺してしまうし、落ち着いている時はできる大人だから落ち着こう。70%<br>G：考えの再評価<br>Bの考えを信じる度合い50%<br>H：感情<br>パニック50%<br>できない気持ち50% |

表11 信念を考え直すシートによる親密性のテーマに関するスタックポイントの検討

| 親密性 | | | | |
|---|---|---|---|---|
| A：状況 | B：考え／スタックポイント | D：考え直し | E：よくない思考パターン | F：新しい考え |
| 事件後、異性が苦手になった。 | 異性に恋愛感情持てそうにない。100% | 証拠と反証？証拠：友人に合コンを誘われて、本当に無理と思った。反証：憧れがなくもない。 | 根拠のない決めつけ自分の今の生活スタイルが割と完結しているため、他の人が生活に入るのが大変に感じる。 | 他人が入ることで生活スタイルが変わることは誰にもあること、きっと同じ空間にいても許せる人はいるはず、自分にとってもよい面がある。40% |
| | C：感情 | | | G：考えの再評価 |
| | 不安100%不信40% | | | Bの考えを信じる度合い80% |
| | | | | H：感情 |
| | | | | 不安80%不信30% |

うした違いをYと一緒に検討して，考えの変化に伴う気持ちの変化を確認した。非常に明るい表情とさばさばとした話し方が印象的であった。

## 4．プログラム前後の変化

図2，3にプログラム前後におけるIES-R，BDI，CAPSの変化を示した。プログラム中には，かえってトラウマ症状やうつ症状が悪化する時期があったが，最後にきて大きく症状が低下した。CAPSによるトラウマ症状の得点は，プログラム後にはPTSDの基準を満たさないレベルに低下し，それは終了後6カ月でも継続していた。

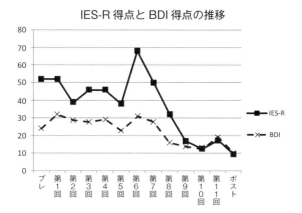

図2　プログラムによる心理所見の変化①

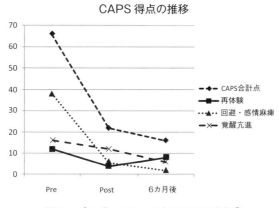

図3　プログラムによる心理所見の変化②

## Ⅳ．おわりに―CPTを用いた印象と有用性

　限定的な体験ながらPEとCPTを行った筆者の経験をもとに両者を比較すると，もちろんどちらも効果が実感できて，限定的な回数で修了できることが何より魅力である。また，施行におけるポイントとして，トラウマ体験を回避しないでホームワークに取り組んでもらうように動機付けて

いくことが，時に難しいが非常に重要であることも共通していると感じた。異なる点は，CPT の方が筆記による曝露や認知を中心に扱うので，PE よりもクライアントの側の操作ができる印象があり，構造的にシンプルな PE よりも課題に向けていくやり取りに工夫が必要であると思われた。しかし，筆記に抵抗があったり，偏った解釈が生じているところにこそスタックポイントがあるので，そこを取り上げていくことで自然な感情がでてきて症状が少しずつ改善する様子がみられた。その人自身の考え方や感情の変化のプロセスを治療者とクライアントが確認しながら進んでいけることは CPT の魅力であると感じた。また，クライアント自身が自分の変化を意識できていることは，プログラム開始後もクライアントが自主的に回復への取り組みを継続したり，再被害や再発を防ぐことにつながっていると感じられた。また，PE が主に 1 つのトラウマ記憶という刺激と反応の関係に焦点が当たっているのに対して，CPT が刺激と反応の間にある認知のレベルでの問題を扱っている点で，長期反復的なトラウマ体験への曝露を基にしたバランスの悪い認知や対処のパターンが継続している複雑性 PTSD の事例に，CPT の方が適していると感じる。またその他にも CPT は集団でもできるという特徴をもっている。こうした PE とやや異なる特徴を持つ CPT が日本で使われるようになることで，PTSD 治療の選択肢を増やし，クライアントのニーズや状況に合わせた対応が可能になるのではないかと考えている。現在，CPT は国立精神神経センターの堀越勝先生や伊藤正哉先生を中心にしたチームが，RCT に取り組んでおり，日本での有効性のエビデンスが確立することでより広く用いられるツールとなることが期待される。

## ■参考文献

1）伊藤正哉，樫村正美，堀越勝：こころを癒すノート，創元社，大阪，2012.

2）Resick PA, Galovski TE, Uhlmansiek MOB et al: A randomized clinical trial to dismantle components of cognitive processing therapy for posttraumatic stress disorder in female victims of interpersonal violence. Journal of Consulting and Clinical Psychology 76: 243-258, 2008.

3 ) Resick PA, Nishith P, Weaver TL et al: A comparison of cognitive-processing therapy with prolonged exposure and a waiting condition for the treatment of chronic posttraumatic stress disorder in female rape victims. Journal of Consulting and Clinical Psychology 70: 867-879, 2002.

4 ) Resick PA and Schnicke MK: Cognitive processing therapy for rape victims: A treatment manual. Thousand Oaks, CA, US, Sage Publications, 1993.

PART **4**

# 感情と対人関係の調整スキル・トレーニング とナラティブ・ストーリー・テリング

## 幼少期のトラウマによる PTSD のための認知行動療法

*Skills Training in Affect and Interpersonal Regulation & Narrative Story Telling: STAIR&NST*

大滝涼子，加藤知子

### ここがポイント!!

　本章の総説では，STAIR & NST の治療エビデンス，治療構造，日本における本法の導入とスーパーバイズ体制，治療の内容が系統的に解説されている。治療前半の STAIR では，現在の生活での対人関係や感情調整の問題に直接働きかけるものである。つまり，感情への気づき，また，否定的な感情の扱い方や苦痛を調整するスキルを構築し，幼少期に学んだ対人関係のパターンが現在にも影響を与え続けていることを学びながら，対人関係のスキーマを同定し，より安定して自分の感情をコントロールするスキルや，健全な対人関係を築くためのスキルを獲得していくことを目的としている。そのようなスキルを習得した上でトラウマの語りの段階，NST に取り組むのが，この治療法の大きな特徴である。第1段階の STAIR での取り組みが，より強い感情がかかわってくる第2段階の NST の準備になるとも言える。

　症例提示では，危機的な解離症状がある複雑性トラウマのクライアントの治療経過が詳細に解説されている。STAIR&NST はこのような成人の複雑性 PTSD に有効な治療であるといえる。特に第一段階 STAIR はこの治療において非常に重要な部分であることが強調されている。STAIR の段階ではまだトラウマ記憶を直接扱わないが，感情やスキーマを見つける作業が実際はグラデュアルエクスポージャーとなっており，続く NST でのナラティブが容易になる，という。本療法は，トラウマ記憶の処理ばかりではなく，現在の生活への適応力を上げ，未来に希望を持つことにつなげていくことができる治療である。

（野呂浩史）

大滝涼子（おおたき　りょうこ）

国立精神・神経医療研究センター 精神保健研究所 災害時こころの情報支援センター 心理士・ヨガ講師。心理士・ヨガセラピスト。

米国テンプル大学心理研究学部卒業，英国ロンドン大学（University College London）・アンナフロイトセンター（Anna Freud Centre）にて，精神分析的発達心理学修士課程取得。帰国後，児童養護施設やインターナショナルスクールにて勤務したのち，東日本大震災をうけて災害支援活動やトラウマケアに携わる。災害時の心理社会的支援やPTSDのための認知行動療法の普及に携わっている。

訳書に『青年期ＰＴＳＤの持続エクスポージャー療法─治療者マニュアル─』（共訳，星和書店，2014），『青年期ＰＴＳＤの持続エクスポージャー療法─10代のためのワークブック─』（共訳，星和書店，2014）などがある。


加藤知子（かとう　ともこ）

かとうメンタルクリニック副院長。

順天堂大学医学部卒業。平成11年より現職。

児童相談所・児童自立支援施設嘱託医，医学博士，精神科専門医，精神保健指定医，PCIT認定セラピスト，PEセラピスト他，TF-CBT・STAIR & NST・EMDRなどトラウマ関連疾患の治療，支援を専門とする。

# Ⅰ. STAIR&NST の概要

## 1. はじめに

　心理的なトラウマによる PTSD のための精神療法は，近年急速に発展し，日本国内でも各種療法の導入・普及が進んでいる。しかし，幼少期にトラウマの被害を受けて成人した複雑性のトラウマを持つ患者を対象にした治療法については，これまでにエビデンスを認められている治療法を用いても順調に進むことケースは珍しく，治療者も頭を抱えるケースが多い。

　幼少期に受けた虐待から始まり，複雑性のトラウマを持つ患者の大きな特徴の一つとして，感情調整の困難が挙げられる。本来であれば幼少期に養育者との関係の中で自分の感情を学び，それを表現する言葉や，自分で調整するスキルを学んでいくものであるが，養育者との健全な関係が築かれずに育っていると，感情への気づきが欠如し，あるいはその表現方法を知ることなく成長し，成人してからも感情調整に困難が生じてくる。感情的な刺激に対して敏感に反応したり，恐怖や解離，怒り，不安，悲しみ等の感情が問題となり，平静を保つことが困難になるということもある。そのために対人関係にも大きな影響が生じ，不健全な人間関係に巻き込まれたり，自らそのような関係に身を置いてしまうことさえある。実際に，幼少期に虐待を受けた女性が，また暴力的な異性と交際したり，結婚した相手が DV 夫だったなどというケースもよく見られる。幼少期の虐待の上に，その後の対人関係の中でのトラウマを重ね，トラウマが雪玉のようにどんどん増大していくことも少なくない。治療者のもとを訪れた時には，そのような幾十にも重なったトラウマにお手上げとなり助けを求めてくるということも多い。結婚や交際に関する問題，対人関係に関する不満足，子育てに関する問題，仕事における機能不全，社会的孤立，援助が希薄であると感じること等を訴えるが，そのルーツは幼少期に受けた虐待によるものである可能性を見逃してはならない。

## 2．STAIR&NST の誕生と治療構造

　ここで紹介する STAIR（Skills Training in Affect and Interpersonal Regulation：感情と対人関係の調整スキル・トレーニング）と，NST（Narrative Story Telling: ナラティブ・ストーリー・テリング）は，前述したような幼少期の虐待に始まる複雑性トラウマを持つ成人患者のための治療法として，Dr. Marylene Cloitre によって開発された。

　この治療は，STAIR と NST の２つの異なる介入で構成されている。前半の STAIR に関しては DBT（Dialectical Behavior Therapy: 境界性パーソナリティ障害のための弁証法的行動療法）を基に，後半の NST は PE（Prolonged ExposureTherapy：PTSD のための持続エクスポージャー療法）の理論を基に作られ，これらを掛け合わせて改良されたものと考えられる。

　この２つの段階を踏む治療構造は，Herman（1992）[10] の段階的治療の概念である，第１段階：安全，安定化，生活能力の強化，第２段階：トラウマ記憶の処理，第３段階：大きなコミュニティへの統合とも整合性がある。治療前半の STAIR では，現在の生活での対人関係や感情調整の問題に直接働きかけるもので，患者が一段ずつ階段を上っていくように段階的に取り組んでいく。ここで最初の目的は，まず感情への気づき，また，否定的な感情の扱い方や苦痛を調整するスキルを構築することである。2つ目には，幼少期に学んだ対人関係のパターンが今現在にも影響を与え続けていることを学びながら，対人関係のスキーマを同定し，患者自身がより安定して自分の感情をコントロールできるスキルや，健全な対人関係を築くためのスキルを獲得していくことを目的としている。

　そのようなスキルを習得した上でトラウマの語りの段階，NST に取り組むのがこの治療法の大きな特徴である。第１段階の STAIR での取り組みが，より強い感情が関わってくる第２段階の NST の準備になるとも言える。この準備なしにトラウマのナラティブに取り組むと，トラウマ体験の語りとともに生じる感情に圧倒されて，大きな回避や解離が生じたり，治療自体をドロップアウトしてしまうケースもある。STAIR の段階で身

につけたスキルをもってトラウマのナラティブに取りかかることで初めて，トラウマについての語りが可能となり，その出来事と関連する体験や感情の整理をしっかりと進められるようになる。

　第2段階となる NST での目標は，トラウマ記憶を整理しそれに関する感情を処理することで，記憶が患者を支配するのではなく，患者自身が自分の記憶をコントロールできるようになることである。幼少期の体験を繰り返し詳しく話し，虐待被害における感情の処理を行っていきながら，今現在の安全でサポートを受けられる環境の中で患者の体験と感情を丁寧につなげていく作業をする。記憶から逃げずにそれと向かい合うことは，初めは簡単なことではないが，それは次第に記憶に伴う不安や恐怖を軽減していくことにつながる。そのプロセスを経て，過去と現実は違うということに気づき，自身のトラウマ体験やそれと関連した感情と向き合うことで，行動や思考を調整できるようになる。

　トラウマから回復するうえでの主要原則として重要なのが，過去について扱い，過去の出来事についての意味づけをしていくことである。しかし，治療の優先順位は，患者に差し迫っている問題や，必要とされる援助の重要さによって現在を扱うことが優先されることもある。具体的には，症状の安定化や対応（急性の苦痛，重度の PTSD 等），日常生活での問題（対人関係や混沌とした生活スタイル），併存する症状（精神病症状，重度のうつ病）などに対する現在の取り組みを扱うこともある。この治療では，過去に焦点を当てた介入と，現在に焦点を当てた介入のバランスを保つことが必要であると考える。患者が自己の継続性に気づき，過去を受け入れ，現在に生きようとすることを認識する手助けをするが，そのためには，患者が自ら治療に参加するように手助けをし，患者の現在抱えている心配や困難について明確かつ直接的に取り組み，日常生活における機能を向上させることも重要となる。

## 3．治療エビデンス

　創始者である Dr. Cloitre をはじめ，その他研究者によって，治療効果

をはかる研究が行われ，STAIR&NST については以下のようなエビデンスが認められている。

[STAIR/NST vs. Waitlist（Cloitre et al, 2002)][5]

幼少期のトラウマを抱える女性（N=58）を対象にし，待機群と比較した研究では，STAIR/NST 群に PTSD の軽減，対人関係問題の軽減，感情調整の向上がみられた。また，第1段階での感情調整の向上は第2段階での PTSD の軽減を予測する結果が出た。

[STAIR/NST vs. STAIR/SC, SC/NST（Cloitre et al, 2010)][7]

幼少期のトラウマを抱える女性（N=104）を対象とした研究で，STAIR&NST 群，STAIR+ 支持的カウンセリング（Supportive Counseling: SC）群，および SC+NST 群を比較した。症状軽減，中断率の低下に関しては SC/NST より STAIR/NST の方が効果が高く，STAIR/NST 治療後の再発率は，他の2つの治療後より，有意に低いという結果が出ている。

[STAIR/NST - 2002 年の研究と比較した基準（Levitt et al, 2007)][12]

9/11 に関連した PTSD を抱える男女（N=59）を対象として研究において，effect sizes は 2002 年の研究に近い結果がみられ，アルコール・薬物使用の減少と社会的援助の向上がみられた。

[STAIR グループ vs Treatment-As-Usual（Trappler & Neville, 2007)][15]

重度の精神疾患と PTSD を抱える入院患者男女（N=48）における研究では，PTSD，感情の離脱と鈍化，および運動興奮性の軽減において STAIR グループ が優位であった。STAIR と NST の組み合わせの治療効果が，STAIR と支持的カウンセリングなどに比べて最大となるのは，治療後の追跡期間においてであるという結果が出た。

## 4．日本における STAIR&NST の導入とスーパーヴァイズ体制

2012 年 4 月東京にて，創始者の Dr. Marylene Cloitre による 2 日間の研修が行われた。ディスカッションやロールプレイを取り入れた参加型の WS で，Dr. Cloitre から直接学ぶ貴重な機会となり，同年 8 月より 3 名の

治療者（精神科医）が米国のスーパーヴァイザーの指導を受けながら治療を進めた。スーパーヴァイズは週1回 Skype を通して行われ，治療セッションのビデオをスーパーヴァイザーと共有してのコンサルテーションとなった。治療の各セッション毎にビデオ動画，及びセッションのまとめの文書を提出し，次セッションの前にはスーパーヴァイザーからフィードバックを得て，それを治療に反映させるという形で，治療者は治療を進めながらそのステージや経過において必要な見解，およびテクニックに関するスーパーヴァイズを受けることが可能となった。この SV を通じて，各症例において臨床的に改善が見られた。

　ではここから，この治療の実際的な内容について触れていきたい。

## 5．治療の内容

　● STAIR（Skills Training in Affective and Interpersonal Regulation）
　第1段階の STAIR（感情と対人関係調整のためのスキルトレーニング）では以下のような手順で進める。

　　1）希望のリソース
　　　セッション1：治療への導入
　　2）感情のリソース
　　　セッション2：感情への気づきと名称化のスキル
　　　セッション3：感情の調整
　　　セッション4：生活への感情的な関わり
　　3）つながりのリソース
　　　セッション5：対人関係のパターン（スキーマ）の理解
　　　セッション6：対人関係のパターンの変化（代替スキーマと役割）
　　　セッション7：対人関係の助けとなる力（自己主張と自己制御）
　　　セッション8：対人関係における柔軟性

　これらの段階を経た上で，治療は第2段階の NST（Narrative Story Telling）に移っていく。

● NST（Narrative Story Telling）

NST は以下のような流れで進められる。

 4）NST の導入

  セッション 9：NST の紹介

  セッション 10：最初のトラウマナラティブ

 5）恐怖のナラティブ（セッション 11 〜 15）

 6）恥のナラティブ（セッション 11 〜 15）

 7）喪失のナラティブ（セッション 11 〜 15）

 8）最後のセッション

NST においての段階では，以下の点を目標とする。

<u>語りの繰り返し</u>（セッション 9 〜 16）

 ・トラウマ記憶の組織化

 ・消去・馴化による恐怖の軽減

<u>意味の分析・文脈付け</u>（セッション 9 〜 16）

 ・自己および他者に対する信念の作り直し

  （トラウマスキーマは過去の一部 vs 現在の一部）

 ・トラウマ記憶を自己の生活史に統合する

 ・恐怖以外の感情探究と解消：恥，罪悪感，怒り，および喪失感

<u>段階的スキルの継続的な練習</u>（セッション 9 〜 16）

 ・患者のニーズにあった継続的な取り組み


1）希望のリソース

＜セッション 1＞

　患者がセラピストのもとを訪れる際，既に自分の限界に達して行き詰まり，希望を失っていることも多い。まずここでのセラピストの役割は，そのような状況でも治療を求めて門を叩いた患者の希望の欠片を大切に扱い，励まし，維持し，そのモチベーションを強化することである。セラピストの最初の務めは，患者の話をしっかり配慮しながら聞き，症状や生活状況に対する正確でかつ共感的な理解を示すことである。理解してもらえた感

覚や，変化や改善の可能性を信じる思いから，患者の希望は生まれて来るだろう。初めのセッションでは，そのように患者の話を聞きながら治療同盟を結び，治療計画の流れを説明する。そして，患者との共同作業を通してセラピーのゴールとその達成方法をお互いに同意，共有し合えるように働きかける。初めてセラピーに来た患者が，今日家に持ち帰れるものとして，コーピングスキルを提供する。ここでは，体と心のためのエクササイズとして，集中呼吸法を教示し，セッション内で一緒に行う。また，次のセッションまでの間に練習をしてくるよう宿題として渡し，早速スキルの練習をスタートさせる。

　２）感情のリソース
　＜セッション２＞感情の気づき：感情のリソースと名称化
　感情を認識し，それに名称をつけることは単純な行動のように思えるが，幼少期に虐待を受けて成長した成人の中には，感情に関するスキルを習得する機会を十分に持てなかった者も多い。そのような場合には，成人してからも自身の感情を扱うことが困難を極めることもある。このセッションでは，患者が自分の感情とその起源，そして感情に関連する思考や行動を認識し，名称化する力を強化する。セラピストの役割は，患者が感情を体験したり名付けたりする体験に安心感を与え，患者が幼少期に養育者との関係の中で体験できなかった感情的な体験をさせることである。また，異なる感情を整理し，明確化できるよう促し，それを表現したり現実感を持ったりすることをサポートする。幼少期の虐待が感情の調整に与える影響について丁寧に話し合い，感情の自己モニタリングフォーム（表１：文献３）より転載）を使って，患者が自身の感情に気づくための手助けをする。その際，感情を表す言葉のリストや感情の車輪（図１：文献３）より転載）を用いて，患者が感情を名称化できるよう促し，異なる感情を区別することについて話し合うことも有効であろう。

　＜セッション３＞感情の調整
　セッション３のテーマは感情の調整であるが，感情調整とは感情の減少させることではなく，個人の持つ目標に対して感情を観察，修正，表現す

140

表1．感情の自己モニタリングフォーム

### Self-Monitoring of Feelings Form

| Feeling | Intensity (0–10) | Trigger | Thoughts | Response/coping strategy |
|---|---|---|---|---|
|  |  |  |  |  |
|  |  |  |  |  |
|  |  |  |  |  |
|  |  |  |  |  |
|  |  |  |  |  |
|  |  |  |  |  |
|  |  |  |  |  |

From *Treating Survivors of Childhood Abuse: Psychotherapy for the Interrupted Life* by Marylene Cloitre, Lisa R. Cohen, and Karestan C. Koenen. Copyright 2006 by The Guilford Press.

るプロセス[14]のことである。あるいは最適な行動をもたらすことができるように，内的な覚醒状態を処理する能力[1]，または特定の目的のために，感情を抑制または制御すると同時に，感情によって導かれる行動を活性化する能力[16]とも言われる。

　人は感情調整の方法を幼少期の保護者との関係の中で学ぶものである。幼少期に虐待を受けた患者は，自分の否定的感情を調整できない親に育てられたとも考えられ，こうした親は，すぐに激怒したり，アルコールや薬物で気分を改善しようとすることも多い。そのような家庭環境で成人した患者は，前向きで効果的な感情調整の方法を学ぶことなく大人になっていると言える。そうなると，社会との接触をさけて引きこもったり，薬物乱用をする等の極端な対策を用いて難しい感情を避けようとすることが起こりかねない。患者が肯定的かつ効果的な新しい感情対策法を学ぶ上で，まず，これらのネガティブな行動が，実は感情調整を身につけるためには有効ではないと理解する必要がある。このセッションでは，問題となっている感

## Feelings Wheel

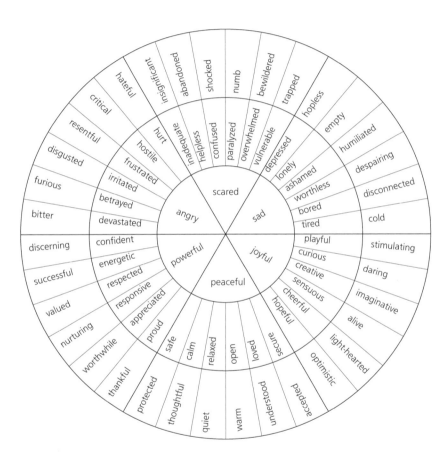

From *Treating Survivors of Childhood Abuse: Psychotherapy for the Interrupted Life* by Marylene Cloitre, Lisa R. Cohen, and Karestan C. Koenen. Copyright 2006 by The Guilford Press.

図1．感情の車輪

情について話し合い，今現在患者が持ち合わせている感情調整スキルを確認する。感情調整のスキルを習得する土台として，「感情が表れる3つの分野」についてシート（図2）を用いて取り組むのが効果的である。身体，認知，行動の3つの領域から，それぞれの分野との関係性，感情調整のスキルについて話し合う。感情の自己モニタリングフォームや呼吸法の練習に加えて，適応的な感情調整スキルを確認し，実際に練習してくることを宿題とする。前向きな感情を取り入れ，患者が楽しめる活動を適切な対処法として取り入れることが，この先の治療を進めていく中で役立つ要素となるだろう。

＜セッション4＞感情との関わり

幼少期のトラウマにより苦痛を体験してきていると，苦痛に対して麻痺していたり，慣れすぎてしまったりしていることがある。何かを達成する

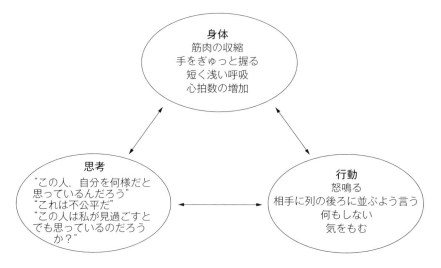

図2．感情が表れる3つの分野

ためには苦痛は避けられない，あるいは耐えなければいけないものだと思い込み，日常生活における多くのことを楽しめなくなっていることもそのような患者にはよく見られる。苦痛には，「何かがうまくいっていない」ということを患者自身に伝える役割があったり，またどの部分に変化が必要なのかを教えてくれる役割がある，というのはそのような患者にとって新しい情報かもしれない。このセッションでは，つらい感情に耐えたり受け入れたりすることが，実際に健全で，生活のレベルを改善するのに役立っているのかどうか話し合う。まず，予測される苦痛が実際に必要なものなのかどうか，あるいは目標を達成するにおいて，必要以上の苦痛をなくして，よりよい方法で乗り越えることが可能かどうかについて判断する必要がある。

　虐待による苦痛と，個人が選択した目標を達成する上で必要と思われる苦痛は，明確に区別されなくてはならない。このセッションでは，目標の確認を行い，その過程におけるメリット・デメリットを振り返った上で，苦痛に耐えるだけの価値がその目標にあるかどうか，患者が判断できるよう手助けする。プロスとコンスの表（表2；文献3）より転載）に，感情に耐えることのよい点と悪い点を全て書き出したリストを作るのも，それを判断するのに役立つ一つの方法である。書き出した後，「なぜ私はこれ

表2．Pros&Cons：プロス（メリット）とコンス（デメリット）

*Goals*: Developing a more intimate relationship with Doug, learning to open up, becoming close to someone in a healthy way.

| *Cons* | *Pros* |
|---|---|
| Making myself vulnerable | Companionship |
| Risking getting hurt | Developing an important connection |
| Feeling foolish and anxious | Having somebody to depend on |
| Having to deal with sexual problems | Learning to enjoy sex |
| Having to confront the abuse | Being with someone who is supportive |
| Risking a good friendship | Developing a deeper relationship |

**EXAMPLE 13.1.** Beth's pros and cons list.

をするのか？」「ここでの最終的なゴールは何か？」「苦痛に耐えてよかったと思える程のよい結果が得られるだろうか」と問いかけながら，様々な側面から判断することが必要になる。そうして患者は，目標や苦痛の受け入れを拒否するか，受け入れるかを決断する練習をしていく。

３）つながりのリソース

＜セッション５＞対人関係のパターンを理解する

ここまでのセッションで感情について学び，スキルを練習する中で感情調整について取り組んできたが，幼少期に虐待を受けて成人した者のもう一つの特徴は対人関係の問題である。感情調整の困難とも関係して，人間関係において否定的な観念を持っているだけでなく，制限されたレパートリーの中でしか対人関係を築けずに，否定的なサイクルを繰り返していることが多い。対人関係スキーマとは，養育者との関係性において幼少期に形成される「認知のテンプレート」であり，こうしたスキーマが自分自身や周りの人に対する考えや，自分と相手の関係の成り立ち方に反映している。つまり，幼少期から築かれた考え方のパターンや癖が，本人は意識していなくとも自動的に現在の対人関係にも使われているということである。幼少期に虐待を経験すると，対人関係スキーマを構築するプロセスが妨害され，歪みが生まれる。これらのスキーマが人間関係における行動や予測を導き，そしてそれは無意識に行動化される。そのため，子どもの頃に設定されたスキーマは，成人後も繰り返され，現時点では適応的ではない対人関係のダイナミックスを生み出している。

例えば，性的虐待を受けた患者は「従順で『いい子』でいれば愛される」というスキーマを持っていたり，DV被害者の患者は「黙って家事をこなしていれば，平和な家庭になるだろう」と思っているかもしれない。しかし，被害がなくなった現在となっては，それらは不適切なスキーマになっている可能性が大いにある。また，制限された対人関係の選択肢しか持てなかった患者は，その他の様々な人間関係の在り方を知らず，これまでのパターンから抜け出すことができない。例えば，性的虐待を受けて育ち，そのような対人関係に依存するしかなく大人になった者は，成人後自

分に性的関心がない相手や実際に性的関係を求めていない相手に対しても，性的行為を行ったり，自ら誘ったりすることがある。これがトラウマを何度も重ね，複雑化させてしまう原因の一つとも言える。

　ここでは，対人関係スキーマのワークシートⅠ（表3）を用いて，患者が現在の自身のスキーマを理解する手助けをする。主要なスキーマは「もし‥‥だったら，‥‥だ」や，「‥‥するとき‥‥だ」という形で表すことができる。ここで，これまでの自分の対人関係のパターンに気づき，スキーマを発見し，整理していくことは，次のステップへの重要な一歩となるだろう。

　＜セッション6＞対人関係のパターンを変える

　患者の鍵となる対人関係スキーマが確認できたら，次の段階として，新しく，より柔軟性のある代わりのスキーマを考え始める。このプロセスは患者によっては簡単なことではなく，スムーズにできるまでには時間や手助けを要することもあるが，ロールプレイやモデリングなど効果的な方法を用いて，新しいスキーマを構築し，人との関わり方の新しい方法を体験していく。患者が認知的に理解するだけでなく，実際に新しいスキルを自身で体験し習得するために，このような手法は実践的なトレーニングとして有効である。まずはセラピストとの安全な関係の中で，新しい形を試し練習する。ロールプレイやモデリングで模範を見た後には，対人関係スキーマワークシートⅡ（表4）を取り入れ，記入するよう宿題を出す。このワークシートに取り組むにあたって困難を感じる場合には，一つひとつの枠について，セラピストが丁寧に導きながら埋めていく手助け必要がある

表3．対人関係スキーマの発見：対人関係スキーマのワークシートⅠ

| 状況 | 自分に対して何を考え感じたのか？ | | 他者に何を期待していたか？ | | その結果の行動 |
|---|---|---|---|---|---|
| 何があったのか？ | 私の感情 | 私の思考 | 他者の感情 | 他者の思考 | 何をしたか？ |

表 4．代替スキーマの提案：対人関係スキーマのワークシートⅡ

| 状況 | 自分に対して何を考え感じたのか？ | | 他者に対して何を期待していたか？ | | その結果の行動 |
|---|---|---|---|---|---|
| 何があったのか？<br><br>Ｂさんに話したかったケンカについて | 私の感情<br><br>ストレス<br>恥<br>孤独 | 私の思考<br><br>私は弱いもっとうまく対処するべきだった | 他者の感情<br><br>無関心 | 他者の思考<br><br>たいした事じゃないのにいつも大げさだ | 何をしたか？<br><br>誰にも話さない |
| 状況における目標 | 自分に対する代替的信念と感情 | | 他者に対する代替的信念と感情は？ | | その結果の行動 |
| その状況における目標は？<br><br>要求を聞いてもらいつつ，愛情に満ちた関係を維持したい | 私の感情<br><br>苦痛<br>共有したいという渇望 | 私の思考<br><br>自分のニーズが満たされるように頼んでも，私はいい人でいられる。 | 他者の感情<br><br>心配<br>悲しい | 他者の思考<br>Ｂさんは助けてくれるかもしれない。もっと親しくなれるかも。何も話さないと彼は私を遠く感じるという | 他に何ができたか？<br><br>「今日はひどかった。その話を今してもいい？」と言ってみる |

新たなスキーマ：感情を共有する
→彼は私を受け入れ，親しく思う

かもしれない。代替となるスキーマができたら，実際の対人関係の状況の中で新しいアプローチを練習するように促す。対人関係スキーマワークシートⅡを数枚渡し，１日１回実際にあった状況について記入するように宿題を出す。その状況に適切であれば，ここまでに学んだ感情調整スキルも取り入れ，さらに強化していくことが可能だろう。

＜セッション７＞効果的なコミュニケーションと自己主張

対人関係のこれまでのスキーマを理解し，新しいスキーマへ取り組みながら，さらに具体的，有効的なスキルやテクニックを習得していく。虐待が行われている家族では，家族間で感情やニーズを否定したり，もしくは隠していたり，または他者に攻撃的に強制する行動がモデルになっている

ことが多い。主張する（アサーティブになる）とは，自分自身の権利のために立ち上がり，自分と相手両方を尊重しながらニーズや求めているものを提示することであり，これは人として誰でも持っている基本的人権である。しかし，虐待やDV家庭で，このような人権が尊重されることなかった環境で育った患者にとっては，これらは新しい情報であり，「自分の意見を言うことは認められなかった」「Noという権利はなかった，許されなかった」という患者も多いだろう。主張的な行動（アサーティブな行動）とは，他者の権利を侵すこと無く，自分の確固たる権利やニーズを表現することである。そうすることによって本人は自信や自尊心，自分自身に対するポジティブな感情を持つことができる。このセッションでは，対人関係における境界線について，また，自己主張やアサーティブでいることについて心理教育を行い，患者がそのための基本的なスキルを習得する手助けをする。"I" Messagesのエクササイズ（「私」を主語としたメッセージを使う練習）や，リクエストをするエクササイズ，Noという練習などをセッション内，及び現実生活の中でも練習していく。安全で効果的な自己主張のスキルを学び，それと関連した対人関係におけるスキーマを認識し，ロールプレイを行う。宿題でも継続的に対人関係スキーマワークシートⅡを用いて確認し，自己主張する場面・状況でのスキルや感情調整のスキルを練習するよう促すことが，患者にとって重要なステップになると言える。

　＜セッション8＞人間関係における柔軟性

　幼少期に虐待体験をした者は，人間関係において否定的な予測をしているため，対人関係スキーマが制限されていることが多い。ある特定のタイプの人間関係の体験が強烈だったり，人間関係の様々なかたちを経験したことがないため，対人関係における身の置き方において，頑なで柔軟性に欠ける場合も少なくない。しかし，現実生活の中でタイプの異なる人間関係や，様々なコミュニケーションを含む対人関係をこなしていくには，それぞれの関係におけるパワーバランスや関わり合いのゴールなどを考慮しなくてはならない。セッション8では，なぜ対人関係において柔軟性が重要なのか話し合い，パワーバランスのタイプについて説明をする。よりよ

いバランスを得るためのスキルを振り返り，異なるタイプの力関係における対人関係スキーマを認識する手助けをする。その上で，パワーバランスの対応に焦点を置いたロールプレイの実施し，柔軟性を習得・強化していく。

　このように第1段階のSTAIRでは，感情調整スキルを習得し，対人関係スキーマの修正を段階的に行っていく。これが，第2段階のトラウマナラティブへ進むための準備となり，直面することが困難なトラウマ記憶にも取り組むことができるようになる。セッション1から8までの流れは毎週のセッションで進めていくことが理想だが，患者によっては1つのモジュールに1回以上の時間を要する場合もある。または，一度進んでもまた前の回に戻って復習する必要がある場合も考えられる。それについても，階段を一段一段上っていくのと同じように，丁寧に取り組んでいくのがいいだろう。患者が着実に感情調整と対人関係のスキルを身につけていくことが，治療の次の段階において重要な鍵となってくる。

　4）NSTの導入
＜セッション9＞NSTの紹介
　NST（Narrative Story Telling）は，Prolonged Exposure Therapyの治療原理に基づくエクスポージャーである。治療における安全な環境，また治療者との安心の持てる関係のなかで，これまで回避してきたトラウマ記憶に自ら向き合い，それを通じて馴化が起こり，圧倒されるような恐怖や不安なしにトラウマを想起することができるようになっていく。トラウマ記憶を呼び起こすこと自体は危険なことではなく，自己制御が不能になったり，自分がおかしくなったり発狂してしまうわけではないと理解できるようになる。またセルフコントロールと個人的な能力の感覚が強化され，自分が記憶をコントロールしているのであって，記憶が自分をコントロールしているのではないということが理解される。

　NSTとPEの違いとして，NSTでは，単回トラウマに対するエクスポージャーとは異なり，トラウマ記憶の階層化を進める。幼少期の虐待された経験を持つものにとっては，虐待体験に加え，その後に起こった対人関

係における出来事も含め，トラウマとなった出来事はひとつではない。前述したように，トラウマ体験が幾十にも重なっているのが，特に幼少期に虐待を受けて成人した PTSD をもつ患者の特徴である。そのようにいくつにも重なっていったトラウマの紐を解いていく第一歩として，まずトラウマ記憶の階層表を作成する。患者は個々の記憶を，最も難しい記憶，思い出すのがつらい記憶から，比較的対処できるトラウマ記憶へと順序づける。こうした記憶を自分の人生における一貫性のある出来事として整理し，それらが人生においてどのような意味をなしているのかを考える。

　前半の STAIR が段階的な取り組みであったのと同様に，エクスポージャーの要素を含む第 2 段階の NST も段階的に進めていく。トラウマとなった出来事の階層表を作成し，いくつもあるトラウマの出来事の中から，今の患者に明らかに苦痛をもたらしており，かつ今現在の患者の状態を考慮して取り組むことができる記憶を選択する。または日常生活における重要さに基づいて，取り組むべき課題となる記憶を選ぶ。

　トラウマ体験を語ることは，何が起こったのかを明確に理解し，その記憶と関連している感情を整理する手助けとなるだろう。この作業のゴールは，患者がコントロールを維持しながらトラウマに関連する感情を深く体験することで，トラウマを語ることは過去を直接再体験することとは異なる，と理解することが重要である。感情調整のテクニックを用い，現在の状況の安全性に気づいていれば，患者は恐怖を体験してもそれに圧倒されることはないだろう。NST に入っても，継続的に感情調整スキルの練習をしていく必要性もある。また，NST に入る直前の段階で，ナラティブ作業に取り組むに当たってのプロスとコンスのワークをすることは，患者が NST の段階に入る準備がどの程度できているかを理解する目安にもなるだろう。

　特定のトラウマ記憶を繰り返し話していく課程で，患者はナラティブから発見する自分や周囲の人々の対人関係を認識し，それがトラウマ的な幼少期の体験に基づいていることを理解する。ナラティブの後に再度対人関係スキーマに戻って認知的な対話を行うことが，その整理に有効であろう。

そこで取り扱う感情は，恐怖，悲嘆，怒り，喪失などの多岐にわたるが，それらが整理され，患者自身が感情調整や対人スキルを習得したときに，患者の生活状況は変化を見せ始め，これまでのパターンに頼って生活を送る必要性も変わってくる。患者は自身がどのように生きるか，その選択肢を自由に選ぶことができるようになり，トラウマとなった出来事の記憶を人生の中の出来事の一つとして整理し，その出来事の意義と自身の人生における位置づけを見つけていく。

　＜セッション 10 ＞最初のトラウマナラティブ

　PTSD を持つ多くの患者が，トラウマの記憶に触れることに多大な恐怖をおぼえ，回避してきているが，トラウマの出来事について語ることはあくまでも記憶の想起であり，実際に患者を傷つけることはない。具体的に，その時の感情を実際に感じながら記憶を思い出すことができれば，それは患者がトラウマ記憶に対して患者自身が主導権を得るチャンスになる。

　NST に入って初めのセッションでは，完成した記憶の段階表と，録音用のレコーダーを用意し，まずトラウマでないニュートラルな記憶を用いてナラティブを練習する。ここでも段階的に安全を保ち，患者が取り組めるレベルを見極めて進めていく。ニュートラルな記憶のナラティブで，そのやり方，取り組み方の感覚をつかんだ後，トラウマ記憶の最初のナラティブを実施する。ナラティブ終了後にはグラウンディングのエクササイズ（呼吸法や筋弛緩法など）を行い，患者の意識が現在に戻っているのを確認する。そして患者は，今行った最初のナラティブの録音をセラピストと一緒に聞く。その後，「ナラティブ後の感情のアセスメント」フォーム（表5：文献3）より転載）を用いて，どの感情がこの出来事のテーマとなっているかをみて，自分自身や人に対する思考について話し合う。

　5）恐怖のナラティブ

　＜セッション 11 ～ 15 ＞

　最初のナラティブ以降のセッションは（セッション 11 ～ 15），基本的にセッション 10 と同じ手順で行われる。トラウマとなった過去の記憶を語り，それと関わる感情や，その語りの中に発見されるスキーマの確認を

表5．ナラティブ後の感情のアセスメントフォーム

HANDOUT 20.2

## Assessment of Post-Narrative Emotional State

Date:

Exposure #:                                                                                  Session #:

**Rating scale**

| 1 | 2 | 3 | 4 | 5 | 6 | 7 | 8 | 9 | 10 |
|---|---|---|---|---|---|---|---|---|---|
| Not at all | | Mild | | Moderate | | | Severe | | Extreme |

Fear/anxiety

| 1 | 2 | 3 | 4 | 5 | 6 | 7 | 8 | 9 | 10 |
|---|---|---|---|---|---|---|---|---|---|

Numbness

| 1 | 2 | 3 | 4 | 5 | 6 | 7 | 8 | 9 | 10 |
|---|---|---|---|---|---|---|---|---|---|

Anger

| 1 | 2 | 3 | 4 | 5 | 6 | 7 | 8 | 9 | 10 |
|---|---|---|---|---|---|---|---|---|---|

Sadness

| 1 | 2 | 3 | 4 | 5 | 6 | 7 | 8 | 9 | 10 |
|---|---|---|---|---|---|---|---|---|---|

Shame

| 1 | 2 | 3 | 4 | 5 | 6 | 7 | 8 | 9 | 10 |
|---|---|---|---|---|---|---|---|---|---|

Guilt

| 1 | 2 | 3 | 4 | 5 | 6 | 7 | 8 | 9 | 10 |
|---|---|---|---|---|---|---|---|---|---|

Strongest feeling: ........................................................................................................................

From *Treating Survivors of Childhood Abuse: Psychotherapy for the Interrupted Life* by Marylene Cloitre, Lisa R. Cohen, and Karestan C. Koenen. Copyright 2006 by The Guilford Press.

する。そして，過去に築かれた対人関係スキーマと現在の対人関係を比較
し，どのような関係があるか話し合う。このようなセッションの流れは
段々と習慣になり，回を重ねるうちによりスムーズに進んでいくだろう。
患者はこの一連の作業を繰り返し，トラウマ記憶の階層表で記録した記憶
の中から，1つずつ取り組んでいく。階層表に示した全ての記憶に取り組
む必要はないが，順に適切な記憶を選んで進めていく。

　幼児期の虐待に始まる複雑性トラウマを持つ患者にとっては，その時の
体験が大きな恐怖であり，それを回避する傾向がある。恐ろしい記憶に対
して解離反応を示す患者も多いだろう。そのような恐怖記憶に対しては，
治療者との安全な関係性の中で，段階的に取り組み，恐怖反応への対処，
また恐怖と関連したスキーマの修正が必要となる。何度も語りを繰り返し，
SUDS の点数を観察しながら，回避行動を解除していかなければならない。
回避を繰り返していると，恐怖の対象はいつまでも恐怖であり続ける。患
者が耐えられる恐怖のレベルを段階的に上げていき，トラウマ記憶の一番
辛かった場面にも回避せずに取り組む。それがトラウマを克服することの
大きな一歩となるだろう。

　恐怖記憶に触れようとすると，解離反応をおこしてしまい，進展が難し
いような患者に対しては，STAIR で習得したスキルの復習や，解離反応
が出た時の対処法，グラウンディングのテクニックを強化する必要がある。
これらの取り組みの中で重要なのは，出来事が過去のものだという認識で
ある。記憶は現在の行動に多大な影響を与えることもあるが，それは過去
のものであり，反対に，患者の強みは今を生きていることであるというこ
とを強調するのが治療者の役割である。

　6）恥のナラティブ
　＜セッション 11 ～ 15 ＞
　患者がトラウマ記憶に関してつまずいている箇所は，恐怖だけでなく，
「恥」の感情と関連していることも多い。患者が最も「恥ずかしい」と感
じている部分は，治療の第 2 段階のトラウマのナラティブに入った中で，
それも，より後半のナラティブになってから出てくることが多い。恥の体

験について話すことに患者は様々なリスクを感じ，開示を遅らせたり，避けたりすることがある。自分の恥と感じていた部分を人に伝えると，そうした出来事に嫌気や不快感を感じた相手が，自分を拒絶するのではないかと心配したり，自分がその出来事を止められなかったこと，そうする能力が無かったこと，何らかの形で虐待を持続させ，引き起こし，または容認していたことを非難されるのではないかと不安に思ってしまったりするのである。

　そのような恥の感情に対して，患者の縮小されてしまった自己価値を修復することが重要となってくる。そのためには，患者の恥の感覚を生み出している原因をしっかり見極め，患者の能力や価値を取り入れた新しいスキーマを構築する。また患者の価値を認めてくれる相手との前向きな体験と，その能力を習得するための機会を得る手助けが必要となってくる。セラピストとの関わりの中で，サポーティブで温かみがあり，かつ実践的な対応を受けることは，患者の恥じている体験とそれを関連した自分に対する否定的な見方を改善するために役立つ。他人からの否定的な意見や判断を恐れるような，恥の感情と関連した体験を開示することで，自分はセラピストにも過小評価されるのではないかと考える患者もいる。そのため，セラピストの支持的で前向きな見方の反応の繰り返しが，患者のこの様な考えを反証し，自分の体験や自分自身に対する別の見方をするために必要である。

　恐怖のナラティブは，出来事の再体験ではなく患者が恐怖を克服する感覚を体験するために調整されたが，恥のナラティブも同様に，話すことで再び恥をかかせるのではなく，患者が「威厳」を体験できるように適度に調整されていなくてはならない。セラピストと患者が，患者の本質的な価値についての継続的な話し合いを持つことによって，患者の恥じていた体験が自分自身を敬う理由の一つに変化する可能性もある。

　7）喪失のナラティブ
　＜セッション 11 ～ 15 ＞
　「喪失」の体験も，ナラティブ作業の最中に出てくる重要なテーマであ

り，患者が悲嘆プロセスに取り組む貴重な機会である。セラピストは，患者のナラティブにある悲しみや喪失を聞き取り，トラウマの出来事と関連する喪失体験に耐えて自分で何とか対処してきたことの意味合いについて患者と話し合う。幼少期のトラウマによる悲嘆のテーマは様々な要素を含む。例えば，保護してくれる存在の喪失，信頼感の喪失，大切にされることや敬意の喪失，幼少期の無邪気さ，単純な身体的快感，自発性の喪失等が含まれるかもしれない。

　また，喪失体験が対人関係スキーマを通して現在の人間関係に与えている影響を確認し，よりポジティブなつながりを生み出すための新しいスキーマを見つける。喪失に関する新しい対人関係スキーマの構築には，喪失感を軽減し社会的つながりを増やすような変化が求められる。セッション内でのモデリングやロールプレイを通して人との新しい関わり方を試し，人とつながる感覚を向上させることで，疎外感を軽減したり，実際にポジティブな対人関係スキーマを気づくことが可能になる。このような取り組みは，回避や無感覚症状を軽減し，自分に対する思いやりや人に対する親近感を向上させるのに役立つだろう。

　8）最後のセッション
　最終セッションのゴールは，患者の治療への取り組みと改善をまとめ，今後の計画，再発のリスクとそれに関連する改善のための対処法を認識することである。セラピストは，患者が治療でやり遂げたことを賞賛し，この働きかけに取り組んだ患者の勇気と強さに心からの感謝を伝える。患者に PTSD 症状や感情調整のスキル，対人関係の機能，一般的な生活上の機能，患者の自己体験においての治療当初からの変化を尋ね，患者の過去全体と今の状態を比較するのも，患者の前向きな変化を確認するのに役立つだろう。多くの場合，患者は自分で見たり実感できる以上の変化や前向きな取り組みを達成している。

　この治療が終了した後に，たとえまだ多くの課題残っていたとしても，それは当然のことだろう。最後のセッションでは，この治療を通して学んだことと患者の近い将来のゴールを確認する。また患者は，特に PTSD

症状，怒りや抑うつ，解離といった症状の再訪や悪化の可能性を心配していることもあるので，ここまで切り抜けるのに最も効果的で役に立った方法を振り返り，認識することが重要である。また，治療終了後もつながれる場所として，今後患者が必要にすると思われる地域のサービスやプログラム等の情報リスト（近隣の救急病院，DV 被害者のサポート団体，緊急時ホットラインの電話番号，回復のニーズに関連したプログラムの情報，法的サービス，就労のためのスキルトレーニング，その他のコミュニティサービス等の連絡先）を渡すのもいいだろう。

　治療を終結する際には，セラピストは患者の懸命な働きかけに対する高い評価をまとめ，患者の次のステップへの希望と良い結果を祈る思いを伝える。セラピストは患者のこれまでの歩みと歴史を目撃したのであり，今はその守護者でもある。セラピストが患者の歴史に敬意を示し，患者の人生について知った事を高く評価し，そして患者から学ぶ機会を得た事実に感謝することが，患者にとって重要な体験となるだろう。

　このような段階的な工程を経て，STAIR&NST を行っていく際に大切なのは，過去に焦点を当てた介入と現在に焦点を当てた介入のバランスを保ち，現在にこそ希望があることを認識していくことである。過去と現在の違いを経験的に探究するために，仮定や対人関係スキーマを使う。トラウマナラティブは，これから生きる人生の文脈の中に，トラウマを位置づける（意味づけをする）役割がある。このように段階的に行っていくことにより，ストレス耐性が脆弱でエクスポージャー的な治療が困難を極めていた患者，特に幼少期の虐待があり複雑性のトラウマ体験を持つ PTSDの患者への治療も可能となった。

　この後につづくⅡにおいて，STAIR&NST を用いて治療を行った実際の症例を紹介する。

## Ⅱ．症　例

　筆者らは 2012 年 4 月に Dr. Marylene Cloitre による STAIR & NST の

2日間研修を受け，その後アメリカの専門家からの全セッションのスーパーヴァイズを経て成功裡に治療を終了し，高い治療効果を実感していた。ここでは，危機的な解離症状がある複雑性トラウマの1症例の治療経過を提示する。

## 1．症例の概要

症例A，初診時20代後半，女性。

【診断】外傷後ストレス障害（複雑性PTSD）および解離性障害，うつ病

【主訴】不眠，激しい不安，衝動行為，憂うつ気分

【既往歴】脊髄損傷

【家族歴】同胞なし。仕事を転々としている父と専業主婦の母と中学生まで3人で暮らす。母はPTSDとうつ病でメンタルクリニックに通院している。初診時は夫と二人暮らし。

【生育歴および現病歴】

母はAを妊娠中から父による激しい心理的・身体的暴力を受け続けていた。母がAを出産後も父からの暴力は続きAは幼少期よりそれを目撃して育った。また，父の機嫌が悪いとAも身体的暴力を受けたため，母とAは常に父を怒らせないように顔色を伺い，怯えて暮らしていた。Aは就学前より物わかりが良く成績も優秀であり父は期待していたという。父の暴力と小学校でのいじめから逃れるように，中学生以降は家を離れ叔母宅で生活するようになった。中学高校時代は友人にも恵まれ，安定した生活をしていた。高校卒業後は地元を離れ一人暮らしをし，専門学校に通いながら働いていた。X−5年，父の暴力がさらに激しくなり，生命の危険を感じた母が家から逃げシェルターに入所した。警察から事実確認の電話がAに入った後，Aは父が自分のところに来るという恐怖で家から飛び出し，高所から飛び降りた。重度の外傷で救急搬送され，7カ月間の入院治療を行ったが脊髄損傷のため麻痺が残った。退院後は，離婚した母と同居しパートで働いていた。X−1年3月，父の急逝により安全になったため母と共

に故郷に帰り働き始めた。恋人ができ妊娠したが流産し，恋人からは心理的暴力を受け別れることになった。悲しみに打ちひしがれていた時に現夫と出会い，交際することで気持ちは徐々に回復し同居を始めた。しかし，夫との同棲生活が始まってから不眠がちとなり，それまで忘れていた幼少期の父の暴力の悪夢を見るようなった。X年2月に退職し入籍。父の暴力場面が度々浮かび，"夫が父のように突然怒り出すのではないか"と絶えず怯えるようになり，不眠・緊張感や母を助けられなかった罪悪感が強まっていった。夜になると記憶がなくなり，子どものように怯えて外に飛び出す，など危険な行動がみられ，某メンタルクリニックを受診し抗精神病薬等の服薬を始めた。その後X年4月，当院初診となった。

【受診後の経過】

　幼少期からの複雑性トラウマによる症状と考え，PTSDについて心理教育を行い，支持的精神療法と抗精神病薬・抗うつ薬等の薬剤調整を行った。服薬により睡眠障害や食欲低下などはある程度改善したが，夜になると夫と父の区別がつかず，激しい恐怖と解離症状のため外に飛び出すといった危険な行動が頻繁にみられた。夜と夫がトリガーになり父の暴力場面や父の怖い顔といった侵入症状が悪化し，それに伴い過覚醒症状や母を助けられなかったという罪悪感も強まり希死念慮が頻繁に出現するようになった。衝動のコントロールが難しいため入院治療も視野に入れ相談していたところ，妊娠が判明した。Aも夫も挙児希望であり薬物療法を中止することが望ましかった。しかし，PTSD症状や解離症状，感情調整困難が改善しておらず，安定した妊娠継続と出産後の母子保健を考えた時，薬剤減量中止と並行して複雑性トラウマの治療を行う必要があると判断した。"幼少期のトラウマに特化した認知行動療法（STAIR&NST）"であれば，妊娠中の心身への負担が少なく安全で効果も高いと考え，A夫婦と相談の上施行することとなった。

## 2．治療経過

　各セッションは週1回，STAIRは60分，NSTは60〜90分で行った。

1）第1段階：感情と対人関係調整スキル・トレーニング（STAIR）

＜セッション1＞治療への導入

トラウマ歴を再確認し，PTSD症状および複雑性トラウマの成人の特徴を説明したところ，感情調整の困難さ（特に感情的刺激に敏感に反応し，平静を保つことが難しいなど）と対人関係の問題について気付きが深まった。この治療の2段階の構造と治療のゴールを具体的に示した。妊娠中であったため，出産までの限られた期間で治療を終えられるように相談し計画を立てた。ここで治療の見通しを持ち，治療について治療者と共有できた。治療意欲は高く，集中呼吸法も熱心に練習していた。

＜セッション2＞感情の気づき：感情のリソースと名称化

感情の確認，トラウマ体験と感情との関係，特に虐待が感情に与える影響について説明し話し合った。Aはこれまで細かい感情に気づくことがなかったと語り，自分自身の怒りの感情のコントロールの難しさにも気づいた。感情の認識の方法と様々な感情の区別を話し合った後，感情・思考・行動という3つのチャンネルを練習し，宿題となる感情の自己モニタリングフォームを説明し記入した（表6）。

＜セッション3＞感情の調整

毎日の宿題をこなす中で，様々な感情があることに気づき始めた。この

表6．感情の自己モニタリングフォーム

| 状況 | 感情 | 強度 (0-10) | 思考 | 行動 |
|------|------|------|------|------|
| 具合が悪い時に夫が実家に行くと言う | イライラ<br>怒り<br>うんざり<br>がっかり | 7<br>6<br>6<br>6 | なぜ今，行くのか<br>一人で行って欲しい<br>申し訳なく思う | 黙る<br>しばらく無言でいる |
| 体調が悪い時に夫がバターで何かをいためている。 | イライラ<br>迷惑な<br>混乱した<br>うんざり<br>怒り | 6<br>5<br>5<br>5<br>5 | 気持ち悪いのにどうして<br>自分が作れなくて申し訳ない<br>臭いが耐えられない<br>やめてほしい | 布団をかぶって横になる |

段階では不安・怒り・抑うつといったトラウマに関係した感情を詳しく説明し，Ａが“ネガティブな感情を避ける”という方法を主に使ってきたことと解離との関連も話し合った。宿題の感情の自己モニタリングフォームを用いて対処法を具体的に考えた。Ａは積極的に参加，感情が表れる３つの分野の理解も早く的確にシートに記入し，楽しい活動を行う宿題として，プールに行くことと犬の散歩を選んだ。過去のトラウマによる症状の理解が深まるに従い，悪夢や小さいころの恐怖を思い出すことが増えたため，集中呼吸法や冷たい水を手にかけるなどの対処法を使う練習をした。症状が出てくることは閉ざされた記憶が開かれつつあり治療がうまくいっている証拠であること，恐れなくとも練習してきた対処法で対応できることを心理教育している。

　＜セッション４＞感情との関わり

　幼少期からの複雑性トラウマを持つ患者は，様々な苦痛に悩まされてきたため，トラウマに向き合うことに大きな不安を感じている。過去の苦痛と“目標達成のために耐える価値ある苦痛”を区別する必要があるため，具体的なゴールを見つけ，耐える価値がある苦痛か否か，プロス（メリット）とコンス（デメリット）をそれぞれシートに記入した（表7）。Ａは必要な苦痛を受け入れることを理解し，選択した。さらに前向きな感情を探求し，ゴールに向けてのセルフケアと感情調整スキルを話し合った。

　このセッションまでに感情を認識し，受け入れ，調整することを学んで

表7．プロスとコンス　1

辛さにたえてみること

Situation: 夫や職場の人に言いたいことを伝えられない

Goal: 夫や職場の人と自然に関われる

| PROS | CONS |
|---|---|
| ●夫に言いたいことが言えて，関係が楽になる | ●怖くなる |
| ●怒ることが少なくなる | ●辛い，しんどい |
| ●無理をしなくて良くなる | ●耐えられずに悪化するかも知れなくて不安 |

きたが，Aは宿題も全て行い良く理解していた。初めは他者の怒りへの恐怖や不安のみを意識していたが，感情の自己モニタリングを繰り返すことで，自分自身の怒りのコントロールの問題にも気づいた。

＜セッション5＞対人関係のパターンを理解する

ハンドアウトを使って対人関係スキーマが何かを学び，幼少期の虐待に影響された不適切な対人関係に導いた。対人関係スキーマワークシートⅠを用い，現在の対人関係の状況を選び，治療者と共に考えながら記入した。できるだけA自身が考えて答えを見つけるように促し，自分や他人に対する感情や考えが結果にどのような影響を与えるかを話し合った。過去のスキーマは適応して生きていくために必要であったが，現在は役に立つことはないため，新たなスキーマを見つけていくことを説明した（表8）。

＜セッション6＞対人関係のパターンを変える

Aは妊娠悪阻がひどくなり体調不良であったが，宿題の集中呼吸法を行い，その効果を実感していた。ほとんど外出していなかったが，セッションには休まず来院していた。夫も協力的であり，仕事を休み付き添うことも多かった。宿題シートには主として夫との関係を記入し，鍵となる対人関係スキーマを確認した（表9）。夫が咳やくしゃみをしただけで恐怖のため目を合わせられなくなることや，人からの言葉を被害的に取りやすい

表8．対人関係スキーマワークシートⅠ

| 状況 | 自分に対して何を考え感じたのか？ | | 他者に何を期待していたか？ | | その結果の行動 |
|---|---|---|---|---|---|
| 何があったのか？ | 私の感情 | 私の思考 | 他者の感情 | 他者の思考 | 何をしたか？ |
| 夫がTVを見て笑っている 自分は具合が悪く動けない | 悲しい イライラ 憂うつな 辛い | 楽しそうだ そんなに笑わなくてもよいのに 私も笑いたい | 楽しい くつろげる おもしろい 不安 | 見れば良いのに なぜ来ないんだろう | 黙る 無視する |

判明したスキーマ：<u>もし思っていることを伝えたら，相手が不機嫌になるかもしれない</u>

表9．対人関係スキーマワークシートⅡ

| 状況 | 自分に対して何を考え感じたのか？ | | 他者に対して何を期待していたか？ | | その結果の行動 |
|---|---|---|---|---|---|
| 何があったのか？<br><br>就寝時，頭が痛くて眠れない<br>夫が薬を持って来る | 私の感情<br><br>不安<br>混乱<br>うんざりする<br>恐怖 | 私の思考<br><br>辛い<br>いつ治るだろうか<br>夫が怒るかもしれない | 他者の感情<br><br>心配<br>いらいら | 他者の思考<br><br>またか<br>具合が悪いんだろうか<br>面倒だ | 何をしたか？<br><br>謝る |

| 状況における目標 | 自分に対する代替的信念と感情 | | 他者に対する代替的信念と感情は？ | | その結果の行動 |
|---|---|---|---|---|---|
| その状況における目標は？<br><br>素直にありがとうを言える | 私の感情<br><br>安心<br>穏やか<br>感謝 | 私の思考<br><br>具合の悪い時は素直に甘えて良い<br>夫にありがとうを伝える | 他者の感情<br><br>穏やか<br>落ち着いている | 他者の思考<br><br>薬を飲んでゆっくり休んでほしい | 他に何ができたか？<br><br>ありがとうを伝え薬を飲む |

古いスキーマ　　自分の不調を伝えると，相手から見捨てられる
新しいスキーマ　　辛いことを率直に伝えると，相手との関係は良くなるかも知れない

| 状況 | 自分に対して何を考え感じたのか？ | | 他者に対して何を期待していたか？ | | その結果の行動 |
|---|---|---|---|---|---|
| 何があったのか？<br><br>夫が朝食をつくると言う | 私の感情<br><br>悲しい<br>不安<br>うんざり | 私の思考<br><br>また具合が悪くて嫌になる<br>きちんとしなきゃ<br>ごはん作らないと | 他者の感情<br><br>不機嫌<br>怒り | 他者の思考<br><br>ご飯くらい作るのに<br>まだ調子悪いんだな | 何をしたか？<br><br>作るから待ってて強く言う |

| 状況における目標 | 自分に対する代替的信念と感情 | | 他者に対する代替的信念と感情は？ | | その結果の行動 |
|---|---|---|---|---|---|
| その状況における目標は？<br><br>素直にお願いできる | 私の感情<br><br>安心<br>穏やか | 私の思考<br><br>たまには甘えよう<br>調子が悪い時は頼って良いんだ | 他者の感情<br>優しさ<br><br>落ち着いている<br>安心 | 他者の思考<br><br>今日は自分が作ろう<br>休んでほしい | 他に何ができたか？<br><br>"ありがとう"を伝え素直にお願いする |

古いスキーマ　　相手に頼ったり甘えると相手が不機嫌になる
新しいスキーマ　　相手に頼ることで信頼が深まる

ことに自分自身で気づくようになった。より柔軟性の高い新たなスキーマを構築し，人との関わり方の練習をするために治療者とロールプレイを行った。このロールプレイでは，初めに治療者が夫役を演じ，終了後に観察したことや感じたことを共有，次に役割を交代する。終了後に治療者のアプローチの感想を述べてもらい，再び役を交代する。ここで初めとは異なった新たなアプローチを試してもらった。このセッションでは，代替スキーマを作り出すこと，代替的信念と感情を見つける練習をすること，対人関係において目指すべきゴールを決めることが重要であった。

＜セッション7＞効果的なコミュニケーションと自己主張

夫とけんかした時，父と重なり不安定になることを理解したが，ここではまだ代替スキーマを見つけることは困難であった。虐待被害者は自分の意見を言うと危険に晒されてきたため主張することが苦手である。Aもかつて職場で断れずに無理な仕事を引き受けてしまうことが度々あったと述べた。対人関係における境界線について心理教育し，基本的な個人の権利について紹介した。また，自己主張のロールプレイで，夫に自分の意見をはっきり言う練習をした。

＜セッション8＞人間関係における柔軟性

ここでは相手が自分より上位，同等，下位の3種類のパワーバランスでのロールプレイを行う。Aは自分より上位の人間関係が特に苦手であったが，また下位の人間関係すなわち後輩に間違えた行動を注意することができなかった。治療者とのロールプレイで柔軟な対人関係について学び，練習を行った。対人関係スキーマワークシートⅡでは，古いスキーマ；もし考えを伝えたら，関係が悪くなる→新しいスキーマ；もし考えを伝えたら，信頼関係が深まるかもしれない，といった変化を語った。

第2段階ナラティブ・ストーリー・テリング（NST）に入る前に，準備ができているか検討することは非常に重要である。

①宿題の達成や理解度など患者は治療に専念しているか。

　→宿題は毎回行い，体調が悪い時も受診を続けている。

②現在安定した状態であるか。治療意欲はどうか。

→侵入症状や解離，過覚醒はあるが，自覚があり危険な行動に対処できている。出産という新たな出発を控え，治療意欲は非常に高い。

③治療者との治療同盟はどの程度できているか。

→治療者の意見を真摯に聞き，相談して決めた提案を守っている。治療同盟はできていると言える。

④第1段階で学んだことを理解しそのスキルを使えているか。

→難しい内容は治療者に質問をして曖昧にしないことからも，理解していると思われる。また，積極的にスキルを使う練習をしている。

以上から，Aはナラティブに移行する準備ができていると判断しNSTに進んだ。この段階で準備が不十分であると，NSTで回避が強まりドロップアウトしやすくなる。不十分な場合は，どの部分が足りないか確認し，必要な心理教育やスキルトレーニングを追加すべきである。

2）第2段階：ナラティブ・ストーリー・テリング（NST）

＜セッション9＞NSTの導入

ナラティブを始める前に持続エクスポージャーの治療原理（馴化と克服）と，次のNSTの3つのゴールを説明した。①患者の恐怖とPTSD症状を軽減する，②トラウマ記憶を首尾一貫した形で整理できるようにする，③患者がこの体験を人生の何処に位置づけるか考える手助けをする。概括的なスキーマはSTAIRの段階である程度明確にされている。しかし，そのスキーマと幼少期のトラウマ体験との関係を認識するのはこの段階である。ここでナラティブを通して過去のスキーマとの関連を考察し，過去から解き放たれ，現在をどう生きるか選択肢を得ることができる。そして新しいスキーマを取り入れ，現在にフォーカスした感情や考え，行動を構築していく。しかし長い間回避・解離してきた恐怖記憶に直面することは非常に勇気のいることであるため，モチベーションの維持のためにセッション4で行ったプロス＆コンスをもう一度行い，ゴールを再確認することが役立つ（表10）。治療前に主たるトラウマ体験を整理したが，再度話し合い，選択した記憶の階層表を作成し，SUDS尺度を用いてそれぞれの記憶に点数（0〜100）をつける（表11）。この階層表に基づいてナラティブ

表 10. Pros/Cons　2

辛さにたえてみること

Situation: 夫と父がかぶってしまい，夫に意見が言えない
Goal: 夫と普通にケンカしたり話し合ったりできる

| PROS | CONS |
|---|---|
| ●夫の目が怖くなくなり，より親密な関係になる<br>●夫や baby とのきずなが強まる | ●怖くなる。<br>●辛い。しんどい<br>●時間をとられる |

表 11. 記憶階層表 MEMORY HIERARCHY

| トラウマ記憶 | SUDS *(0-100) | |
|---|---|---|
| | Session9 | Session27 |
| 中学時代，父が突然怒り「殺してやる」と母と自分に包丁を向けた | 100 | 20 |
| 4歳時父が母に殴りかかり母が倒れた | 70 | 20 |
| 親友が DV により転落死した | 70 | 20 |
| 以前の恋人から暴力を受け，流産した | 60-70 | 20 |
| 父から追いかけられる恐怖のため高所から飛びおり大けがをした | 50 | 30 |

* Subjective Units of Distress

の順番を決める。苦痛に耐えるエクササイズや集中呼吸法，感情調整法と，
対人関係スキーマワークシート II の記録は宿題として継続して行う。

　＜セッション 10 ～ 13 ＞最初のトラウマナラティブ

　持続エクスポージャー療法の教示を行い，まずトラウマ記憶ではない中
立的な記憶で練習する。A は小学生の時，誕生日に母がケーキを焼いて学
校まで持って来てくれた時のことを選んだ。出来事の流れ，気持ち，考え
など上手に話すことができていた。次に，記憶階層表から，初めに対応可
能と思われる記憶の中で最も辛い記憶を選んでもらうが，A は最初のナラ
ティブに "親友の DV に関連した事故死" を選んだ。20 分以内のナラティ
ブで，ナラティブ後にグラウンディングを行った。ナラティブ後の感情の
アセスメントでは悲しみが最も強く，恐怖，怒りが続いていた。この感情

のアセスメントシートにより自分では気づかない感情が見つけやすくなっている。録音したナラティブを一緒に聴いて，話し合い，悲嘆と喪失に関連したスキーマを認識，修正する作業を始めた。家ではナラティブの録音を1日1回聴き，SUDSワークシートにスコアとコメントを書く宿題を毎日行ってもらった。

　次のセッションで確認した宿題では，恐怖は下がり，悲嘆が続いていた。また，これまで忘れていた他のトラウマ記憶がいろいろ出てきて圧倒されそうになったという。しかしセッション中に2回目のナラティブを行ったところ，SUDSは20まで下がっていた。感情のアセスメント，対人関係スキーマシートを用いてスキーマを同定した。この後のセッションも同じ構造でナラティブ後に感情の振り返り，スキーマの確認，トラウマ的過去のスキーマと現在の人間関係の比較分析を行った。最終的に，この場面については「親友との別れは辛くて悲しいが，私は生きているから人生をだめにしてはいけない。この辛い体験から，仲間との絆が永遠のものになった」というような変化がみられた。これまで怒りは危険であり避けるべきと思っていたが，録音を繰り返し聴くことで，怒りの感情はこの場面で正当なことと考えることができ，また，「父が怒った時がいつでも危険だったから怒りを恐れるようになった」とつながりを理解し始めた。既にAは長い間避けてきた怒りについてオープンに話せるようなっていた。

　＜セッション14〜17＞次のトラウマ記憶には父の暴力を選ぶが，妊娠中であるため過度なストレスは避けたいと考え，SUDSの低い場面から始めることとした。Aは次々に過去のトラウマ体験の場面を思い出し，その中から現在に影響を与えているものを選び出した。これらのナラティブの基本的テーマは恐怖であるが，喪失（父の暴力により失った無邪気な子ども時代）のテーマが後から出てくる。選択した暴力の場面"母が家事をやっているところ突然父が殴りかかり母が倒れた"で，4歳のAは少し離れたところから見ていて，母が死ぬのではないかと思っていた。途中ぼんやりと解離したが，幼いAの父への強い恐怖や母のみじめな姿を見た悲しみ，固まって冷たくなった身体感覚，「自分のせいで母が怒られる」という子

ども特有の自責が語られた。最初のナラティブ後，父の顔と夫が重なることが多くなったが，STAIRで学んだ集中呼吸法やグラウンディングを用いて，避けずに夫の顔をしっかり見ることができるようになり，さらに録音を繰り返し聴くことで，夫が父と違うという実感が持てるようになった。この場面は4回のセッションでSUDSが下がり終了とした。「母が殺される，助けられずごめんなさい，何でうちだけ母が叩かれるのか」という考えが語られ，父の異常な目が怖いため他人の目を見ることができなかったこと，自分が相手を怒らせると人の目が変わる（他人の怒りは自分のせいである）と確信していたことに気付いた。毎回のセッションで，現在の生活での対人関係の分析，ナラティブとナラティブ後の感情アセスメント（恐怖・不安，麻痺，怒り，悲しみ，恥，罪悪感），現在の対人関係と関係のあるロールプレイを行い，さらにセッション間にロールプレイで練習したことを実生活で試した。この場面で，古いスキーマ；私が悪いから危険なことが起こる→新しいスキーマ；私の言動が危険の原因になるわけではない，と変化した。セッションでは夫に自分の意見を主張するロールプレイを続けた。

　＜セッション18〜21＞次のナラティブにSUDS100の場面を選ぶことを考えたが非常に強い不安と恐怖がみられたため，記憶階層表には挙げていなかったSUDS80の小学5年時の暴力場面を選んだ。STAIRを始める前は，「幼少期のことをあまり覚えていない」と言っていたが，多くの場面を鮮明に思い出せるようになっていた。この場面は，"Aが宿題を母に聞いたことから父が怒り激しい暴力がはじまった"ため，強い自責があり，ナラティブ中に「ごめんなさい，もっと頑張るから，もっといい子になるから，お母さんをやらないで」と何度も言っている。Aはこの自分が悪い子だから父が暴力的になるという非機能的思考が現在までの自分の生き方に大きな影響を与えていると述べた。ナラティブの主となる感情は，著しい恐怖と罪悪感から，次に悲しみへ，最終的に怒りへと変化した。古いスキーマ；怒りの気持ちを持つと生命が危険になる→新しいスキーマ；正当な怒りを感じることは危険ではなく自分を守るきっかけとなる，とし，

「自分の怒りに怯えることはないことを学べた」と語った。家で繰り返し録音を聴くことにより SUDS が 10 に下がり，「当時の自分は精一杯やっていた」と考えが変化し，生きていて幸せであることを実感できていた。ここで，記憶階層表の SUDS を再度確認したところ，最も強い恐怖の記憶の SUDS が 100 から 70 に下がり，次のナラティブとして選ぶことができた。

　＜セッション 22 〜 27 ＞この記憶の時期には父の暴力がさらにエスカレートし死の危険を感じる毎日であったという。Aはこの頃すでに解離しながら日常生活を送っていたと思われ，常にぼんやりとし，恐怖もほとんど感じず，「何をしてもだめだ」という無力感を持ち過ごしていた。この後家を出て叔母宅で生活しているため，「母が酷い仕打ちを受けているのに目をそらした」という罪悪感も持ち続けていた。この場面で，父は暴力の最中に出刃包丁を振り回しており，Aは殺されることを確信した。初めのナラティブ後の感情は強い麻痺が主で，恐怖の自覚なく，手足の感覚もなくなっていた。続くセッションで，出刃包丁を父が持つ部分（ホットスポット）を繰り返し語った時，包丁の刃の光や父の異常な目などの映像と，「今回は本当に殺される」「いつも謝っている母や自分はおかしいと思う」という思考が出てきている。この場面は SUDS が 20 に下がるまで 6 セッション要し，ナラティブでの主たる感情は，麻痺から，恐怖と自責，悲しみ，怒りへと回を追うごとに変化していた。最終のナラティブでは，動揺せず父の恐ろしい目をしっかり思い出し，父と夫をはっきり区別できるようになっていた。常にAを悩ませていた自責については，「この異常な父に対し子どもの自分ができることはなく，この状況でも母を思って行動しようとしていた」と幼少時の自分へ敬意を持てるようになっていた。また，当時，尊敬できない父を，自分の親だから好きでいなければいけない，と思いこんでおり，「感情を持たないで過ごすようにしていた」と述べた。古いスキーマ：父（危険な人物）にマイナスの気持ちを持つと悪いことが起こる→新しいスキーマ；マイナスの気持ちを持つのは，自分を守ることにつながる，が導かれた。Aは，トラウマにより幼少期から自然な感情を

持つことができず，対人関係では常に自分が下位と考えて生きてきたが，
「今は自分の感情を受け入れることができ，対等な関係と思えるようにな
っている」と述べた。夫に対しては，ロールプレイを行うことで以前より
主張できるようになりつつあったが，自分自身の怒りのコントロールには
まだ課題があると感じていた。現在の夫との場面で，古いスキーマ；異な
った意見を持つと２人の関係は悪くなる→新しいスキーマ；異なった意見
を持っても２人は話し合う機会を持てる，そしてより理解が深まる，と変
化していた。

　＜最終セッション＞
　何よりも出産を控えた状態で毎週通院を続け果敢に挑戦されたことに心
より敬意を表した。達成してきたことについて整理し，この治療での変化
について PTSD 症状の重症度と記憶階層表（表 11）の SUDS の変化を見
ながら話し合った。幼少期から封印してきた恐怖の記憶について「今はも
う避ける必要がないと心から思える」と語った。これまで父について話す
ことはタブーであったが，母と自然に話し合うことも可能となり，父への
恐怖のために子どもらしい日々を失っていたことを振り返った。治療によ
り，父の暴力の記憶に恐怖を感じることはなく，また，暴力の責任は自分
ではなく父自身にあると信じることができるようになっていた。自分自身
について，悪夢のような毎日を母と生き抜いてきたことに誇りが持てるよ
うになったこと，たとえ恐怖や不安の感情に直面しても乗り越えられるこ
とを学んだこと，怒りの調整やうつ症状への対処を身に着けたことを語っ
た。対人関係のスキルは今後も使い続ける必要があり，対人関係の気付き，
過去からのパターンの代替案と行動のつながりを復習した。過去の影響で
他人を信用できないことと対人関係の苦手さから，これまでは人から支援
してもらうことに拒否的であったが，出産後はそれも受け入れたいと思え
ること，また，辛い場面でも逃げないことを学んだという。「昔の自分で
あれば，出産後困難があれば，子どもも道ずれに命を絶とうとしたかもし
れない」との言葉に，改めてこの治療を終結できて良かったことを実感し
た。Aは既に幼少期からのトラウマを彼女の人生の文脈の中に位置づける

ことができ，それは決して否定的なものではなく，現在と未来の幸福につながるものととらえるようになっていた。最後に，未来に向けて，治療後のゴールと困難に打ち勝つための対処法（表12）をまとめ治療を終結した。

## 3．症状評価

改訂版出来事インパクト尺度（IES-R），PTSD 臨床診断面接尺度 DSM-IV 版（CAPS），日本版ベック抑うつ尺度（BDI-II），解離性体験尺度 II（DES），Emotion Regulation Scale 情動制御の困難性を多面的に測定する尺度（DERS）[10] について，治療前後の変化を図3に示す。解離が強く症状が重かった治療前は，自分自身の状態が認識できていないため実際の数値より低値に出ている可能性がある。全ての点数が治療終了時には

表12．治療後の目標と対処法

| 治療後の目標 | 対策法 |
|---|---|
| 自分の意見を伝える | 信頼できる人に相談する |
| 人と自然な関係をもちたい | 支援機関を上手に利用する |
| 上手に喧嘩する | 子育てを夫にも手伝ってもらう |
| 子育てを無理しない | 自分の生活をきちんとする |
| 母の事を心配しすぎない | ロールプレイで練習する |
| 働きたい | |

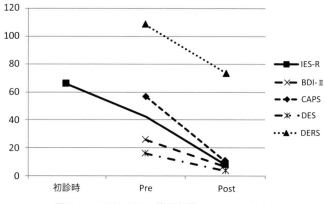

図3．SATIR&NST 治療前後のアセスメント

低下し，正常範囲内となっている。治療効果は1年後も維持していた。現在も再発はなく，仕事と育児をこなしている。

# Ⅲ．まとめ

　幼少期のトラウマ体験の影響は大きく，アタッチメントの問題を持つことや成長過程で様々な精神病症状・行動や情緒面での問題・依存の問題等が現れるリスクが上がることが報告されている[8]。また，トラウマ体験をした子どもは他の種類のトラウマも体験しやすく，トラウマが累積していくことも周知の事実である。このように幼少期から複雑性トラウマを経験した成人は，自己統制能力に障害を来すことも多く，単純なPTSD症状の他，強い解離症状，感情調整と対人関係の問題など多岐にわたる困難を生じる。そのため，通常のPTSDの認知行動療法を定型通りに適用することが難しく，治療も中断しやすい。仮に治療が無事終了しPTSD症状が改善したように見えても，解離のために他のトラウマ記憶が処理されず，再発したり，感情調整困難や対人関係の問題が残存していることも少なくない。総説と症例に示したように，STAIR&NSTはこのような成人の複雑性PTSDに有効な治療である。特に第1段階STAIRはこの治療において非常に重要な部分である。心理教育から始まり，感情体験の整理，集中呼吸法やグラウンディング等安全な対処法を身に着けることで，その後もトラウマ体験などの問題に圧倒されずにコントロールを保つことが可能となる。また，子ども時代には機能していたが現在は機能不全となっている対人関係スキルに対し，スキーマを丁寧に見つけ，成人となった現在に機能する形に修正を行う。アタッチメントの問題がある場合は，現在信頼できる家族や支援者または治療者との間でペアレンティングのやり直しを行っているといえる。STAIRの段階ではトラウマ記憶を直接扱わないが，感情や対人関係のスキーマを見つける作業が実際はグラデュアル・エクスポージャーとなっており，続くNSTでのナラティブが容易になる。NSTでは過去の重要なトラウマを記憶階層表を用いて整理し，様々なナラティ

ブを行うが，1つのナラティブを行う毎に他の記憶のSUDSも低下し，全ての記憶を扱わずに終了できることが多い。また，ナラティブでスキーマを見つけた後，治療者とのロールプレイを入れることで，トラウマ記憶の処理ばかりではなく，現在の生活への適応力を上げ，未来に希望を持つことにつなげていくことができる治療である。

謝辞

　症例掲載にご快諾いただきましたＡさんに心より感謝申し上げます。尚，プライバシー保護のため症例の細部に変更をしております。また，本治療の研修およびスーパービジョンの機会をいただきました国立精神・神経医療研究センター精神保健研究所成人精神保健研究部の金吉晴先生に深謝申し上げます。本治療法の普及，導入に尽力を頂いております，Marylene Cloitre 先生，スーパーヴァイズをお引き受け頂いた米国の先生方，河瀬さやか先生に心より感謝致します。

# ■文　献

1 ) Cicchetti D, Ganiban J, Barnett D: Contributions from the study of high-risk populations to understanding the development of emotion regulation. In: Garber J, Dodge KA (eds). The development of emotion regulation and dysregulation. Cambridge studies in social and emotional development. Cambridge University Press, New York, 1991.

2 ) Cloitre M: Effective psychotherapies for posttraumatic stress disorder: a review and critique. CNS Spectr 14 ( 1 Suppl 1 ) : 3243, 2009.

3 ) Cloitre M, Cohen LR, Koenen KC: Treating Survivors of Childhood Abuse: Psychotherapy for the Interrupted Life. 1st ed. Guilford Press, New York, 2006.

4 ) Cloitre M, Courtois CA, Charuvastra A et al: Treatment of complex PTSD: results of the ISTSS expert clinician survey on best practices. J Trauma Stress 24 ( 6 ) : 615-627, 2011.

5 ) Cloitre M, Koenenm KC, Cohen LR et al: Skills training in affective and inter-

personal regulation followed by exposure; a phase-based treatment for PTSD related. J Consult Clin Psychol 70: 1067-1074, 2002.

6 ) Cloitre M, Petkova E, Wang J et al: An examination of the influence of a sequential treatment on the course and impact of dissociation among women with PTSD related to childhood abuse. Depress Anxiety 29 (8) : 709-717, 2012.

7 ) Cloitre M, Stovall-McClough KC, Nooner K et al: Treatment for PTSD related to childhood abuse: a randomized controlled trial. Am J Psychiatry 167 (8) : 915-924, 2010.

8 ) Cook A, Spinazzola J, Ford J et al: Complex trauma in children and adolescents 35 (5) : 390-398, 2005.

9 ) Havens JF, Gudiño OG, Biggs EA et al: Identification of trauma exposure and PTSD in adolescent psychiatric inpatients: an exploratory study. J Trauma Stress 25 (2) : 171-178, 2012.

10) Herman J: Trauma and Recovery. Basic Books, New York, 1992.

11) Kim LG, Lizabeth R: Multidimensional Assessment of emotional regulation and dysregulation: development, factor structure, and initial validation of the difficulties in emotion regulation scale. Journal of Psychopathology and Behavioral Assessment 26 (1) : 41-54, 2004.

12) Levitt JT, Malta LS, Martin A et al: The flexible application of a manualized treatment for PTSD symptoms and functional impairment related to the 9/11 World Trade Center attack. Behav Res Ther 45 (7) : 1419-1433, 2007.

13) Nooner KB, Linares LO, Batinjane J et al: Factors related to posttraumatic stress disorder in adolescence. Trauma Violence Abuse 13 (3) : 153-166, 2012.

14) Thompson RA: Emotion regulation: A theme in search of definition. Monographs of the society for research in child development 59: 25-52, 1994.

15) Trappler B, Newville H: Trauma healing via cognitive behavior therapy in chronically hospitalized patients. Psychiatr Q 78 (4) : 317-???, 2007.

16) Valiente C, Eisenberg N: Parenting and children's adjustment: The role of children's emotion regulation. In: Emotion regulation in couples and families: Pathways to dysfunction and health. 123-142, American Psychological Association, Washington DC, 2006.

PART **5**

# ナラティヴ・エクスポージャー・セラピー

*Narrative Exposure Therapy：NET*

森　茂起

## ここがポイント！！

　NET は，トラウマ関連障害を対象とする短期治療技法であり，認知行動療法の一つに数えられる。NET の原理はトラウマ関連障害を，トラウマ性記憶を核として生じる自伝的記憶の障害ととらえるものである。曝露を用いた恐怖反応の馴化によってトラウマ性記憶の物語記憶化を図りながら，人生全体にわたる物語的自伝的記憶の整理あるいは形成を目指す。NET は，通常 4 回から 12 回の毎回 90 分のセッションを要し，週 1 回ペースの実施が望ましいとされる。

　NET には以下の 6 つの要素があるとされている。①自伝的／エピソード記憶の時系列にそった積極的再構成。②「ホットスポット」への持続的曝露と恐怖ネットワークの全面的活性化による情動ネットワークの修正。③生理的，感覚的，認知的，情動的反応と，時間，空間，人生の文脈との，意味ある形の結び付けと統合。④トラウマ的な，恐怖を伴う否定的出来事の再処理による，行動とパターン（認知の歪み，自動思考，信念，反応など）の認知的再評価と意味内容の再解釈。⑤（精神的）サポートを提供する肯定的人生経験の再訪による基底的想定の修正。⑥「証言」という目に見える形で人権を位置づけることによる，承認欲求の満足と個人の尊厳の再獲得。

　症例提示は，被虐待を含む多数の外傷体験があり，セッション数が 24 回となった人格障害を併存する複雑なケースが紹介されている。このような多数の外傷体験や容易に言葉にしがたい逆境的な体験が重なっていることが多い場合，主要な外傷体験への曝露とともに，生活史全般におよぶ記憶の混乱を整理していく作業が重要になる。逆に言えば，NET の実施によって，自伝的記憶の混乱が明らかになり，病因としてのその働きが見えてくる，という。

　NET の治療原理の多元性，総合性についても今後の検討でより明確化されることが期待される。（野呂浩史）

森　茂起（もり　しげゆき）

甲南大学文学部教授。

京都大学大学院教育学研究科博士課程修了。博士（教育
学）。専門は臨床心理学・トラウマ学。

著書に『トラウマ映画の心理学―映画にみる心の傷』（共
著，新水社，2002），『トラウマの発見』（単著，講談社，
2005），『自伝的記憶と心理療法』（編著，平凡社，2013）
などがある。

# I．問題設定—NET の現在

　ナラティヴ・エクスポージャー・セラピー（Narrative Exposure Therapy：NET）は，トラウマ関連障害を対象とする短期治療技法であり，認知行動療法の１つに数えられる。TF-CBT（トラウマ焦点化認知行動療法），EMDR，PE（持続エクスポージャー療法）ほどの普及は見ていないものの，それら主要なトラウマ関連障害治療技法と並んでテキストなどに記載されている[1,5]。技法は，それらに概説されているほか，開発者によるマニュアル[6,7]に詳述されている。

　NET の原理を端的に言うと，トラウマ関連障害を，トラウマ性記憶を核として生じる自伝的記憶の障害ととらえるものである。曝露を用いた恐怖反応の馴化によってトラウマ性記憶の物語記憶化を図りながら，人生全体にわたる物語的自伝的記憶の整理あるいは形成を目指す。戦争および軍事紛争による被害者を対象に，難民キャンプ等の現場で実施可能な技法として開発された。そのため，多数回のトラウマ体験を想定するものの，一定の成長後の体験を扱うことを基本モデルとしていた。マニュアルの自伝例[6]にも，９歳まで安定した生活をしていた例が使われている。しかし，戦争被害者においても背景に家庭内の暴力被害がある場合に PTSD が難症化することが認識され，また一般の臨床現場への適用が進むにつれ，幼少期の逆境的体験も視野に入れるようになっている。それは，いわゆる複雑性 PTSD に対象を拡大することを意味し，しばしば併存する抑うつ（気分障害）や境界性パーソナリティ障害（以後 BPD）への有効性も検討され始めている[1,4]。

　日本では，筆者が紹介して以来，主として精神医療領域と児童福祉領域の２つの領域で用いられている。日本での実践では，開発時に対象となった武力紛争によるトラウマ関連症状はまれであり，市民生活由来のトラウマ的出来事や逆境的体験に起因する精神症状をターゲットとすることになる。精神医療においても児童福祉においても，臨床現場では，幼少期から

の逆境的体験を考慮すべきケースが多数見られる。そこでの課題は，トラウマ性記憶の処理と並行して，愛着の問題や発達的トラウマに起因する感覚，情動，認知，身体反応の諸要素を治療的に扱うことである。NET は，一定程度の成長後のトラウマを対象にすることを基本としながら，自伝的記憶の整理作業の中でそれらの諸要素を扱うことができるところに NET の特色がある。

　治療原理に関しても，開発後の発展の中で精緻化や視野の拡大がみられる。「曝露」と「ナラティヴ」を結び合わせているところから，元来，行動療法としての曝露療法に，認知的要素を組み込んだ技法である。トラウマ性記憶を物語記憶に移していくために，恐怖への馴化と並行して，感覚，情動，認知，身体反応の各要素を結びつけ，文脈化することを目指す。そこでは，事実としての出来事の再構成に主眼が置かれ，自己や世界に対する認知の修正については，副次的なもの，あるいは NET 作業後の過程と考えられていた。しかし現在では，NET 内で進行する認知の修正も重視され，治療メカニズムの一部に位置づけられている[1]。

　開発者による研修はドイツ，コンスタンツ大学で行われているが，ライセンス制度は今のところ存在しない。開発段階で，医療，心理，福祉，看護，教育等の幅広い対人援助職による実践が視野に入れられていたこともあり，幅広い現場での実施の可能性がある。原則的には，マニュアル等の文献を読みこんで原理と技法が了解されれば実施が可能である。ただし，曝露の原理への基本的理解が欠かせないため，PE 経験者など，曝露の原理にすでになじんでいる場合は別にして，研修を経ずに実施することは控えたい。また，安全が守られた環境で行うことが必須である。

　本論では，基本的技法の多くはマニュアル本に譲り，特に，上記の治療対象と原理の拡大に関係すると思われる事例を紹介し，臨床現場で遭遇する可能性のある課題や留意点，応用の可能性などを検討する。精神科医療における事例を詳しく扱ったのち，他の臨床境域での適用可能性についても触れる。

　なお，対象者は医療領域であれば「患者」であるが，心理カウンセリン

グ，福祉領域，被害者支援などの領域も視野に入れ，「クライエント（以下 Cl と略）」と表記する。

# Ⅱ．技　法

NET は短期療法であり，通常 4 回から 12 回の毎回 90 分のセッションを要し，週 1 回ペースの実施が望ましいとされる。ただし，4 回は，武力紛争地域など治療期間が限定され，かつ主要な外傷体験が 3 回程度に搾れるケース，あるいは語りの量が少ない子どものケースである。セッション数は，人生史の長さや外傷的な出来事の数により異なり，治療対象の拡大によって，「複雑な事例では，たとえば境界性パーソナリティ障害を持った患者では，さらに多くのセッション数を要する」[1] とされる。本論で紹介する事例では，24 回の NET 面接を要した。アセスメント，心理教育，インフォームドコンセントが終わったのちの，NET の具体的プロセスは以下の通りである。

（1）初回に「人生ライン（石と花）」のワークを行っておよその出来事を聞き取り，実施回数の計画を立てる。紐を床に伸ばし（端を誕生，伸ばさず残った紐を今後の人生とする），その上に，「辛かった出来事（トラウマ体験）」を石，「よかった体験」を花として置く。まず Cl が全体を置き，終わったのちにそれぞれのアイテムが表す出来事の簡単な説明を求め，付箋に書いてアイテムの横に置く。この際の説明は，「いじめられた」といったタイトル程度でよい。詳しく語りだした場合は，「詳しい話はのちに聞くので」と説明し，細部に入らないようにする。ここでの目的は曝露ではなく，今すぐに意識に上らせることができる人生史のおよそを共有することである。ここに登場しなかった出来事がのちの作業で語られることは多い。置かれた花と石を見ながら，実施回数を決定する。経過の中で追加されることがあっても，あらかじめ回数を決めておくことで Cl に作業の見通しが与えられ，前に進むモチベーションが形成される。

（2）第 2 回より人生史を聞き取り，Cl の言葉を治療者（以下 Th と

略）が書きとめ（セッション中にメモした内容を用いてセッション後に文章化する），次のセッションの冒頭でこれを読み聞かせ，訂正，付け加えが必要であれば行う。この作業を各セッションで繰り返す。誕生と幼少期については，記憶の整理ではなく，親などから聞いて知っている情報に基づく人生史の再構成の作業となる。大きな出来事を語りきったところでセッションの区切りとするのがよい。

　聞き取りは，Cl の自発的な語りを受身的に傾聴するのではなく，Th の問いかけと Cl の応答を往復しながら進める。「○○があったのは○○の先？，後？」，「その時いたのは誰？」など，出来事の細部を事実に即して記録するための問いかけを頻繁に行う。Cl の語りにゆだねると，トラウマ的記憶の回避等によって，細部が欠落する，時間軸の先に飛ぶなどが多くなる。語りの最中に「ちょっと待ってください」と介入することをためらわないようにする。

　トラウマ的体験については，「曝露による馴化」，「トラウマ性記憶の物語記憶化」を図るために次の点に留意する。トラウマ性記憶を構成している，「感覚，情動，思考，身体反応」のすべてに言及するよう，「そのときどんなことを（が），考えた？，感じた？，見えた？」などを問いかける。また，過去と現在それぞれを意識する「二重意識」を保つため，現在の「感覚，情動，思考，身体反応」に意識を戻すための問いかけをする。「今の体の感覚はどうですか」「今何を感じていますか」などである。過去への没頭（まるで今起こっているかのような過去の記憶の活性化）の程度が高いほど，頻繁に現在の意識に戻す必要がある。現在との往復も含め，トラウマの強度が強いほど「スローモーション」あるいは「コマ送り」で映像を進行させる感覚で，時間をかけて体験を再現する。語りとしては「コマ送り」だが，Cl のなかでは映像が連続的に回っており，例えてみれば，映画の画面を見ている Cl が，一時停止をしたり，短い単位で反復したりしながら，直接見ていない Th に逐一内容を報告する作業である。時間をかけることが，馴化が起こるために重要な手続きである。

　これらの細かな介入は曝露療法の通常の手続きである。しかし，ナラテ

ィヴを用いる NET では，通常の言語面接で Th が慣れ親しんでいる「受容的態度」が混入して介入が不足しがちになるので注意が必要である。

（3）最終回に，完成した人生史を Th が読み上げ，Cl と Th が署名し，Cl が受け取る。

# Ⅲ．NET の治療的要素

NET には以下のような要素があるとされている[1,7]。

①自伝的／エピソード記憶の時系列にそった積極的再構成。

②「ホットスポット」への持続的曝露と恐怖ネットワークの全面的活性化による情動ネットワークの修正。（たとえばトラウマの記憶を，条件づけられた情動反応と切り離し，引き金を，随伴性によって関連付けられた手がかりに過ぎないと理解する。）

③生理的，感覚的，認知的，情動的反応と，時間，空間，人生の文脈との，意味ある形の結び付けと統合。

④トラウマ的な，恐怖を伴う否定的出来事の再処理による，行動とパターン（認知の歪み，自動思考，信念，反応など）の認知的再評価と意味内容の再解釈。

⑤（精神的）サポートを提供する肯定的人生経験の再訪による基底的想定の修正。

⑥「証言」という目に見える形で人権を位置づけることによる，承認欲求の満足と個人の尊厳の再獲得。

マニュアル第1版[6]では，認知再構成は NET 内の作業ではなく，NET 後に必要に応じて行う作業とされていたが，現在は，項目④，⑤に見られる通り NET の過程に含まれている。セッションの終りに Cl から自発的にそうした内容に触れることが多いとされ，治療者はそれを支持しながら，内容に応じて指摘を行う。認知再構成の過程は次回のセッションまでの期間にも続き，次回の冒頭で話されることもある。

⑥の「承認欲求の満足」は，明言されていないものの，愛着の再形成に

関係すると思われる。トラウマ体験に関する記憶には，恐怖だけでなく罪悪感や恥を伴うことが多い。そうした人と共有することができない記憶を持つことは，人と安心して触れ合うことを妨げる。表面的に良い関係を築いていても，理解されるはずがないと感じている体験を持ち，それを知られれば人が離れていくであろうと考えていれば，十分な信頼感の形成が難しい。人との距離を保つか，どこまでも理解される関係を望むかの一方に偏ったり，両極を揺れたりと，愛着障害の特徴につながる可能性がある。自身でも見つめることの困難であった人生の詳細を語り，誰もが読むことのできる自伝を完成する作業は，理解される形で人生史を開示することを容易にする。それは，承認される経験であるとともに，のちに承認されることへの期待を高める作業でもある。「証言」による人権回復とは，自己の人生史の他者との共有を通して生まれる人とのつながりの回復である。

# Ⅳ．ケース提示

## 1．導入の背景

　ここでは，すでに報告した事例[2]を用いる。以下のケース提示の多くは同報告によっている。本例は，BPD の診断を受けていた Cl の人生史に被虐待等，多数のトラウマ性の体験があることがわかったことから，PTSD ととらえて NET を導入したものである。PTSD が併存する BPD への NET の実施は，先に述べたようにすでに始められており，PTSD 症状のみならず BPD 症状にも高い治療効果が報告されているものの，ランダム化治験報告としては初めてのものであり[4]，なお慎重な判断が求められる。

　他方で，人生史にトラウマ性の体験が多数存在する患者に対し，トラウマ性障害ととらえて治療を行うことは，精神科医療の中で十分考慮に値する選択肢である。PTSD と BPD の併存率が高いことはすでに指摘されていることから，精神科を訪れる BPD 患者に PTSD 症状が見られることは多いと考えられる。PTSD 症状を中心とするトラウマ性の症状が軽減され

れば，気分の変調や行動上の問題の改善につながり，治療を容易にすると考えられる。本ケースでは，そうした見通しのもとに，PTSDのアセスメントに基いて，トラウマ関連症状を軽減することを狙ってNETを導入した。

## 2．ケース概要

　本ケースは，精神科においてBPDと診断され，初診より6年が経過していた。若年時に離婚歴がある。30代に，自傷と気分変動，不眠を主訴に他の精神科医院を訪れたが通院中断し，2年後に現医院を訪れた。症状は一進一退だったが，母の自殺を機に，多量服薬やリストカットなどの衝動的自損行為，アルコール乱用下での対人トラブルが激しくなった。普段は抑うつ的で自宅に引きこもりがちだが，他者に対して，「私を馬鹿にしている」，「徹底的に叩きのめさないと気がすまない，次に会ったらどうしてやろうと考えてしまう」と，過度の被害感情と怒りを持っており，飲酒の勢いでトラブルを繰り返していた。診察時，突然涙を流すことがあり，その際，過去の体験を断片的に語った。診断はBPDとなっていたが，過去の外傷記憶が対人パターンや日常生活に大きな影響を及ぼしていると推察し，複雑性PTSDが併記された。薬物やアルコール乱用のリスクについての教育によって，処方整理や減酒に意欲的に取り組み始めた。現夫と再婚し，また結婚が破綻するのではないかという不安から，心理療法を望むように変化した。

　多数の外傷体験の存在が推測されたことから，主治医と心理士によりNETの導入を検討し，本人に技法の説明を行ったところ，理解と同意を得たため，実施を決定した。

　心理面接は，週1回，60分，院内のカウンセリングルームにて対面で行われた。通常1セッション90分の時間を確保するのがNETの通常の方針である。しかし，医院の面接スケジュール上，90分ないし120分（ダブルセッション）枠を確保するのが困難であったため，60分での実施に踏み切った。その理由としては，Cl本人が過去の人生の整理を行いたい

という強いモチベーションを持っていたこと，対人関係の問題を持っていたものの，自己理解が進んでいたこと，言語能力が高くすでに人生史を断片的に語りつつあったことから，NETへの親和性が高いと考えられたことがある。ただし，曝露を時間内の早いタイミングで開始するよう留意するとともに，面接時間を閉じる際に，日常生活でも用いることも想定して，安定化テクニック（感覚数え）を実施した。

ロールシャッハ，Baum，SCT，TEGを含むアセスメント，大まかな生活史の聴取，心理教育で8回，NETで24回を要した。NET期間中，本人の希望による5回の通常面接と，5回（初回後1回と，後述の4回連続）のキャンセルがあった。NET終了後は，50分の相談面接を，週1，隔週，月1回へ徐々に移行しながら継続した。症状の軽減を見たことから，17カ月で終了し，同時期に外来治療も終結した。NETの実施中は，主治医は心理療法の内容に介入せず，本人への労いや支持，家族への説明を中心に行い，中断の防止に努めた。

## ３．治療経過

（以下＃は面接開始後の回数。「　」はCl，＜　＞はThの言葉）

自伝の作成を開始すると，これまで抱えていた想いを初めて詳細に語る場を得られ，共感的に受容されたことに安堵した様子であった。Thに対しての信頼感も芽生えた。自らキャンセルの電話を入れたにもかかわらず訪れた回があったが，理由を尋ねると電話を受けた人の勘違いと主張した。しかし，面接終了後，「実はキャンセルしたけど，思い直して来ました」と告白した。セッションを苦痛に感じながらもその価値を自覚しているように見えた。

＃15：「以前は，すぐにリスカか薬か，死ぬ事を考えた。今は，そういうことはしない，というか，できない。」＃16：「が〜っとならなくなった。楽になった。母はいつも私の事を，悲劇のヒロインぶっている，被害妄想の気があると言っていた。でも，そうではない，本当に大変だったのだ，しんどくなって当然なんだ，と」など，NET開始後7〜8回を経過した

ころから作業を始めたことの効果を感じ始めた。

　語りには時系列や場所，人物などの混乱が多数みられた。#17：「私，中1と言いました？」＜弟さんの年齢から中1くらいかな，と。引っ越しとどっちが先ですか？＞「まだ引っ越してない。あれはまだ文化住宅の時でした。Iかな，Jかな，う～ん，やっぱりJだ」。外傷体験の周辺だけでなく，自伝的記憶全体に混乱が見られ，時と場所を示すさまざまの文脈をたどりなおすことで，整理が行われ，個々のエピソードを正しいと思われる人生史の流れに組み込んでいった。

　外傷体験と思われる場面については，詳細な語りを促し，曝露と馴化を図った。一例を示す。身体的暴力をふるっていた義父との一場面である。

　#16：「義父と母がそれぞれ弟を抱いて隣同士に座り，私の向かいが義父。いやだな～と思った。こうして手を膝の上において，上を見たり下を見たり。思い出したくない」＜頑張りましょう＞「義父が睨んでいる。ずっと。なんであんなに睨まれないといけなかったのか，と思う。身体が動かない」‥‥「それで，結局義父は目をそらした。睨むのに疲れたのだと思う。」＜どのくらいの間だった？＞「20分くらい。針のむしろ，という感じ」＜今ここでその時の事を思い出すとどう思いますか？＞「義父が憎い。怖いというよりも憎いという気持。怖いという気持ちはとうに消えた。憎いという気持ち。自分がいやだと思う人の目は皆その目になるんです。目つきとその時の気持ちが重なって」＜もう一度その目を思い出して＞（目をつぶる）「思い出しています。でも，なんでだろう，ほんの少し前まで怖かったのに，なぜかうすらいでいます。言いにくいけど，不思議な感じだけど，今はうすらいでいます」＜その後は？＞「お好み焼きを食べに行きました」

　このように過去を現在と区別しながら語る過程で，経験の意味付けや気づきも得られた。

　#23：＜今話してみて，どうですか？＞「今気がついたんですけど，その時の憎しみ，怒りが，いつも感じる怒りととてもよく似ています。ここから来ていたのかと思います」＜これは今から何年前になりますか？＞

「30年ですね」＜30年前のことが，昨日の事のように思い出されていたんですね＞「はい」＜今，身体の感覚は？＞「背中が重いです。どんよりしている。いつも，話し終わる頃には軽くなるのに，今日の話はまだ尾を引いている感じです」＜何に怒っているのかわからないけれども，此畜生，むかつく！と独り言を言う感じとは？＞「似ています。今まで気がつかなかったけど」＜でも，これは30年も前の過去のことで，今は起こらないことですね。＞

　母との葛藤が現在の生活に出てきていた #20 後，治療を辞めたいと訴え，しんどい時は休憩してよいと保証して中断した。1カ月後自ら再開を決め，「面接がしんどいことを心理士にわかってもらえていないと感じて，腹を立てた。」「中断しても苦しさは楽にならなかった。やった分は楽になってきた実感があったから，また来ることにした」と振り返った。この後は，NET作業を先に進める意欲が強まり，自ら語りを始めるようになった。#25：（しきりとうなずいて）「そうですね。そうだと思います。はい，この先をやって下さい」＜大丈夫ですか？＞「はい。もう今日は，早くこの先の話を聞いてもらいたいと思っていたんです」。

　日常生活では，気分変動が軽減し，希死念慮やアルコールの乱用，衝動行為は消失した。怒りをコントロールする力が向上し，適応的な対応ができるようになった。外見も，表情が柔和になり，年齢相応の落ち着いた印象になった。必要に迫られてではあったが，家事やアルバイトも行うようになった。NET過程の全体を通じ家族の理解と支持が得られており，医師からの励ましとともに治療の進展を支えた。

　24回のセッションでNETを終了し，その後は，抑うつ気分を訴えて，服薬再開を希望した。「以前はいつもしんどかったので，いつ薬を飲めば良いか分からなかったし，とにかく抑えている感じだった。楽な気持ちを感じられるようになって，しんどい気持ちを和らげるために服薬できるようになった」と述べ，薬物治療に対する効果の実感や自己コントロールについての意識が変化した様子であった。過去について語る時は，俯瞰的な態度が認められた。

#53：「これまでだったら，何か揉め事や不穏な事があると飛び込んでいった。いつも怒りをぶつける所を探していた。でも今は，ああ，やめて，ややこしい事に首突っ込みたくない，平穏を乱さないで，という感じです。自分でも信じられない」‥‥「こういう人生があったけど，私が頑張ってきたから，今の幸せがあるのだと思います」。

心理面接導入から17ヵ月で，自ら治療終結の申し出があった。NET の前後で認められた変化を列挙する。

① IES-R は，施行前60点，施行直後55点，1年後34点と，NET 終了後も低下が認められた。

②不眠や身体愁訴などの身体症状が，服薬不要な程度まで軽減した。

③「する事がないと嫌な事を思い出してお酒を飲む」無為な生活態度から，「今，忙しいんです。やりたい事が沢山ある」と，意欲が向上し，家事や就労も可能となった。

④「ないがしろにされている。自信がない」などの恥辱感や被害感，「イライラを止められない。自分が怖い」自己破壊性が消失し，「カッとなっても，落ち着いてから話せるようになった」と気分や衝動の制御が可能になった。その結果，対人関係に余裕を持てるようになった。

⑤侵入体験が減少し，起こっても自分で止められるようになった。

⑥これまでの損失を認識したことで，「ずっと寂しくて悲しかった。幸せは長く続かない」という抑うつ・孤独感をはっきりと自覚するようになった。認知再構成目的での面接が継続され，喪の作業を経たことで，「飼犬はかわいいけど，いずれ死ぬ」という悲観的な認知から，「夜中に目が覚めて，飼犬が寝ているのを見ると，幸せ。見守られている感じがする」と肯定的認知に変わった。

⑦これらの変化により，治療終結時点で，BPD と PTSD の診断基準を満たさなくなった。

## Ⅴ. 考　察

### 1. 自伝的記憶の整理

　本ケースには，被虐待を含む多数の外傷体験があり，NET のセッション数が 24 回となった。パーソナリティ障害を併存する複雑なケースでは，多数の外傷体験や容易に言葉にしがたい逆境的な体験が重なっていることが多く，成人の場合，20 回を越えることは珍しくない。その場合，主要な外傷体験への曝露とともに，生活史全般におよぶ記憶の混乱を整理していく作業が重要になる。

　逆に言えば，NET の実施によって，自伝的記憶の混乱が明らかになり，病因としてのその働きが見えてくる。記憶の混乱は多くの場合認知の歪みを伴っているが，因果関係としては，記憶が混乱しているために自己理解，他者理解などの認知に歪みが生じるという方向，歪みがあるために記憶が混乱する方向の両者が考えられる。後者のように，認知の歪みから本来かかわりのない出来事の間に連想関係が働き時系列の理解に混乱が生じることが考えられる。NET はこうした混乱を修正していく作業になる。

　もちろん，そうした記憶の整理は，主要な外傷体験の処理と連動してはじめて可能になる。主要な外傷体験は，本ケースの継父との場面に見られるように，対人関係に連想として侵入することで認知の歪みの原因となり，現在まで続く対人関係トラブルの要因となる。主要な外傷体験が処理され，苦痛が軽減されることによって，過去の記憶を扱う作業が容易になる。

### 2. 治療動機と信頼関係の維持

　本例では 1 カ月の中断期間があった。その要因として，作業の辛さを Th がわかってくれないという Cl からの言葉があり，実施上留意すべきである。ここには，1 セッション 60 分という設定が困難要因として働いたと考えられる。90 分の時間確保が推奨されているところ，本事例は同医院で初めての NET 実施であったため，通常の時間枠を変更することが

難しく，60分枠で実施したものである。しかし，60分では馴化が不十分になる恐れがあり，記憶の活性化を日常生活に持ち越したため辛さが増した可能性がある。本事例の経験を経て，以降の治療では90分枠ないしダブルセッションを必ず確保している。導入時に原則から例外的な形でスタートしたことは，本来望ましくない対応であったと言える。Clの動機の高さと，症状の自己認識によって再開したことは幸運であった。

　中断後の過程では，Cl自身が回避を自覚して，「進めてください」と自覚的に進めることができた。それまでの過程で苦痛が軽減されていたことと，進むことでさらに苦痛が軽減されるという認識がモチベーションを高めたと考えられる。NETへのモチベーションは，治療過程で効果を感じることで高まり，ドロップアウトを防ぐと考えられる。

　NETでは，ThもClも自伝制作の作業に集中する。ThとClは，共同作業者である。本ケースでは過去に治療への不満をスタッフに向けることがあったことから，詳細な人生史をたどる作業の中で否定的な情動が掻き立てられて，治療者に向けられる事態が予想できた。実際，作業の辛さをわかってもらえないという不満によって1カ月間の中断が生じた。しかし，それ以外の治療過程では，治療者に強い怒りが向けられる等の問題が発生することなく実施することができた。

　NETでは，詳細な人生史を，体験に含まれる認知，情動，感覚，身体反応とともに伝える体験が承認欲求の満足につながると考えられている。しかし，作業過程でThの存在がClの意識の中心におかれることはむしろ望ましくない。作業が順調に進行している間，Clは人生史の内容と作業に意識を集中し，Thはその同行者として意識の中心から外れることが多い。BPDを併存するClの場合，この特質が治療関係の複雑化を防ぎ，穏やかな治療同盟を維持する働きがあると考えられる。

## 3．実践領域から見た今後の可能性

　NETは，武力紛争に起因する「多数回のトラウマ体験に起因するPTSD」を対象として開発された。つまり，一定年齢以降のトラウマ体験

を背景とする障害が開発時の主たる対象であった。しかし，「多数回のトラウマ体験に起因するトラウマ関連障害」には，幼少期からの発達過程でのトラウマ体験に起因する複雑性 PTSD と称される障害が含まれ，さらには，気分障害，解離性障害，パーソナリティ障害なども，トラウマに直接起因する症状が含まれたり，トラウマ的出来事を発生する養育環境を背景にすることで，トラウマ関連障害の中に含みうる。そのため，実践場面で NET の適用を考える場合，どの範囲の問題を対象とするかについての判断が必要である。

　本稿では，医療領域に関する NET の実施について考えるために，BPD を併存したケースを報告した。NET を医療領域で実施する際，まずは認知機能や人格水準が比較的高いケースから実施するのが適当であろう。認知機能の低い Cl，人格水準の低い Cl などにどこまで適用可能かは，今後慎重に検討していかねばならない。

　次に，筆者が実践を試みている児童福祉領域での導入について，経験に基づいて見解を述べておきたい。なおこの領域の実践については，NET 開発者のグループにはまだ経験がなく，日本での実践がはじめてと思われる。児童福祉領域で NET を用いる場合，幼少期からの多数回のトラウマ体験を持つ子どもが対象となること，認知能力の低い子どももあることから，適用範囲の吟味が必要になる。その点では医療領域と同じ課題がある。ただし，子どもの場合，トラウマ関連の症状が見られたとしても，成人のような診断名を確定することは難しい。成育史と症状からトラウマが強く関与していると思われる場合に，NET が有効である可能性が高くなるだろう。

　自伝的記憶の発達では小学校中学年で時系列的な自伝的記憶が形成されると考えられることから，小学校高学年以上が実施対象となる。それより幼い子どもにも生活史の整理が有効と思われる場合があり，NET には子どもを対象とする KIDNET が用意されているが，筆者の現在の判断では，年少の子どもの自伝的記憶の整理にはケースワークとしてのライフストーリーワーク（LSW）がまず必要と考えている。ただし，LSW は，思春期

以降の子どもも対象となる実践であり，NET と LSW の実施対象を年齢によって限ることはできない。両者の内容と対象の異同について次に触れておく。

　LSW は，児童福祉領域で，子どもの人生史を整理するワークを指し，出生や親に関する情報など，子どもにとって重要な情報を伝える作業が大きな位置を占める。また，通っていた保育所を訪れるなど，歩んできた道を実地で確かめる作業も含まれる。しかし人生史を振り返る作業は，当然ながら，NET と同質の記憶の整理作業を含む。その意味で，NET と LSW には共通の要素がある。

　両者の違いを言えば，LSW は，子どもの人権保護を基盤に，社会的養護におけるすべての子どもがその対象となるが，NET は，トラウマ性の記憶の影響が，心理面，行動面に障害をもたらしていると考えられる場合に，治療として導入されるものである。現在のところ，LSW も，一定のスケジュールに従って時間場所を限って行うセッション型の実践はまだ限られている。つまり，重要な情報を子どもが知らない，理解していないなど，ケースワーク上で何らかの重要な課題がある場合に限って実施されている。その現状では，何らかの課題があり，人生史の整理が必要と思われる場合に，アセスメントに基づいて LSW と NET から選択することになる。その判断基準を大まかにいえば，トラウマ性の記憶が強く作用していると思われる場合に心理療法としての NET を実施し，重要な情報の伝達や整理の課題がある場合に LSW を実施することになろう。あるいは，LSW と NET の役割分担や協働の可能性もある。たとえば，大きなトラウマ的事象がある場合に，まず NET によって生活史の振り返りを行い，付加的に LSW を行うなどである。

　児童福祉領域の現状から言えば，治療的かかわりが必要と思われながら，資源の不足などによって得られず，日常生活での問題行動に職員が忙殺されているケースがある。その場合，短期療法としての NET 導入は選択肢の1つとして価値が高い。その理由の1つは，導入のしやすさである。子どもの指導や日常会話の中で，過去の出来事に話が及ぶことは少なくない。

大変な経験が話題に上るときに，「そんな大変な体験がいろいろあると，気持ちがもやもやしたり重くなったり，腹が立ったりしやすくなる。一度頑張って話して今までの人生を整理してみては」と提案すると，多くの場合子どもはその意義を理解する。さらに，実施前に伝える，「人生の出来事を順に話して自分史を制作する」という作業内容は子どもにも容易にわかるシンプルなものである。こうしたわかりやすさは，子ども施設における導入にとって有利な点である。実施に入ると，重い記憶に触れて辛くなることはあるが，「大変な作業を頑張ってできている」と認め励ましていくことで，子どものモチベーションを保つことが可能である。

　現在日本で用いられている医療領域のケースを中心に，児童福祉領域での実践についても最後に触れた。NET の有効性については，海外においてさまざまの実践現場における効果エビデンスの蓄積が現在進行中であり，今後も，各地での実践報告や治験報告に目を配りながら進めることが必要である。

　最後に付け加えると，NET は，認知行動療法の枠を超えて，他の原理との接合もありうる技法である。自伝的記憶という複合的，総合的対象を扱うことから，精神分析的心理療法の観点からの接合もあり得るし，トラウマ性記憶を含む情報処理という観点から見れば EMDR の治療機序と重なるとも考えられる。また，はじめに述べたように，武力紛争被害者を対象として開発されたこと，技法のアイデアに「証言療法」が使われたことで，人権保護という福祉的，社会的，政治的観点が組み込まれているところが NET の特質である。こうした治療原理の多元性，総合性についても今後の検討でより明確化されるであろう。

## ■文　献

1 ）Elbert T, Schauer M, Neuner F: Narrative Exposure Therapy（NET）: Reorganizing memories of traumatic stress, fear, and violince. In: Schnyder U, Cloitre M（eds）: Evidence Based Treatments for Trauma-Related Psychological Disorders: A Practical Guide for Clinicians. Springer, Berlin, 229-253,

2015.

2 ) 江尻真樹, 道免逸子, 森茂起：Narrative Exposure Therapy による複雑性
PTSD の治療（1）―医療現場への導入例. 日本サイコセラピー学会雑誌 13
（1）：59-65, 2012.

3 ) 道免逸子, 江尻真樹, 森茂起：Narrative Exposure Therapy による複雑性
PTSD の治療（2）―効果と適応の検討. 日本サイコセラピー学会雑誌 13
（1）：67-74, 2012.

4 ) Pabst A, Schauer M, Bernhardt K et al.: Evaluation of narrative exposure
therapy（NET）for borderline personality disorder with comorbid post-trau-
matic stress disorder. Clinical Neuropsychiatry 11: 1-10, 2014.

5 ) Ruf M, Schauer M: Facing childhood trauma: Narrative Exposure Therapy
within a cascade model of care. In: Murrey J（ed）: Exposure Therapy New
Developments. Nova Science Publishers, New York, 229-261, 2012.

6 ) Schauer M, Neuner F, Elbert T: Narrative Exposure Therapy（NET）: A
Short-Term Intervention for Traumatic Stress Disorders. 1st edition, Ho-
grefe & Huber Publishers, Cambridge/Göttingen, 2005.（森茂起監訳：ナラ
ティヴ・エクスポージャー・セラピー：人生史を語るトラウマ治療, 金剛出版,
東京, 2010）

7 ) Schauer M, Neuner F, Elbert T: Narrative Exposure Therapy（NET）: A
Short-Term Intervention for Traumatic Stress Disorders. 2nd edition, Ho-
grefe & Huber Publishers, Cambridge/Göttingen, 2011.

**PART 6**

# トラウマ・フォーカスト認知行動療法

## *Trauma-Focused Cognitive Behavioral Therapy*：*TF-CBT*

### 川端康雄，若林暁子，元村直靖

### ■ ここがポイント!!

　本章では，子どものトラウマに特化した認知行動療法プログラムとして，欧米における
いくつかの治療ガイドラインにおいて，子どものトラウマ治療の第一選択として推奨され
ている TF-CBT について丁寧に解説されている。　TF-CBT の特徴として子どものケア
と保護者の支援をセットにした治療パッケージ，遊びとユーモア，段階的な曝露が挙げら
れている。

　症例1は，父親から母親へのドメスティックバイオレンスを日常的に目撃し，自身も身
体的虐待に遭った症例が報告されている。症例2は，小学生時代からの母親による身体的，
精神的虐待を受けた中学2年生男子例が報告されている。今回，提示された2例はそれぞ
れ，学童期と思春期・青年期の症例であり，同じ治療構造と基本的原理に基づいているも
のの，治療コンポーネントの比重はすこし異なると思われる。前者は，虐待の場面を絵に
書いたりするなど発達段階に応じた段階的曝露を用いているものの，ユーモアや遊びの要
素を多く取り入れており，教育や遊びの要素がかなり強いと思われる。曝露については
PE のように恐怖記憶の構造に向き合って，記憶の再構成を目指すようなところはなく，
段階的に緩やかに進んでいった印象がある。一方，症例2の思春期・青年期の症例は，症
例1のような遊びやユーモアの要素は比較的少なく，結果的にトラウマ記憶そのものの処
理を多く扱うこととなった。これは治療者が意図したものではなく，根掘り葉掘り聴かれ
ることを嫌がる思春期・青年期の特性を配慮して本人のペースに従っているうちにこのよ
うな比重となったものと考えられる。

　考察として発達段階における治療コンポーネントの比重の違い，子どもに関わる治療者
の陥穽，ペアレンティングスキルについて言及されている。TF-CBT の注意点にも触れ
ており，子どものトラウマ治療に携わる臨床家に役立つ実践的な内容となっている。

　（野呂浩史）

川端康雄（かわばた　やすお）

　大阪医科大学精神神経科

　大阪教育大学大学院修了。臨床心理士。


若林暁子（わかばやし　あきこ）

　大阪医科大学精神神経科

　関西大学大学院修了。臨床心理士。


元村直靖（もとむら　なおやす）

　大阪医科大学教授。医学博士。

　大阪医科大学医学部卒業。1990 〜 91 年，アーヘン工科
　大学医学部留学，2000 年ハーバード大学医学部留学。
　大阪医科大学講師（神経精神医学教室），大阪教育大学
　教授（学校危機メンタルサポートセンター）を経て現職。
　専門は精神医学。

　著訳書に『PTSD（心的外傷後ストレス障害）』（共著，
　星和書店，2004），『学校危機への準備と対応』（監訳，
　誠信書房，2004），『PTSD ハンドブック』（共訳，金剛
　出版，2014）などがある。

# Ⅰ．はじめに

　子どものトラウマは一過的で特別な配慮を必要とするものではないとかつては考えられてきたことや周囲の大人は子どものトラウマ反応を過小評価する傾向にあることから，子どもの PTSD 患者は成人と比較して適切なケアが受けられないまま放置されていることが多い。また，子ども側も，加害者からの報復への恐怖，親を動揺させるのではないかという心配など，様々な理由によりトラウマ体験について語りたがらない傾向があり，周囲の大人が十分に把握することができていないという現状もある。実際，多くの子どもたちは様々なトラウマイベントに曝されているものの，専門的な治療的介入を十分に受けているものはまだまだ少ないと考えられる。研究においても同様のことが言え，同じトラウマイベントを経験した場合，子どもの PTSD の発症率は，成人よりも高い可能性があることが示唆されているにもかかわらず，介入研究の多くは成人を対象にしたものがほとんどである。

　そのようななかで，近年，TF-CBT（Trauma-Focused Cognitive Behavioral Therapy）が子どものトラウマ治療に対する有効な技法として注目を集めるようになり，各種ガイドラインにおいても有効性が認められている。なかでも米国国立犯罪被害者研究治療センターと性暴力とトラウマティック・ストレスセンターより発行されている「身体的性的被虐待児のための治療ガイドライン」では，様々な治療プログラムの中で，唯一「十分支持される有効な治療法」として推奨されている。

　今回，我々は TF-CBT を用いて，症状の改善が見られた子どもの症例をいくつか経験したので，TF-CBT の基本的な技法について概観し，それらを報告する。

## II．TF-CBT とは

　現在，TF-CBT と呼ばれるものには，持続エクスポージャー療法（PE），認知処理療法（CPT），感情調整と対人関係調整スキルトレーニング（STAIR）とナラティブ・ストーリー・テリング（NST）などトラウマに特化した CBT 全般を指す場合と本稿で紹介する子どものトラウマに特化した CBT プログラムを指す場合がある。用語に多少の混乱がみられるが，本稿では後者の子どもを対象としたトラウマ焦点化 CBT について述べることとする。

　TF-CBT は，子どものトラウマに特化した認知行動療法プログラムとして，米国の Deblinger らが開発し，既述のように欧米ではいくつかの治療ガイドラインにおいて，子どものトラウマ治療の第一選択として推奨されている。本邦では，亀岡らがわが国における TF-CBT の効果検証に取り組んでおり，本邦における適応可能性が報告されている[4]。現在，世界中でプログラムの普及が進んでおり，米国以外でも，ドイツ，オランダ，日本，カンボジアなど各地でプログラムが実践されている。

## III．技法について

　TF-CBT に関しては，既に本邦においても成書がいくつか刊行されており[1,2]，技法の詳細についてはそちらに譲り，本稿では基本的な技法と成人の治療と異なる点など TF-CBT の技法の特徴を紹介するにとどめる。

### 1．基本コンポーネント
　基本的には PRACTICE と呼ばれるコンポーネントから構成される（表1）。また，集団での実践報告例もあるが，基本的には個人療法が基本である。子どもセッション，保護者セッション，親子合同セッションから構成され，毎週1回60分〜90分，8〜16週の枠組みで実施される。

表 1　PRACTICE

| Psychoeducation and parenting skill | 心理教育とペアレンティングスキル |
|---|---|
| Relaxation | リラクセーション |
| Affective expression and modulation | 感情表出と調整 |
| Cognitive coping | 認知コーピング |
| Trauma narrative and processing | トラウマナラティブとプロセシング |
| In vivo mastery of trauma reminders | 実生活内での段階的曝露 |
| Conjoint child-parent sessions | 親子合同セッション |
| Enhancing future safety and development | 将来の安全と発達の強化 |

### 1）教育的段階

　TF-CBT では，対象となる子どもへの心理教育やストレスマネージメントなど学習や技能習得に重きを置いている。心理教育は子どもと親に対して治療を通して行われるが，治療初期は，まずトラウマ反応は異常な状況に遭遇した際の極めて自然で当然の反応であることを伝え，安心感を与えることが肝要となる。リラクセーション技法もこの段階で紹介され，実際に日常場面で実践してもらう。いわゆる深呼吸は子どもでも習得が比較的容易であり，不安の低減効果も得られやすいことから，よく用いられる。また同時に保護者に対しては，トラウマ被害を受けた子どもに対する適切な関わり方を身につけてもらうペアレントスキルの習得も目指す。この際，親の治療への関わり方や支援が子どもの回復にとって最も大きい影響を及ぼすことを強調する。

　この段階では，学習や技能の習得が大きな目的であり，トラウマ記憶を直接扱うことはしないが，子どもたちはこの第一段階を通して，トラウマ記憶への段階的な曝露を行っていくこととなる。場合によっては，この目的を持ったセッションに毎回参加すること自体が，トラウマリマインダーとなることもあり，この教育的段階で子どもや親たちに対してしっかりと安全感や信頼感を持ってもらえるような関係づくりが治療者には求められる。

　この教育的な段階の時に，「最近の楽しかったこと」をテーマとして，

どの程度，自発的に物語ることができるのかのベースラインを評定しておくことが次のトラウマナラティブを扱う段階に進む上でも重要である。

### 2）トラウマ記憶を扱う段階

トラウマナラティブは，TF-CBT プログラムの最重要コンポーネントである。かつて子どものトラウマを扱う際には，直接，トラウマ体験に触れることは危険であると考えられ，この分野では従来より，遊戯療法や芸術療法などの治療が用いられてきた経緯がある。TF-CBT においても，対象児の発達段階に十分に配慮しながら，段階的にトラウマ記憶を扱っていき，ゲームや遊びを用いたりはするが，遊戯療法や芸術療法よりも直接的にトラウマ体験を扱っていくこととなる。

たいていの場合は自分についての本を書くという形式で，まず自分について書き，そのうえでトラウマイベントとその際の思考や感情を綴ることになることが多い。このプロセスは，本人とって馴染みのある活動や題材を通して，激しい精神的苦痛や回避を伴わずにトラウマ記憶に向き合うことができるように構造化されている。ナラティブの最後の章では，「今回の治療で何を学んだ？」「似たようなことで悩んでいるお友達がいるとしたらどんなことを言ってあげたい？」など治療者の質問を踏まえた内容となっており，自己像，世界観，他者との関係などについて，非機能的な思考が再構成された内容が反映されていることが多い。

また，同時に実際の生活場面で子どもが恐れている刺激に徐々に慣れさせる実生活内曝露も行われる。トラウマイベントを経験した子どもは，トラウマに関連する刺激に向き合うことが怖くなり，以前には見られなかった回避行動が形成されていることが多く，次第に同年齢集団から孤立化し，ひきこもっていくことも少なくない。トラウマに関連する子どもの回避レパートリーを検討すると，なかには虐待を行う大人への回避など機能的な回避が含まれていることもあるが，恐怖や不安などネガティブな感情が強烈に惹起されるような刺激や場面を回避し続けると，客観的には危険ではない対象や場面にまで恐怖反応が般化してしまい，ますます回避行動が強化されるという悪循環が形成される。TF-CBT における実生活内曝露は，

成人よりも慎重に実施され，親と協働で実施される。曝露は子どものセッションのみならず，親とのセッションにおいても，曝露に関する計画は共有され，親にはその曝露に対して積極的な関与をお願いする。子どもが実生活内で挑戦した結果や成果については次回の親セッションで話し合われ，必要に応じて計画を変更したりしながら，徐々に恐怖刺激に向き合うことができるように，親との共同チームにより，支援を行っていく。

### 3）定着と統合

親子の合同セッションでは，一般的に症状形成に関連があると思われるトラウマについての話し合いから始められ，クイズやゲームを用いることが多い。そのなかで，心理教育で得た学習内容を親子で一緒になって復習し，子どもが作成したナラティブを親子で共有するように意図されている。クイズやゲームを使用することにより，個人的なナラティブを聴く前に，親子が一緒にトラウマについて話す自信とリラックスした雰囲気を作り出すことができる（本邦でも兵庫県こころのケアセンターが作成した日本語版の治療用カードゲーム「これ，知ってる？」が入手可能である）。

このセッションは，子どもと保護者，それぞれの感情状態とスキル習得状況を考慮しながら開始時期が検討される。親がまだ子どものトラウマナラティブを平常な気持ちで聞くことができない場合は，親への個別セッションを増やすことが必要となる場合もある。また，必要があれば，治療者がナラティブを読む子ども役をして，親が落ち着いた状態でそのナラティブを積極的に傾聴し，賞賛するロールプレイを入れておくことも有用である。それに加え，将来，トラウマ記憶が再び活性化されることになったときを考慮し，感情面や行動面での安全行動スキルを計画立てたり，手順を話し合ったりしておくことも大切である。

## 2．TF-CBT の特徴

### 1）子どものケアと保護者の支援をセットにした治療パッケージ

成人のトラウマケアでは基本的に患者に対して介入を行う個人治療となることが多いが，子どものトラウマケアでは親の支援や効果的なペアレン

ティングスキルが大きな影響を与えることが知られていることから，TF-CBT では子どものケアと保護者への支援が同時に進むようにプログラム化されている。そのなかで，子どもの安心感・安全感を増強するような関わりを持ってもらえるように治療者は保護者に関わっていく。子どもがトラウマ症状を呈している際は，保護者は問題行動や症状に注目してしまいやすく，どうかすると説教や叱責でそのような行動や症状を強化してしまっていることが少なくない。そのため，保護者には，子どもの性格や育て方が悪かったのではなく，トラウマによる症状によってそのような問題行動が出現していることを十分に説明し，適応的な行動が出現した際には賞賛し，問題行動には注目を最小限にするなど適切な関わり方を学んでもらう。

　また，子どもへの支援を行う前提として，安心を提供するケア提供者には，できるだけ早期に心身ともに落ち着いてもらうことが重要である。そのため，場合によっては保護者に対して TF-CBT のケア提供者としてではなく，臨床的な介入の必要性を有する患者として対応しなければならないことも想定される。

　２）遊びとユーモア
　心理療法の技法によっては，安易なユーモアを禁忌としているものもあるが，TF-CBT では，積極的にクイズやゲームを用いるなど，遊びやユーモアを子どものレジリエンスの重要な要素として位置づけている。なかでも幼い子どもには，各コンポーネントに遊びやユーモアを統合させることが何よりも大切であり，それにより，子どもの主体的な取り組みが増すだけではなく，それらを用いて，発達上，適切な形でトラウマナラティブを伝えたり，処理したりすることができる。しかし，TF-CBT で用いられる遊びやユーモアは，遊戯療法や芸術療法でのそれらとは違い，基本的には治療者が遊びを提案し，治療者のリードの下で構造化された教育的な遊びを用いる。その一方，セッション最後の遊びは，セッション参加へのモチベーション向上や治療者との関係づくりを目的としており，子どもはその遊びの主導権を握り，治療者は非指示的でその遊びの世界に入れても

らうような関わりとなり，その目的が少々異なる。

### 3）段階的な曝露

　曝露に関しても，成人と違って，ひたすらトラウマ記憶を繰り返し想起し，馴化や恐怖記憶構造の再構成を目指すことを第一義的な目標とせず，無理なく，段階的に曝露が進むように様々な工夫が凝らされている。TF-CBT において，段階的な曝露はとても重要であり，すべてのコンポーネントに含まれているといってもよい。上述の「PRACTICE」で言えば，比較的初期のトラウマによるストレス反応についての心理教育においても，教育内容を通して段階的な曝露が開始されている。対象となる子どもの発達段階にも配慮しなければならないが，心理教育では「あの悪い出来事」などという抽象的な表現ではなく，「暴力」「性的虐待」という用語を用いるように推奨されており，用語の使用だけでも子どもにとっては十分な曝露となることが多い。TF-CBT では，「PRACTICE」の段階を進む毎に曝露が増えていくが，治療者は子どもの様子を十分に観察し，時には曝露を調整しながら，徐々に強めていくこととなる。

## Ⅳ．症例提示

　自験例を以下に記載する。なお，症例については，要旨に影響が出ない範囲で症例内容に修正を加えている。

### 1．症例 1

【対象】小学 3 年生男子 A
【被害内容】父親から母親へのドメスティックバイオレンス（以下，DV）を日常的に目撃し，自身も身体的虐待にあう。
【主訴】「学校に行けない」「悪夢を見る」
【家族構成】母親，本人，妹の 3 人家族

　A が幼少期の頃から，父親から母親に対しての日常的な暴行や暴言を

目撃することがあった。また，そのような暴言や暴力は時折，Aにも向かうことがあり，年々，エスカレートしていったことから，Aが小学2年生の時に，夫からのDVについて地元の保護センターに母親が相談し，緊急一時保護の対象となった。その後，他府県の母子生活支援センターに入所することとなり，地元の小学校に転校したものの，不登校の状態が続くことに加え，悪夢やフラッシュバックが日常的に出現するようになった。そのため，X病院PTSD専門外来を受診し，TF-CBTを用いて，心理的な援助を試みることとなった。ただ，DV被害を受けた母親自身もPTSDの症状を有していたことから，TF-CBTを実施する前に，まず母親に対して成人向けのトラウマ焦点化CBTを実施することとなった。治療者はその旨を母親に伝えたが，母親は自分自身よりも子どものケアを優先させることを希望し，自らのケアに対しては「もう引っ越しを済ませて大丈夫だから…」とトラウマ症状を過小評価し，かなり消極的であった。しかし，まず母親がトラウマ記憶について向き合うことができ，精神的に安定することがAのケアにとって大変重要であることを丁寧に説明し，子どものケアにおける保護者の役割を強調したところ，了承され，母親に対するケアを行うことになった。その後，母親はPEでのトラウマケアを受け，症状改善傾向が認められたことから，Aに対してTF-CBTによるケアを行うこととなった。また，当時，Aの妹もDVを目撃していたことから，当初，Aと一緒にTF-CBTプログラムに入ることも検討事項としてあがったが，目立ったトラウマ症状が認められなかったことや治療による二次的な受傷も考慮して，別室にて筆者とは別の臨床心理士による遊戯療法を行いながら，様子を見ることとなった。

## 1）教育的段階

　TF-CBTは既述のようにユーモアや遊びを通したワークがいくつか用意されており，それらを適宜使用することができるため，Aに対しては，遊びを通したリラクセーションを用いて，関係づくりから始めた。まず治療者がぜんまい仕掛けのロボットのように筋緊張を高めたうえで，マリオネットのように一気に筋緊張を弛緩させるやり方を見せ，ユーモアを交え

た筋弛緩法を用いるなど，身体全体を用いたリラクセーションを紹介した。また，感情表現とその調整の際には，動画投稿サイトの好きなお笑い芸人のギャグを見たり，昨晩見たアニメの感想を聞いたりして「面白さは百点満点で何点？」と面白さを数字で表してもらうなどして，抽象的な気持ちを数値化していくことに慣れてもらった。その際，認知コーピングについても心理教育したが，子どもは認知と感情を区別することが難しいため，自動思考を意識化してもらう際に「雲のようにモクモクと吹き出しが出ているのが，考えだよ」と漫画の吹き出しを作って考えてもらうようにした。また，毎回のセッション終了後，Aの好きな遊びをする時間を作り，セッションへの参加に対する動機づけを高めることを心掛けた。Aは折り紙をしたり，好きなキャラクターの塗り絵を塗ったりすることを好んでいたため，セッション終了後は必ず，折り紙や塗り絵を楽しむようにした。ここでの遊びは，セッション内での心理教育を目的とした遊びとは大きく異なり，子どもがその遊びの主導権を握り，治療者はその遊びについて行くことを目的とした。

その一方，母親には，別室の保護者セッションにて保護者の関心が子どもの行動パターンを良くしていく上で大きな影響を及ぼすことや，保護者が子どもにとって健康的なコーピングを行うモデルとなることなど，効果的なペアレンティングスキルについて伝えた。また，Aを褒めることをホームワークにして積極的に褒めることを推奨した。Aは当時，不登校の状態が続いていたが，朝起きることができないなどの不登校に関連する行動にはあまり注目せずに，大幅な遅刻でも登校に関連する行動であれば積極的に賞賛する関わりを母親に提案し，それを実践してもらうこととなった。

2）トラウマ記憶を扱う段階

Aは文化が異なる地域に急に引っ越しすることとなり，以前の地域での方言が残っているためか，治療場面で自ら積極的に発言することを苦手としているようにうかがえた。また，母親の話によると，学校場面においてもそのような傾向がみられるということであった。そこで，セッション

では言語的なコミュニケーションよりも，絵などのグラフィックコミュニ
ケーションをいつもより多く取り入れることを心がけた。トラウマについ
ての子ども用の本を読み，家族の絵を描いてもらうこととなった。当初，
母親，妹，本人の3人家族の絵を描いたが，その後，用紙の隅に父親が登
場するようになり，父親に対するナラティブが語り出されるようになった。
「今でも夢に出てくることがある」「（僕のお父さんは）怖いお父さん。自
分でもどうして怒られているのか，わからない時があり，いつも家にいる
時はドキドキしていた」「ボコボコにされるかと思った」とAは語るよう
になった。

　この段階で，Aは照れたような笑いを浮かべながら，上述のようなト
ラウマ内容を話すことが多く認められた。セッション終了後のカンファレ
ンスで，果たして効果的に曝露が進んでいるのかが話し合われたが，トラ
ウマ記憶に積極的に向き合うことの重要性は強調せず，本人のペースで少
しずつ曝露を行っていくことを見守ることとなった。Aが語ったナラティ
ブは，治療者が口述筆記を行い，ストーリーを作成していった。結局，
Aは最後までこのような調子でナラティブが進行し，感情的に不安定に
なることなく，絵を描いたり，文章を書いたりしながら穏やかに曝露は進
んでいくこととなった。この頃より，不登校となる日が少しずつ減少し，
午後からでも登校できるようになったとの母親からの報告を受けた。

　3）定着と統合
　親子の合同セッションを開始する前に，子どもが語ったトラウマナラ
ティブを母親に事前に聴いてもらい，一緒に共有できるかを尋ねたところ，
特に情緒面が不安定になることなく，最後まで聴くことができたことから，
特に問題ないことが確認された。合同セッションは，Aと母親が同席で
実施し，今まで書いてもらった家族の絵を見たり，ナラティブを聴いたり
することとなった。出来事についてのナラティブは，母親は涙を浮かべな
がらも，しっかりとAの話を聴くことができた。「父親は悪いことをした
人で，今は遠く離れた場所に住んでいて，住所もわからないから，もう会
うことはない。会う確率は，0.000000001％」と照れながらAは話した。

治療者と母親はそれを積極的に賞賛し，A自身がその思考をうまく導き出せたことを具体的に褒めた。

　最後，安全の強化のためのセッションでは，安全な人リストに，治療者のほか，母親，学校の先生や友達の名前が入った。セッションで得られた関係のみならず，新たな環境下で不安を有しながらも，少しずつ関係を構築していった人物が多く入ることとなり，治療者や母親はその努力についても積極的に評価した。

## ２．症例２
【対象】中学２年生男子B
【被害内容】小学生時代からの母親による身体的，精神的虐待
【主訴】フラッシュバック，不眠
【家族構成】母親（別居）

　幼少期に両親は離婚。父親のことはよく覚えていないが，母親はその父親（夫）からDVを受けていた。母親は時期や診断名は不明であるが，精神科入院歴がある。Bが小学生の時から，気に入らないことがあると怒鳴りつけ，物をBに向かって投げることがよくあり，小学校４年生時には，刃物が脇腹に当たって実際に出血することがあった。その後，高学年になると母親がハサミを持ち出して脅したり，ナイフでBの頬を傷つけながら恫喝するようになった。この頃，母親からナイフを投げつけられ，顔の横をかすめることがあり，「自分に刺さっていたら，どうなっていたんだろう…」と考え，恐怖を感じることが増えた。

　また，身体的な暴力だけではなく，「死ね」という暴言を日常的に言われることも多かった。ある日，突然，母親から「寝たら殺す」と言われ，何かが身体に乗った重みで目が覚めると母親が馬乗りになって包丁を持っていたことがある。その瞬間，「殺される」と思ったことはよく覚えているが，その詳細はほとんど覚えていない。この出来事をフラッシュバックとしてよく再体験するようになった。

中学入学後も母親からの暴力は継続したが，自己防衛のために母親に対抗することが増えた。母親を階段から突き飛ばしたり，家出を繰り返したりするようになったが，耐えきれず，中学3年生時に親類に助けを求め，児童相談所の一時保護を受ける。その後，児童福祉施設に入所することとなり，施設入所後は，母親とは数回，面会したのみで母親に対して強い嫌悪感を有している。

高校1年生時に不眠，悪夢，フラッシュバックなどの症状が出現し，X病院PTSD専門外来受診となる。初診時は，施設に母親が乗り込んできたらどうしようかという不安感，周囲に対して安心感が持てないことを訴えていた。

### 1）教育的段階

本人と施設職員に対して，TF-CBTを導入することとなった。それぞれマニュアルに従って心理教育とペアレンティングトレーニングから開始することとなった。Bの状況や症状について丁寧に聴取しながら，症状の教育，リラクセーション技法を伝えた。腹式呼吸については普段から心がけており，特に不安時は効果を実感していると話す。

初診時の段階で既にBは施設の規則を破るなど問題行動を起こす問題児であるという職員内での共通認識があったことに加え，B自身は担当職員については，Bへの指導の際，机を叩くところなど母親の所作と似ているのが嫌で，合わないと答え，聞こえない所で「クソババアってよんでいる」と話した。治療者は施設職員との関係がかなり拗れていると評価し，TF-CBTを実施するうえで，このまま同じ担当職員が良いのか，新しい職員が良いのかなど，施設職員との相性についても職員間で話し合ってもらうことも提案し，施設職員に判断を委ねた。その後，施設から連絡があり，比較的良好な関係を保っていた職員が新たに担当者となることとなり，その職員に対してペアレンティングスキルを伝えていくこととなった。担当職員にはトラウマ症状やその関連行動についての正しい知識の伝達や効果的な関わり方について教育を行う一方で，積極的にエンパワメントを行った。Bへの関わりの動機づけを高めるために，まず施設職員の役割の重

要性や目的について話し，関わり方を修正することにより，大きな効果が得られることを強調した。また，「関心を向ける」「よく褒めること」など，基本的なスキルの習得をまず心掛けた。

　具体的にはBの改善した行動パターンに関心を向けることや問題行動への否定的な関心を減らすことを伝えた。また，施設職員が健康的な対処法のお手本を示すことや情緒的な巻き込まれや感情的な反応をできるだけ避けることの重要性を伝えた。

　同時にBに対しては，認知，感情，行動についての心理教育を行った。違う考え方をすることによって，それに伴う感情や行動が変化することを説明したところ，心理教育への理解は十分であったものの，「自分にとって他人は全く信用できず，安全なところはない。唯一，好きな曲を聴いている時だけ安心である」と答えた。その一方，「施設内の広い個室で夜，一人になるのはとても寂しい」という気持ちを訴えることもあり，対人葛藤を有していることがうかがえた。治療者はそのような語りについて共感的に話を聴いたうえで，トラウマを経験すると，その症状によってそのように世界が見えてしまうことがあると伝え，音楽鑑賞など1つでも気持ちが落ち着く活動や時間を持っていることがとても重要であり，とても良いことであると評価した。

　2）トラウマ記憶を扱う段階
　トラウマに関連する出来事として，友人と一緒にいる時に「母親に寝たら殺すと言われて，馬乗りになられている場面がフラッシュバックすることが多く，ある日はクラスメート全員から包丁で刺されるという悪夢を見てしまった」と涙ながらに話す。その時は，「テレビ番組を見ながら独り言を言うことで気を逸らせたり，以前に教えてもらったリラクセーションを行ったりして，なんとかマシになった」と話す。治療者はうまく対処できていることを評価し，そのような反応は極めて当然で自然な反応であるとノーマライズを入れていきながら，少しずつトラウマナラティブができるように話を聴いていた。しかし虐待内容を語ることについては，「もうここに来るまでに色々なところで話している。当時のことを話す事も書く

こともしている。でも，嫌。話したところで全然，スッキリしない。むしろそのあとは頭が痛くなる。今までも話してスッキリとした事がありませんでした」と話し，抵抗を示すことが多くなり，トラウマに関する語りがなされない回もあったが，次の回にはうまく進むこともあり，治療者は段階的に曝露が進んでいると判断し，Bのペースでトラウマナラティブについていくこととなった。

トラウマイベントについては，数えきれないほどあると話したことから，特に印象に残っている出来事について記述してもらうことになると，ナイフを投げつけられ顔をかすめた出来事をあげた。物を投げられた時，「またか」と思う一方で「とても怖い。もう死ぬかもしれない」と考えていたと語った。また最近は，「ナイフが飛んできた時に死ねば良かったと思う時もあるが，母親に殺されるのは母親の思い通りになってしまう気がして腹が立つ」とも話した。

別の日には，Bが語り内容を治療者が文章に起こしたものを見て，「小説を読んでいるみたい…。母に見せたい。お前はこんなことをしたんだって言いたい」と語る一方で，「母は自分の病気をはやく治した方が良い。自分よりももっとすごい病気だと思うから」と話し，母親に対する認知が再構成しているような語りも認められた。また，「少しずつ，なんかそんなこともあったなぁと思いながら，読めるようになってきて，だいぶ落ち着いている」と振り返り，「母親は病気だから自分への暴力は仕方がない。今も精神科に通院中であるが，服薬はしていないようだし，そもそも母親にその自覚がないみたい」と話した。また，当時の自分の言動を振り返って，「『（母親に対して）どっかいけ。うざい。死ね』は，今はやりすぎかなって思うけど，母に死ね，消えろと暴言を吐きたい気持ちは今でもある」と話した。

3）定着と統合

Bの作成したトラウマナラティブを施設職員と一緒に聴くが，Bは情緒面がそれほど刺激されることもなく，淡々と話す。トラウマ記憶については，「日中，何も予定がなく，ボーっとしている時に，虐待のシーンを思

い出すことはあるが，フラッシュバックではない」と話すようになった。また，施設の居心地が少しずつ良くなってきたと答え，担当職員とも最近，トラブルなく過ごしていると話し，施設内での安心・安全感も実感することが増えてきているようであった。

　フラッシュバック，悪夢の症状については，概ね改善したと話す。ただ，不眠については，相変わらず眠れない時があり，イライラするときはあるものの，TF-CBT で話し合った内容を思い出して，キャンドルを見て心を鎮めたり，意識的にポジティブに考えるようにしたりすると，すぐに眠れるときもあり，不眠についても改善傾向を報告するようになった。

　ある日の出来事についても触れ，「先日，母に会いに行ったが，よくわからない理由で『帰れ』と追い出されたが，その際に母親は絵を描きながら泣いたり，笑ったりして異様で怖かった」と話す。また，「母親に言いたいことはたくさんあり，自分が書いたナラティブの内容は母親に直接手渡して受け取ってもらいたいという気持ちが強くあるが，それをしてしまうと今以上に精神症状が悪化しそうな感じもあり，渡すことはしなかった」と話した。治療者らは自分の記憶や気持ちを整理したり，向きあったりするだけでも精一杯だったはずなのに，母親に対してそのような配慮をすることができた B の気持ちを積極的に賞賛した。

## V．考察

### 1．発達段階における治療コンポーネントの比重の違い

　TF-CBT は，その治療構造と基本的な原理に基づいていれば，患児の状況や発達段階に応じて，柔軟にアレンジすることが可能である。今回提示した 2 例はそれぞれ，学童期と思春期・青年期の症例であり，同じ治療構造と基本的原理に基づいているものの，治療コンポーネントの比重は少し異なると思われる。前者は，虐待の場面を絵にかいたりするなど発達段階に応じた段階的曝露を用いているものの，ユーモアや遊びの要素を多く取り入れており，教育や遊びの要素がかなり強いと思われる。曝露につい

てはPEのように恐怖記憶の構造に向き合って，記憶の再構成を目指すようなところはなく，段階的に緩やかに進んでいった印象がある。当初，治療者間では，Aの発達段階を考慮しながらも，もう少しトラウマ記憶にアクセスした方が良いのではという意見もあり，治療的なジレンマを抱えながら実施した。しかし，TF-CBTの治療原則の1つである本人のペースに配慮した段階的な曝露を尊重し，そのままで継続することとなった。結局，治療者の杞憂のまま，曝露は少しずつ効果的に進んでいき，症状の改善が認められることとなった。

　一方，症例2の思春期・青年期の症例は，症例1のような遊びやユーモアの要素は比較的少なく，結果的にトラウマ記憶そのものの処理を多く扱うこととなった。これは治療者が意図したものではなく，根掘り葉掘り聞かれることを嫌がる思春期・青年期の特性に配慮して本人のペースに従っているうちにこのような比重となったものと考えられる。実際の症例では，トラウマ記憶の処理を扱いだしてから，一時的に症状の悪化や治療への抵抗が認められたが，その後，フラッシュバックなどトラウマ関連症状は少しずつ軽減していき，最終的に「母親は病気だから仕方がない」という認知の再構成に至ったものと考えられる。トラウマを扱いだした当初，母親への認知は，「どっか行け。うざい。死ね」など虐待を受けた立場から語られることが多かったが，後半より「自分への暴力は病気のせいで仕方がない」や「暴言を吐きたい気持ちがあるものの，それをそのまま伝えたら，病気の症状が悪化してしまう可能性があり，言えない」と話すなど，母親の保護者のような語りへと変容していった。

## ２．子どもに関わる治療者の陥穽

　子どもに関わる治療者は，子どもに対する思い入れが強すぎるあまり，子どもとの面接に時間を割く一方，日常的なケアギバーとなる保護者や施設職員にはあまり時間を割かない傾向にあるといわれている。時間上の制約などいくつか理由は挙げられるが，治療者は保護者や養育者の重要性を過小評価する一方で，保護者や養育者のペアレンティングスキルを過大評

価する傾向にある。しかし，トラウマ歴のある子どもの50％以上は問題行動を示すというデータがあり，保護者や養育者の存在は大変重要である。

TF-CBTでは，子どもに関わる時間と同じ時間を保護者などのケアギバーに対して割くことが推奨されている。子どもの症状は両親の精神病理，結婚生活の状況，家族ユニットとしての機能など家庭環境要因に大きく影響されると考えられている。そのため，子どもにとっては，家族や保護者からのサポートは必要不可欠であり，保護者への対応と支援は子どもと同じくらいにたいへん重要な要素となる。また，治療初期には保護者自身が傷ついていることがあることから，心身の状態の聴取や必要に応じて子どもと一緒にケアが行われる。保護者に親自身のケアの必要性を伝えた場合，自分自身への介入の抵抗感もあるためか，症例1のように子どもへのケアを優先させてほしいという希望が聞かれることも多い。しかし，そのような際には，保護者の存在が子どもの症状に大きな影響を与え，重要な役割を担っていることを伝えておくことも有用である。実際に，症例1では保護者である母親も夫からのDVの被害者であったことから，まず母親に対して成人のトラウマに焦点化したCBTを実施したうえで，Aに対するケアを行った。母親は自分自身も被害者であったことから，症状についての共感的理解やペアレンティングスキルをうまく習得することができ，Aに対して効果的な関わりを実践することができた。朝，起きることができなかったことについては，ことさら注目しないで，Aが「昼前に学校に行ってみようか」と話すと，すかさず称賛するなどし，登校行動へとつなぐことができた。結果的に子どもに対する指示や命令は少なくなり，子どもの行動への関心や褒め言葉を増やすことにつながったものと考えられる。

## 3．ペアレンティングスキルについて

親や保護者の効果的な関わりが子どものトラウマ回復に大きな影響を与えることが以前より報告されており[3]，ケアギバーにペアレンティングスキルを習得してもらうことはたいへん有用であると考えられる。治療者は親や養育者のペアレンティングスキルをなかば希望的観測で過大に評価し

て，上述のようにそのようなスキルの習得に時間を費やすことが少ない傾向にあるが，実際は，周囲の「温かい」大人たちが問題行動や症状を意図せずに増強させてしまうことも少なくない。そのため，子どもの問題行動がどのように維持されているのか，機能評価を行ったうえで親に対して問題行動への注目を最小限にするように心理教育を行うことが重要である。

　また，ペアレンティグスキルを習得してもらううえで，養育者たちが自分たちの子どもたちへの関わり方についてどのように自己評価を有しているかを把握しておくことも大切である。トラウマ被害に遭った子どもを抱える周囲の大人は，自分たちの養育のせいではないかなど，自責的な思考に疲弊し，自身のペアレンティングスキルについて自信を失っていることも少なくない。子どもの症状や状況が遷延化している場合，その傾向はさらに強くなるものと考えられ，心身ともに余裕のない状況で子どもに不適切に関わってしまい，症状や状況を悪化させるという悪循環に陥ってしまっていることも多い。そのような際には，今まで誰にも打ち明けることができなかった子育てに対するアンビバレントな感情や経験を支援者が妥当なものとして受け入れることで，エンパワメントやペアレンティングスキル習得の動機づけにもつながると考えられる。

　症例2に関しては，母親からの実際的な関わりはほとんどなく，施設職員による関わりが主なものであった。Bが受診した時には既に担当職員との関係がたいへんに拗れた状態にあり，当時の担当職員にペアレンティングスキルを習得してもらう選択肢もあったが，施設の職員間で話し合ってもらい，Bのケアについて関心が高い職員に担当してもらうこととなった。その職員はBに対して，先入観なく，温かい気持ちを持って接することができたが，その温かい配慮が問題行動や症状を強化する可能性がないわけでもなかったため，減らしたい行動に注目すればするほど，その行動の出現頻度が上がることや子どもに手本を見せることで適応行動が増えることも一緒に伝え，ペアレンティングスキルの重要性を強調した。その結果，治療後半でBから，担当職員との関係が良くなって施設内での居心地が良くなったとの報告を受けるようになった。

# Ⅵ． 注意点

　上述のように TF-CBT は，これまで多くの無作為化比較試験において
も強い有効性が支持されてきているが，子どもたちのどのような問題行動
や症状に対しても万能なわけではない。例えば，子どもが重篤な破壊的問
題行動を示している際には，まずそれらの問題に対して実際的な対応や治
療を提供する必要がある。他者への危害を及ぼす可能性が極めて高いなど
攻撃衝動をうまく統制できない場合，TF-CBT の実施が最良の対応方法
とはいえない。当然のことではあるが，破壊的問題行動に対する介入とし
て有効な治療技法がまず実施される必要があり，一定の水準までに問題行
動が落ち着くまで，TF-CBT の実施は見送られるべきである。また，介
入後においても子どもが有害な状態が続く，いわゆるハイリスクな状況に
ある場合，TF-CBT が扱う内容が相応しくない場合がある。たとえば，
まだまだ安全な状況になく，現実に危険が生じている際に，子どものトラ
ウマ記憶を扱うことは禁忌であるといえ，治療者は介入の最中にも，子ど
もが現在，しっかり安全な状況にあるのかを把握しておかねばならない。

## ■文　献

1 ) Cohen JA, Mannarino AP, Deblinger E: Treating Trauma and Traumatic
　　Grief in Children and Adolescents. Guilford, New York, 2006.（白川美也子ほか
　　訳：子どものトラウマと悲嘆の治療－トラウマ・フォーカスト認知行動療法マ
　　ニュアル．金剛出版，東京，2014.）

2 ) Cohen JA, Mannarino AP, Deblinger E: Trauma-Focused CBT for Children
　　and Adolescents: Treatment Applications. Guilford, New York, 2012.（亀岡智
　　美ほか訳：子どものためのトラウマフォーカスト認知行動療法　様々な臨床現
　　場における TF-CBT 実践ガイド．岩崎学術出版社，東京，2015.）

3 ) Deblinger E & Heflin AH: Treating Sexually Abused Children and Their
　　Non-offending Parents: A Cognitive Behavioral Approach. Sage, Thousand

Oaks CA, 1996.

4）亀岡智美，齋藤梓，野坂祐子ほか：トラウマフォーカスト認知行動療法（TF-
CBT）　わが国での実施可能性についての検討．児童青年精神医学とその近接
領域，54（1）：68-80, 2013.

# PART 7

# 親子相互交流療法

## Parent-Child Interaction Therapy：PCIT

國吉知子

---

### ここがポイント！！

　PCIT について，その概要，実践までの準備，事例紹介，資格システムに至るまでトータルにまとめてわかりやすく解説された論文は，おそらくわが国では初めてであろう。PCIT とは，親子同室で遊ぶ親にセラピストがライブコーチングを行い，親子関係と子どもの問題行動を改善する行動療法と遊戯療法をベースとしたユニークな心理療法である。本論文では，① PCIT の概要（スキルや実施の流れ）を解説するとともに，②筆者が実践した PCIT 事例（イニシャルケース）について紹介，③さらに，筆者が所属する大学でのPCIT 導入プロセスについて，手作業での機材設置などのハード面，広報や院生（アシスタント）教育などのソフト面も含めて詳述されている。

　PCIT の実際について読者に具体的に理解していただけるよう，筆者が実施した"西日本初の PCIT 事例"が紹介されている。PCIT のスキルや理念を広く啓蒙することは，未来の子育てへの先行投資にとどまらず，日本の幼児教育や子育て支援，子育ては大きく変わっていくと筆者は力説している。今後，PCIT を実践できる臨床家が増え，さまざまな現場で力を発揮されることが，子育てに悩む親と問題行動に駆り立てられてしまう子どもたちを救う大きな一助になるであろう。（野呂浩史）

國吉知子（くによし　ともこ）

神戸女学院大学人間科学部教授，同大学カウンセリングルームディレクター。

日本 EMDR 学会編集委員，NPO 法人大学院連合メンタルヘルスセンター顧問，親子相互交流療法（PCIT）認定セラピスト（PCIT International）。

京都大学大学院教育学研究科博士後期課程修了後，京都大学嘱託講師，京都ノートルダム女子大学教授等を経て現職。精神科医院非常勤心理士を兼任（臨床心理士）。京都府臨床心理士会子育て支援担当理事，被害者支援担当理事を歴任。

専門は臨床心理学（子育て支援，トラウマケア，音楽療法）。2013 年西日本初の PCIT（親子相互交流療法）を導入。心理療法の多様な技法に通暁し，統合的視点からの臨床実践研究を行う。

著訳書に『心理・福祉のファミリーサポート』（共著，金子書房，2003），『ファンタジーグループ入門』（共著，創元社，2000），『箱庭療法　イギリス・ユング派の事例と解釈』（共訳，金剛出版，2003）などがある。

## I. PCITとは

### 1. PCITの概要

　ワンウェイミラーの向こうで親子が遊んでいる。セラピストが観察室のマイクを通して，イヤフォンを装着した母親に「『上手にブロックが積めたね』とほめてみましょう」と語りかける。母親がセラピストの言葉を手がかりに，側にいる我が子に「上手にブロック，積めたね」と声をかけると，子どもはにっこり微笑んで，ますます熱心にブロックを組み立て始める。子どもの笑顔と集中力に親も思わず顔がほころぶ。「お母さん，とてもうまくほめることができましたね！その調子で！」とセラピストが母親の頑張りをねぎらう。優しい空気が親子と親子を見守るセラピストの間に流れる・・・。これは親子相互交流療法（PCIT）の一場面である（図1）。このような光景がPCITではごく普通に展開される。初めてこの光景を見た人は，この子が「多動」で親が困り果てていたとは想像もつかないことだろう。

図1　PCIT実践風景

親子相互交流療法（PCIT：Parent-Child Interaction Therapy）とは，親子同室で遊ぶ親にセラピストがライブコーチングをおこない，親子関係と子どもの問題行動を改善する行動療法と遊戯療法をベースとしたユニークな心理療法である。本稿では，（1）PCIT の概要（スキルや実施の流れ）を解説するとともに，（2）神戸女学院大学で筆者らが実践したPCIT 事例（イニシャルケース）について紹介する。（3）さらに，本学でのPCIT 導入プロセスについて，手作業での機材設置などのハード面，広報や院生（アシスタント）教育などのソフト面も含めて詳述する。筆者のこれまでの経験が PCIT 実践を目指す方々にとって少しでも参考となれば幸いである。

　PCIT は米国フロリダ大学（当時）の Eyberg, S. により 1974 年に開発された。その後，長年にわたる多くの実証研究と改良を経て，PCIT は子どもの問題行動，特に外在化した攻撃行動など行動障害の改善に効果的とされ，アメリカ心理学会のエビデンスに基づく治療ガイドラインにおいて「よく確立された治療」に位置づけられている[14]。トラウマの世界的権威である，van der Kolk, B. A. や解離研究の第一人者である Putnam, F. W. も，子どものトラウマ治療や虐待の防止に有効であると PCIT を推奨している。[*1]

　PCIT の対象は主に 2 歳〜7 歳の幼児とその養育者（以下，親）で，週1 回 1 時間〜1 時間半，12 回〜20 回程度，親子同室での遊び場面において親へのコーチングを行う形で実施する（ただし，12 歳の子どもまで適用可能とされている）。オペラント条件づけ理論が主要理論であり行動療法に分類されるが，遊び場面において，子ども主導の受容的関わりを強調する点においては，Axline, V. の遊戯療法の概念が，親の権威の回復という点では Baumrind, D. の養育態度についての理論が取り入れられている。また，親子同室の形で短期にインテンシブに実施する "家族療法（ブリーフセラピー）" 的構造を持ち，愛着関係の強化による子どもや親の心理状

_____

＊1 ヴァン・デア・コーク トラウマセンター（米国ボストン）でも PCIT が実施されている。またPutnam, F. W. の来日講演（2011.10.15 於：追手門大学）でも子どものトラウマ治療に有効な技法として PCIT が紹介された。

態の安定化をはかる点も含めて考えれば，"統合的心理療法"と位置づけられる。

　冒頭の描写のように，PCIT ではワンウェイミラー越しに，イヤフォンをつけて子どもと遊ぶ親にセラピストが（別室から）ライブコーチングを行い，親の関わり方についてその場で具体的に助言するという方法をとる。セラピストが直接子どもに介入することはせず，あくまでも，親自身に子どもと向き合ってもらい，それをセラピストがサポートするという"入れ子構造"になっている。この点も PCIT の非常にユニークな点であり，子どものみならず，親の心理的サポートという点において極めて優れた方法であると言えよう。

## ２．実施方法
### 1）PCIT の構造〜 CDI（子ども指向型相互交流）と PDI（親指向型相互交流）〜

　PCIT は，（図2の本学 PCIT リーフレットに示すように）2段階のステップから成り立っている。前半の CDI（Child-Directed Interaction: 子ども指向型相互交流）と後半の PDI（Parent-Directed Interaction: 親指向型相互交流）である。前半の CDI では，親は PRIDE スキル（表1）と避けるスキル（表2）を習得し，受容的な関わりを促進することで親子関係の再構築を目指す。その後，PDI に移行し，子どもの行動修正に有効な「タイムアウト」や，「効果的な指示の出し方」など，適切な子どもの統制の仕方について学ぶ。スキル習得や子どもの問題行動改善の程度については，ECBI（アイバーグ子どもの行動評価票）や DPICS（親子対の相互交流評価システム）によるアセスメントを通して確認し，親はそのフィードバックを受けることで自らの成長や子どもの変化を確認しながらセラピーを進めることができる。このように，PCIT はすぐれて構造化されたシステマティックなプログラムであり，標準化された詳細なプロトコルやマニュアル[1]が整備されている。このように，PCIT は，①親の養育スキル獲得による親子の愛着関係の再構築と，②親の適切な介入による子どもの問

図2　PCIT リーフレット（神戸女学院大学大学院　心理相談室）

表1　PRIDE スキル

| 応答技法 | 説明（主な効果） | 具体例 |
|---|---|---|
| P（Praise）賞賛 | 肯定的な行動のために子どもに"具体的賞賛"を与える（賞賛された行動を増やし，子どもの自尊心を高める） | 「素敵な色を選んだね！」「ペンを大事に使っているね！」「静かに遊んでくれて嬉しいな！」 |
| R（Reflect）繰り返し | 子どもの適切な"言葉"を繰り返す（子どもが会話をリードする，親がちゃんと聞いていることを示す，子どもの発話力を促進） | 子「大きなお城ができた」親「大きなお城ができたね」 |
| I（Imitate）まねをする | 子どもの適切な"遊び（行為）"をまねる（子どもが遊びをリードする，子どものしていることに親を焦点づける） | 子どもが木を描いていたら，親も同じように木を描く |
| D（Describe）行動の説明 | 子どもの適切な行動の説明"実況中継"（親が子どもに関心をもち注目していることを知らせる，子どもは自分の活動に注意を保つことができる） | 子どもが赤いクレヨンを手に取ってリンゴを描いている親「〜ちゃんは，赤いクレヨンを取りました，リンゴを描いています」 |
| E（Enjoy）楽しむ | 特別な時間を子どもと楽しむ（親が子どもと一緒の時間を楽しんでいることを知らせる） | 子どもへの優しいボディタッチや笑い，温かい声の調子など |

國吉（2013）による（一部改変）[2]

題行動改善を目標とした療法であり，親子による遊び場面で生じる相互関係にセラピストが介入するという大きな特徴を持っている。ただし上述したように，PCIT においてセラピストが介入するのは親に対してであり，子どもには直接介入しない。セラピストがあくまでも後方支援に徹することで，子どもからは適切な対応をしているのは親自身であると理解される。このように親の尊厳が守られる構造となっている。

表2　避けるスキル（Don't スキル）

| 応答技法 | 説明 | 具体例 |
|---|---|---|
| 命令<br>子どもに何をすべきか（すべきでないか）を親が伝えること | 子どもからリードを奪い，主体的な判断の機会を失わせる | （間接的命令）<br>「ここに座ってくれる？」<br>「赤く塗った方がいいなあ」<br>（直接的命令）<br>「ここに座りなさい」<br>「赤く塗りなさい」 |
| 質問<br>子どもに答えを出すよう求めること | 親が会話をリードしてしまう<br>質問の多くは命令であり，答えを要求する | 「この牛は何て鳴くの？」<br>「それは何？」<br>「それ赤く塗っているの？」<br>「今度は電車で遊びたい？」 |
| 批判（皮肉）<br>子どもに対する不承認の表現 | 適切でない行動に注目を与える<br>子どもの自尊心を低める<br>子どもと親の間に怒りの感情を起こさせる<br>"批判や皮肉" という不適切な行動を教えることになる | 「たいした出来じゃないわね」<br>「はみ出しちゃったわね，あ～あ」<br>「もっときれいに塗れたらよかったのに」<br>「え～！そんなところに描くの？」<br>「だから言ったでしょう」 |

國吉（2013）による[2]

## 2）具体的な手順

PCIT の具体的な手順を以下に示す。（手順は PCIT-International 公式マニュアル[1] によっている。）

（1）CDI：子ども指向型相互交流

①インテーク（プレアセスメント）

CDI 開始に先立ちインテーク・セッションを実施する。親から主訴，問題歴，生育歴の聞き取りを細かく行う。さらに，親子間の交流や子どもへの親の対処についてのベースラインを前述の DPICS や ECBI などの評価システムによってアセスメントする。

②CDI ティーチングと CDI コーチング

CDI は子ども主導で進められる部分で，親子の相互関係の改善と愛着強化のために実施される。ここでの目標は「PRIDE スキル（Do スキル）」

（表1）の習得と「避けるスキル（Don't スキル）」（表2）を無くすことである。また，セッションの構造としては，PCIT の進め方についての説明，PRIDE スキル，避けるスキルの説明，無視の説明など，親への心理教育がなされる「ティーチングセッション」と実際のコーチングを通して親がスキルを習得する「コーチングセッション」に分かれる。スキル習得については，明確なマスター基準（後述）が設定されており，基準をクリアできて親は初めて PDI に進むことができる。

　「CDI ティーチング」の次の回から，「CDI コーチング」が開始されるが，「CDI コーチング」セッションでは，親は毎回プレイルームに子どもと入室し，子どものリードに従って遊ぶ。（このセッションは「特別な遊びの時間」と称し，自宅でも毎日5分実施するよう宿題が出される。）プレイルームでは親はイヤフォンを装着し，ワンウェイミラー（あるいはモニター）越しに親子を観察しているセラピストから，適宜，関わりについての指導を受ける。セラピストは毎回，コーチングに先立って親の PRIDE スキルのどの部分が伸びているか，苦手なのはどのスキルかといったことを5分間 DPICS にてコーディングし，その結果に基づき毎回の目標を設定し，親と目標を共有し，その後コーチングを約30分進めていく。セラピストがここでは親に対して「親」の役割を果たすことになり，セラピストも PRIDE スキルを援用しつつ，親を勇気づけることを目標に，できていることに対して「上手にほめることができましたね」「いい繰り返しです！」などの具体的賞賛を即時に親に与え，できていないことには注目しない（「無視」のスキル（後述）を使う）という一貫した態度をとる。その結果，セラピストからの働きかけは，ほぼすべて肯定的な内容となり，自分自身を否定的に評価しがちな親もセラピストから受容される体験を味わうことができる。子どもの立場から見るならば，PCIT においては，二重の（相談室そのものも含めれば三重もの）厚い守りの枠が設定されていることになり，非常によく考えられた構造となっている。

　＜ PRIDE スキル＞
　PRIDE スキル（Do スキル）とは，表1に示したとおり，5つのスキル

を総称したものであり，親子の関係づくりのために望ましいスキルのことである。

P（Praise）「賞賛」：子どもの適切な"行動"を具体的にほめること。（子どもはほめられることで，自尊心が高まり，自分が受け入れられていることを感じることができる。どのような行動が適切であるのかを知ることができ，肯定的な行動を繰り返す。）

R（Reflect）「繰り返し」：子どもの適切な"言葉"を親が繰り返して言うこと。（子どもが会話をリードできる。親がちゃんと聞いていることを示す。子どもの発話力を促進する。）

I（Imitate）「まねる」：子どもの適切な"遊び（行為）"をまねること。（子どもが遊びをリードできる。子どものしていることに親を焦点づけることができる。）

D（Describe）「行動の説明」：子どもの適切な行動を親が言葉に出して説明すること。あたかもアナウンサーのように子どもの行動を"実況中継"する。（親が子どもに関心をもち，注目していることを子どもに知らせる。子どもは親に注目をしてもらうことで，自分の活動に注意を保つことができる。）

E（Enjoy）「楽しむ」：特別な時間を子どもと楽しむこと。親は自然なふるまいを通して，子どもと一緒の時間を楽しんでいることを子どもに知らせる。優しいボディタッチや笑い，声の調子なども含む。

幼い子どもはPRIDEスキルによって，親に関心を持って見守られ，受容されていることを実感し，安心感を持つ。それにより，親との愛着が強化される。ただし，親密感を強めるこのPRIDEスキルを含むPCITは，子どもに性的虐待を加える可能性のある大人には禁忌であるとされている。それほど有効な技法と言えよう。日本人には，最初，PRIDEスキルはわざとらしく感じるかもしれない。しかしPCITは2歳〜7歳という就学前幼児を主な対象としている。これらの年代の子どもは，親の賞賛を自分に向けられた関心として素直に喜び，受け入れる。ここでは子どもの発達段階に基づいた判断が必要になる。ちなみにPCITは行動療法であるため，

PRIDE スキルにおける「具体的賞賛」は“本人の行動”についての肯定であり，基本的に“条件づきの肯定”である。しかし，一般的に重視される“無条件肯定”は，PCIT では，むしろ「賞賛」以外のスキル（「行動の説明」「繰り返し」など）で実践されていると考えられる。

　＜避けるスキル＞

　CDI における関係づくりのスキルは PRIDE スキルだけではない。「避けるスキル（Don't スキル）」と呼ばれる３つのスキルが存在する。その概要を表２に示す。

　この３つの「避けるスキル」について，「命令」や「批判」を避けた方がよいのは理解しやすいが，なかでも「質問」は相手に対する関心を示すものと考えて，むしろ積極的に使用している親が多い。しかし，「質問」は相手が“自由”に答えているように見えながら，実は質問する側が相手に答えを“要求”するものであり，主導権は質問者側にある。ましてや就学前の子どもの場合，質問によって親に“答えさせられる”状況が作り出され，一種の“侵入的体験”となる可能性すらある。「命令」も，「〜しなさい」というような「直接的命令」は親にも理解されやすいため，使わないよう容易に注意が向くが，「〜しましょうか」「〜の方がいいと思うよ」といった提案型の「間接的命令」は親も「命令」と気づきにくく，修正に時間がかかることが多い。特に婉曲表現は女性に好まれるため，「間接的命令」を減らし「直接的命令」をすることに抵抗を感じる母親もいる。

　＜「無視」と「中止」〜問題行動に注目を与えない方法〜＞

　「命令」「批判」が使えない CDI において，子どもに望ましくない行動が出た時，親はどのように対応すればよいのだろう。CDI では，子どもに不適切な行動が生じた際，「適度な無視」と「遊びの中止」を行う。「無視」と言うと，ネグレクトを連想して驚かれるかもしれないが，ここで用いられる「適度な無視」とは，子どもの不適切な言動に対し，親が注目を与えず反応しないことである。具体的には，問題行動を取る子どもから，目を背ける（視線を合わせない，子どもの方を見ない，子どもに背を向ける），何も表現しない，子どもに何も言わない等が挙げられる。また，「遊

びの中止」は，「適度な無視」では対応できない，さらに攻撃的で破壊的な危険を伴う子どもの行動に対し，楽しい「特別な遊びの時間」を取り上げるという形で制限を加えるものである。これらは，実際に行ってみると，親が口うるさく「命令」や「批判」をするよりも，はるかに大きい効果がある。最初は，親の「無視」に対し，子どもは反発し，親を試す行動に出るなど，制止が無いため一時的に問題行動がエスカレートする場合もある。しかし，親がそれに屈せず，冷静な状態を保ち「無視」あるいは毅然と「中止」を行うと，子どもの問題行動はやがて自然に収束する。「無視」において何より重要なのは，子どもがいくら騒いでもその不適切な行動に注目を与えず「無視」をやり抜くことと，子どもが不適切な行動をやめて適切な形の遊びに戻って来たら，親がすかさず「遊びに戻ってきてくれて嬉しいな」「静かに座って遊べているね」等の「具体的賞賛」を子どもに与えることである。また，「中止」を行った場合でも，「今日は特別な遊びの時間はおしまい。明日また遊びましょう」と子どもに冷静に伝えることで，（たとえ子どもが謝っても今日の遊びを中止することは変わらないが）親子の関係が切断されていないことは子どもに伝わる。PCITにおける「無視」「中止」のいずれも"問題行動"に対しての制御であり，その子ども自身を拒否し，否定するものではないという点には特に注意を喚起しておきたい。

　＜PCITで使用する玩具と機材＞

　PCITに適している玩具についても少し説明が必要である。PCITでは，ブロックやレゴ，ポテトヘッド，クレヨンと画用紙，黒板とチョークなどが推奨されている。適さない玩具としては，ピストル，剣，バット，ボール，パンチングバッグなど攻撃的な遊びや乱暴な遊びを誘発しかねない玩具や，水性絵具，シャボン玉，はさみなど，退行を促進し限界設定を要する玩具，あるいは逆に，ルールのあるボードゲームや"ごっこ遊び"の玩具などが挙げられ，通常，遊戯療法室に見られるような多彩な玩具は必要としない。PCITは攻撃性が高く，多動であるなど，問題行動のある子どもを対象とするため攻撃性や退行を助長する可能性のあるものは最初から除

外されている。また，あくまでも子ども自身の行動に焦点を当てる必要があるため，間接的なやりとりとなる"ごっこ遊び"を促進する玩具も用いない。

実施のための設備としては，ワンウェイミラー付の小さいプレイルームと併設されたセラピスト用の観察室が挙げられる（図3）。（ただし，図4，図5のように観察室で親子の様子をビデオカメラでモニターできればワンウェイミラーは無くても実施可能。観察室にはプレイルームの内容を表示するディスプレイと親子の音声を拾う集音システム，コーチングでセラピストの声を届けるための音響機器などが設置される。本学の Wi-Fi 接続システムについては図7に示す。）プレイルームには，ビデオカメラ，上述の玩具，タイムアウト用の椅子（子どもが座るため，背もたれなど安定感のあるもの）が配置される。それ以外にタイムアウト用の安全な小部屋（扉が子どもに簡単に開けられないこと）も必要となる。

＜ECBI（アイバーグ子どもの行動評価票）について＞

ECBI（Eyberg Child Behavior Inventory）とは「アイバーグ子どもの行動評価票」と呼ばれる，子どもの問題行動を評価するための質問紙である。PCIT においては，原則として，毎回開始前に親に記入を求め，PCIT による治療効果を測定するために実施する。ECBI の特徴は，子どもの行動を，①問題行動の強度（問題の程度）と，②問題評価（親がその行動を困難と感じる度合）の2側面から測定できる点にある。具体的には，幼児の着替えや食事，感情制御，きょうだい・友人関係，多動傾向など，日常生活における子どもの「問題行動」36項目を7件法で回答してもらうとともに，各項目に「問題評価（それが親にとって問題かどうか）」についても「はい・いいえ」で回答を求める。それにより，同じ強さの問題行動でも，親がどの程度負担に感じるかによって，親の認知や親子の関係性を推測することが可能となる。ECBI は多くの言語に翻訳されており日本語版も作成されている。

（2）PDI：親指向型相互交流

①PDI ティーチングと PDI コーチング

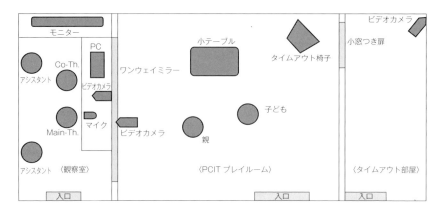

図3　本学 PCIT ルーム見取図

図4　PCIT プレイルーム

図5　PCIT 観察室（Wi-Fi 接続）

親はCDIで子どもとの肯定的関係を強めるためのPRIDEスキルを十分に習得することによって，子どもにとって抵抗感の強い「しつけ」や「行動統制」を中心とした次の段階（PDI）に進むことが可能となる。もちろん，CDIで習得されたPRIDEスキル等は後半のPDIでも継続して必要であり，これらのスキルを駆使しつつ，親はセラピストとともに，いよいよ子どもの行動修正に取り組むことになる。PDIでは，ａ）親が子どもへの命令を適切に出せること，ｂ）子どもが親の命令に忠実に従っている時，親はそのことに気づき，適切にほめる（承認する）ことができること，ｃ）子どもが従わない時でも，それに対して親が（暴力を使わず）冷静に，穏やかに対応できること，が主な目標となる。PDIにおいてもCDIと同様に「特別な遊びの時間」は続けられるが，その中で親は効果的に命令を出すことを学ぶ。また，親には「効果的な命令の出し方」についての心理教育をPDIコーチング開始前に行うが，ここには，「一貫性」「予測性」「徹底性」（後述）をもって行う段階的なしつけが盛り込まれている。

　PDI開始に先立って，DPICSによるアセスメントが実施される。CDIマスター基準（後述）をクリアしていることが確認されればPDIに進む。親は事前に「PDIティーチング」セッションにて「命令の出し方」についてセラピストから十分な説明を受ける。さらにPDIでの「タイムアウト」を含む，進め方（手順）について理解してから実際の「PDIコーチング」セッションに入る。PDIコーチング初回には，子どもへの説明と親の予行演習として，ぬいぐるみのクマをモデルにPDIの手順をデモンストレーションする。セラピストがクマ（子ども役）になり，親がクマに命令を出す。クマは親の命令に従った場合ほめてもらえるが，従わない場合は「タイムアウト」が実施される。子どもはその様子を観察する。PDIコーチングは「特別な遊びの時間」の途中に「子どもが親の言うことをきく練習をする時間」が挿入される形で進行される。PDIの大きな特徴は，「タイムアウト」が導入されていることである。

　＜タイムアウトについて＞

　「タイムアウト」とは，米国では一般的な"行動療法的しつけ"である。

興奮して攻撃的な行動や問題行動が出現し，注意や説得では制御がきかなくなった子どもに対し，"暴力的な罰"や"感情的な叱責"とは異なるやり方で冷静に対処する方法である。タイムアウトによって子どもの不適切行動に対する親の注意をそらし，親子双方がともに興奮状態から距離をとることができるため，速やかに落ち着いた状態に戻ることができる。タイムアウトは18カ月以上の子どもに適用される。「タイムアウト」の一般的方法としては，安全な部屋で1人にする，椅子に座らせるなどの方法をとる。ただし，子どもに恐怖心を与えないよう暗い部屋などは避け，安全で快適な部屋（ただし子どもの興味をひくものは排除しておく）や座り心地の良い椅子を用意し，タイムアウト時間も短く設定する（タイムアウトの椅子3分，部屋1分）など，あくまでも安全性に配慮しつつ親の目の届く範囲で，ルールを明確にして行う。

＜PDIにおける「タイムアウト」手順＞

①親が子どもに「今から，お母さん（お父さん）の言うことをきく練習をします」と宣言し，「赤いブロックをとってください」などと命令を出す。

②子どもが従った場合：すぐに「具体的賞賛」を与え，その後も連続して何度か命令を出す。すべての命令に（5秒以内に）従えば，子ども主導の「特別な遊びの時間」に戻る。

③従わなかった場合：警告を与え「タイムアウトの椅子」に座らせる（3分間）。

④3分間「椅子」に座った場合：元の場面に戻し，先の命令に従うよう伝え，従った場合は次の命令に移り，②以下を繰り返す。

⑤「椅子」から降りた場合：「タイムアウトの部屋」の警告をし「椅子」に戻す（3分間）。

⑥「椅子」に3分間座れた場合：④に戻る。

⑦再度，「椅子」から勝手に離れた場合：「タイムアウトの部屋」に子どもを連れていき，「部屋」で1人にさせる（1分間）。

⑧「部屋」で1分間静かにできた場合：「椅子」に戻し，3分間座れた場

合は④に戻る。座れなかった場合は"警告なし"に再度「部屋」に連れていき，⑦以下を繰り返す。

これら①〜⑧については，セッションで慣れた頃を見計らい，自宅においても制御したい子どもの行動に焦点を当て，タイムアウトを含め，親の命令に従う練習を継続的に実施するよう課題が出される。

（3）「ハウスルール（house rules）」と「公共の場での行動（public behavior）」

PDI の手順に親が慣れ，日常的にタイムアウトを含む「統制」がとれるようになってきたら，より難易度の高い問題行動をターゲットとしてPDIを使用するよう援助する。「ハウスルール」は，家での問題行動のうち，なかなか子どもがいうことを聞かない行動を取り上げ「ハウスルール」として特化し，そこにPDIをインテンシブに実施していくやり方である。あらかじめ，セラピストは親と「ハウスルール」の選定と実施の際の「タ

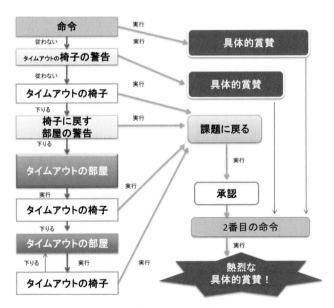

図6　タイムアウトの手順

イムアウト」の取り方について吟味する。ターゲット行動が選定され，実施方法が決まれば，親は十分に時間を取って子どもにルールを理解させたうえで「ハウスルール」を実施する。また，「公共の場での行動（以下，公共の場）」は，外出場面での問題行動（売場やレストラン等で駄々をこねる，騒ぐ，走り回るなど）をターゲットとして選定し，外出先でPDIを行うものである。通常のPDIセッションにも「公共の場」の外出練習は導入されており，セッション内で外出練習をしてから，「公共の場」のターゲットを決定し，宿題として実施してくるよう課される。

（4）修了セッションとマスター基準

PDIのコーチングセッションにおいて，親が修了基準をクリアしたかどうかは，最終的にプレアセスメントと同様，事後アセスメント（「子ども主導の遊び（CLP）」，「親主導の遊び（PLP）」，「お片づけ（CU）」の3場面におけるDPICSアセスメント）とECBI得点によって評価される。ここで，以下に示されるマスター基準に達すればPCITは終結に至る。また，必要に応じて，「きょうだいセッション」が導入される場合もある。修了セッションにおいては，「修了証書」を親と子に渡し，これまでの親子の健闘を称え，フォローアップについての約束をして全てのセッションを終了する。

＜マスター基準＞

CDIマスター基準は以下の通りである。親の「PRIDEスキル」と「避けるスキル」の習得レベルを測定するためにDPICSを行う（セラピストは5分間の親子の行動観察を行い，親が遊び場面で各スキルを何回子どもに対して使ったかをカウントする）。そこでPRIDEスキルの「行動の説明」「繰り返し」「具体的賞賛」が各々10回以上出現し，避けるスキルの「命令」「質問」「批判」が合計で3回以下になり，さらに子どもの（危険でない）不適切な行動に対して親が「適度な無視」を実施できるようになればマスターしたとみなされPDIに進めることになる。PDIのマスター基準は，ECBIが114点以下になり，適切な命令が親から75％以上出され，完全な遂行が全有効命令の75％以上出現し（100％が望ましい），親が子

どもへの対応に自信を持てたと判断されることが要件となる。

# Ⅱ．PCIT 事例報告 "よい子" すぎる 5 歳女児のケース

## 1．はじめに

　次に，PCIT の実際について具体的に理解していただけるよう，本学で筆者らが実施した PCIT 事例を紹介する。本事例は，クライエント側の事情によるものではあるが，わずか 13 回という短期間で終結した。また，PCIT は元来子どもの行動障害に対するセラピーであるが，この事例の女児は "よい子" で問題行動が少なかった。しかし問題行動が無かったわけではなく，本児は自分の気持ちを表現できず，2 歳下の弟へのフラストレーションが強まり，陰で弟に暴力が出ていた。そのため筆者らは ECBI 得点は低いが PCIT を適用した。その結果，PCIT により母子の自己表現が促進されるなど，悪循環が改善し，本女児の暴力も無事に消失した。その流れについて簡単に示す。

### 1）クライエント概要

（クライエント情報は申込票と初回の臨床的インタビューによる）

家族構成：母親 A さん（30 歳）主婦，長女 B ちゃん（5 歳 3 カ月）幼稚園年長，夫（38 歳）会社員，長男 C 君（3 歳）。（本事例では，母親 A さんと長女 B ちゃんに PCIT を実施。C 君には，きょうだいセッションに参加してもらった。）

　母親の主訴：（B は）自由にしたい様子だがそうなれない。陰で弟に暴力が出ている。

### 2）発達・生育歴・見立て

　夫 33 歳，A さん 25 歳時に B ちゃん誕生。出生時，特に問題なく「発達は普通」。（ただし，本学での K 式発達検査の結果，発達年齢は 6 歳 3 カ月と高かった。）問題行動を測定する ECBI 得点も強度 79 点，問題 7 点と非常に低いものであったが，ECBI 得点にかかわらず問題行動がある場合は PCIT の適用が可能であること，さらに，暴力を伴う同胞葛藤および

過剰適応の長女Bちゃんに対する苛立ちと自責からAさん母子が悪循環に陥っていると考え，筆者はまずPCITで母娘2人の時間を保障し，Aさんの態度を調整することによりBの行動改善が可能であると判断し，PCITを適用することにした。週1回のPCIT（有料）。筆者がメインセラピスト，須藤春佳氏（本学教員・臨床心理士）がコ・セラピストを務めた（以下，区別せずTh.と表記）。さらに，院生スタッフがアシスタントを担当した。

　3）臨床像

　母娘ともに聡明な印象だが，Aさんは子どもに対して自責的な言及が多かった。Bちゃんは「よい子」で従順だが，母親不在場面では院生アシスタントを足で蹴るなど攻撃的な行動が出ていた。

## 2．PCIT事例の経過

表3　PCITの流れ

| ＃1 | ＃2 | ＃3〜＃6 | ＃7 | ＃8〜＃12 | ＃13 |
|---|---|---|---|---|---|
| ・インテーク<br>・アセスメント | ・CDI<br>Teaching | ・CDI<br>Coaching | ・PDI<br>Teaching | ・PDI<br>Coaching<br>・弟への単独<br>セッション | ・アセスメント<br>・修了式<br>・きょうだい<br>セッション |

　以下，発話については，母親Aを「　」で，子どもを"　"で，Th.を＜　＞で示す。

　＃1　プレアセスメント

　Aさんへの臨床インタビューに続き，事前アセスメントとして「子ども主導の遊び（CLP）」「親主導の遊び（PLP）」「お片づけ（CU）」の3場面でのDPICS（観察とコーディング）を実施。親子の特徴としては，母親が遊びに没頭しがちで，子ども2人が遊んでいるような印象。また，遊びのなかで親が子どもに承認を求め，子どもが親に"与える（承認する）"ことが目立つ（親子の役割が逆転している）。実際，親主導の場面でもAさんは子どもに命令が出せない様子であった。アセスメント後のフィードバックでは，Th.から，Aさんが懸命に子どもにコミットしていたことを

賞讃し，＜PCIT が B ちゃんにとってストレートに気持ちを表現できる場となれば＞と伝える。A さんも「遊びで，B がすごく嬉しそうだったのが印象的」と笑顔で語られる。A さんも B ちゃんも PCIT に好印象を持っておられ，Th. は PCIT 適用の妥当性を確信した。

【CDI：子ども指向型相互交流】

＃2　CDI ティーチング：A さんに PCIT の流れと PRIDE スキルについて説明（B は別室で発達検査）。

＃3～＃6　CDI コーチング（4セッション）

（構成：①宿題の確認，②DPICS（5分），③コーチング（約30分），④フィードバック）

　終始母娘で一緒になごやかに遊んでいたが，B ちゃんのユーモラスな遊びで親子が大笑いした次の回，母子に身体接触をともなう温かい親密な関わりが生じ，退行的雰囲気が出現する。Th. がしばしコーチングを控え静かに見守ったところ，その後，B ちゃんの遊びが大きく変化し，集中して落ち着いた遊びが増える。セッション後，「久しぶりに B と心が通じた」と A さんは涙される。まさに母子同室の効果であろう。Th. にとっても感動的な展開であった。さらに，コーチングにより，当初出ていた A さんの「質問」も減少し，徐々に「具体的賞讃」が増えてくる。また Th. から＜A さんが一緒になって遊ぶのではなく，PRIDE スキルを使って "親のポジション" をキープすることが大事＞と伝えたところ，"親らしい" 落ち着いた見守りの雰囲気や態度が出てくるようになる。CDI 3回目では A さんの「具体的賞讃」が急増し，実際に日常生活のなかで PRIDE スキルが使えるようになったとの報告がある。CDI 4回目で，早くも A さんが CDI マスター基準をクリアされたため，翌週から PDI に移行することに。（本来なら CDI にもう少し時間を割くべきであると考えられたが，この時点であと1カ月半しか通えなくなったことが A さんから突然聞かされたため，A さんの高い能力と子どもの安定した状態を鑑み，翌週からPDI を開始しても問題ないと判断し PDI に移行することにした。）

【PDI：親指向型相互交流】

＃7　PDI ティーチング：母のみ来室，PDI とタイムアウト（以下，TO）の手順についての説明。A さんはすんなりと理解される。その際，数日前に弟 C 君が習い事の先生に頭ごなしに叱られる「事件」があったことが報告される。以前，自分も頭ごなしに子どもたちを叱ったという自責の念からひどく落ち込んだ母親 A さんを，娘の B ちゃんが慰めるという“親子の役割逆転”のエピソードが語られる。Th. は，子どもを命令に従わせることが目的となる PDI 開始時期に，実生活においても叱り方（統制）の問題のテーマが出現した点は興味深いと感じる。

＃8〜＃12　PDI コーチング（5 セッション）

残された来室可能日が限られること，母親の理解が非常に早いことから PDI を変則的に以下の形で実施した。ただし毎回，① CDI の後 PDI コーディングと PDI コーチング（30 分），②フィードバックというプロトコルは厳守し，「ハウスルール」「公共の場」の導入タイミングを早めることで，来室可能な回数内で修了できるよう配慮した。

PDI 初回では，全ての命令を B ちゃんはスムーズに遂行（TO 無し）。“次のお願いは何？”と尋ねて来るほど協力的。A さんは「命令することに抵抗と罪悪感がある」と語られたため，Th. から＜母親である A さんが要求を明確に出した方が B は混乱しない。母親の真の要求がわからないと B ちゃんはいつも母親の顔色を見て要求を自分で推測しなければならない。ストレートに表現した方が B のためになる＞と伝えると，A さんはハッとされ，納得される。その後，徐々に A さんも B ちゃんも互いの欲求を表現できるようになり，「B ちゃんが弟 C 君に注意することができた」と A さんは嬉しそうに報告されるようになった。設定した「ハウスルール」（着替え）にも B ちゃんはスムーズに従ったとのこと。

その後，B ちゃんの主張が出てきた証であろうが，A さんと B ちゃんとの間で大喧嘩が繰り広げられ，A さんが非常に消耗したという報告がある。しかしスキルは上達しており PDI セッション自体は順調に進む。PDI 3 回目で初めて B ちゃんへの TO（椅子）警告が 1 回出現するなど，A さんの前での B ちゃんの主張が増える。一方，ハウスルールは，2 つ目

のハウスルールを加えるなど快調。PDI 4回目では，母親に TO をためらう傾向がみられたため，TO はすぐに取るよう伝える。「公共の場」では，大学キャンパス内売店への外出練習も順調にクリアでき，A さんは，久しぶりに B ちゃんと2人で手をつないで話しながら歩けたことに感動される。PCIT 通算11回目には「B ちゃんの弟への暴力が消失した」との報告がなされる。「公共の場」の宿題として，「外食場面できょうだいで静かにする」を設定する。

　PDI 5回目には，「公共の場」の宿題もクリアできたこと，「B にさらに主張が出てきた」ことが報告される。（この回では，弟 C 君と A さんによる「単独セッション」を実施。）C 君との単独セッションにおいて，A さんと C 君の行動を観察したところ，C 君は母親に次々と命令を出し母親が従うという固定されたパターンがみられたため，Th. から＜「繰り返し」や「行動の説明」を入れて，すぐに C 君の命令に従わないように＞とコーチする。A さんがすぐに手を出すのをやめて，PRIDE スキルを使い始めると，C 君の命令は速やかに減少し，黙々と遊びに集中し始めた。（Th. らは PRIDE スキルの威力を改めて実感。）途中，C 君が命令に従わなかったため，A さんは初めて TO を取った。C 君は TO の椅子に3分間座ることができず，最終的に TO の部屋にも2回入ったが，その間も母親に“（おもちゃを）取って！”“（おもちゃで）遊んでいいよ！”“もう（部屋から出して）いいよ！”など次々に大声で命令を出し続けた。Th. がコーチングで励まし続けることで，A さんは17分にもわたる初めての TO を無事にやり遂げることができた。TO の後，C 君は打って変わって母親の指示を即座に実行するようになった（C 君の行動の豹変ぶりにTh. は驚く）。フィードバックで Th. は A さんが TO を見事にやり遂げたことを大絶賛。A さんも「（TO を）やりきってスッキリした！」と晴れやかな表情。母親に毅然とした態度が出現した，記念すべき瞬間であった。

　#13　事後アセスメント・修了式・きょうだいセッション：
　最終日の事後アセスメントでは修了基準をクリアされていた。B ちゃんへの TO（イス）が初めて出現したが，A さんが毅然と TO を遂行された

ことが印象的であった。一度勇気を持って実施すれば，TO への抵抗は和らぐようである。TO は最初の一歩が肝心で，コーチングによる支えの重要さを改めて実感する。修了式の後，オプションとしてＢちゃんとＣ君と母親Ａさん3人での「きょうだいセッション」を実施した。そこでも母親の注意は終始Ｃ君に向きがちだったので，Th. がコーチングでＢちゃんに注意を向けてほめるよう介入。その後，母親はＢちゃんとＣ君どちらにも PRIDE スキルを使って接することができ，BC 両者とも穏やかに遊ぶことができた。終盤，Ｃ君が甘えて母親の膝に乗っても，Ｂちゃんがおとなしくしていたので Th. が＜Ｂちゃんに，「Ｃ君にママのお膝を貸してくれて有難う」と言ってみましょう＞とコーチング。逆の状況では「Ｂちゃんと話している間，静かにしてくれて有難う」とＣ君をほめるよう介入。フィードバックでは，Ａさんがきょうだいに均等に PRIDE スキルを使えたことを賞賛した。Ａさんも，ＢちゃんとＣ君が仲良く遊べたことに感激しておられた。主訴も解消し，きょうだいセッションも実施できたため，この回をもって PCIT を終結した。

　＜1年後のフォロー＞

　PCIT 終了後，約1年後に，電話にてフォローインタビューを実施したところ，Ａさんは PCIT の後，自分の心身にとって良いことをためらわずに（自責感なく）積極的に取り入れられるようになり，その結果，自分が楽になり，子育てが非常に楽しくなったこと，Ｂちゃんを可愛いと心底から感じられるようになったこと，ＢとＣのきょうだい葛藤が改善されたこと，学んだスキルは今も日常生活で使っていることなどが報告されたため，効果が継続していると判断した。

## ３．事例における親子の変化

　PCIT 前後で各スキルの変化をみた DPICS の結果（セラピスト2名の平均）は下記のとおりである。

行動の説明：1 → 25　　　繰り返し：5 → 10　　　具体的賞賛：5 → 10

一般的賞賛：12 → 4　　　一般的会話：43 → 29　　　質問：4 → 1

命令：0 → 0　　　　　　批判：0 → 0

　わずか13回（純粋なコーチングセッションは9回）のPCITであったが，Aさんの「行動の説明」，「繰り返し」，「具体的賞賛」は大きく向上した。また，CDI 4回目にして，Aさんの子どもへの接し方は，温かく子どもを見守る，受容的で親らしい態度に変化し，ごく自然な形でPRIDEスキルが出せるようになられた。親子ともにPCITの時間をいつも楽しみに来室されていたことも印象的であった。

　次にECBI強度（問題）の推移は次の通りであった。

　（開始前）79（7）→（CDI終了時）95（5）→（PDI開始時）84（2）→（PDI4回目）71（0）→（最終回）79（0）（本児のECBIは114点以下であったため毎回は実施していない。）

　ECBI得点の変化については，Bちゃんは元来問題行動が少なかったため，途中，多少の上昇はあったものの，最終的にECBI得点の強度に前後での変化はなかった。しかし，Bちゃんが主張できるようになることは当初からのAさんの希望であったため，Bちゃんに対する評価（（）内の点数）はPCITの前後で，7点から0点へと大幅に減少し，Aさん自身が子どもの行動をストレスと感じることが無くなったことが伺える。PCITにより，親が我が子の姿をありのままに受容し，子どもの肯定的側面に気づけるようになったと推測される。

　当初母親Aさんは，子どもと同じように遊びに没頭する傾向が目立ったが，スキル習得につれ，親らしい"子どもを見守る態度"が出現した。それに伴い，Bちゃんの"子どもらしい行動"が増加し，母親への甘えを自然に表現できるようになった。一時的にBちゃんの主張が高じて母娘喧嘩が生じたこともあったが，最終的に母娘関係が改善し，その結果，Bちゃんの暴力も速やかに消失するなど，悪循環をうまく断ち切ることができたと思われる。オプションとして実施した「きょうだいセッション」で，Aさんが主張の強いC君への対応を学べたことも有意義であった。行動レベルでの介入ではあるが，PCITは親が適切な"親のポジション"を取れるよう援助し，子どもとの愛着関係を修復し，問題行動の改善を図るう

えで有効なセラピーであることが理解される。今回の事例から，元来のターゲットである虐待や問題行動を持つ子どもだけでなく，本児のような「良い子すぎる過剰適応タイプの子ども」にも PCIT は十分適用できることが示された。過剰適応タイプの子どもは，日本では多いと思われるため，我が国における今後の PCIT の展開を考えるうえで，本事例は意義深いものと言えよう。

　さて，「タイムアウト」について少し補足をしておきたい。PDI で親の言うことをきく練習をする際，タイムアウトが厳しいやり方であるという印象を持たれた方もあるかもしれない。正直のところ，筆者も最初はそのように感じた。しかし，PCIT は決して親の思惑通りに子どもを操作するためのものではない。何よりもまず，親は自らの出す命令が子どもにとって適切かどうかを，内容，出し方を含めて検討する必要がある。また PDIには，CDI で親子の本来あるべき信頼関係が構築されたとの判断なしには進めない。それらの前提に守られたうえで実行されるタイムアウトは，PDI において「一貫性」「徹底性」「予測性」をもった明確なルールのもとになされる極めて安全性の高い限界設定の方法である。（「一貫性」とは，親の気分など状況依存的に適用が変化するのではなく，その問題行動が生じれば必ず一貫して与えられること，「徹底性」とは，一度タイムアウトを取ったら，最後まで徹底してやり通すこと，「予測性」とは，子どもが自分の行動とタイムアウトとの因果関係を理解でき，タイムアウトのルールと道筋を予測できることをそれぞれ指している。この 3 つの条件が効果的な限界設定のためには重要であり，タイムアウトの安全性を高めている。限界設定の意義や「一貫性」「徹底性」「予測性」の重要性については，拙著[2] をご参照いただきたい。）

　実際に体験されない限り，タイムアウトの有効性と安全性についてはご理解いただきにくいかもしれない。本学でアシスタントとして PCIT に陪席している大学院生（以下院生）たちも実際にタイムアウトの様子を見るまでは不安を抱いていたようである。しかし，タイムアウトを含めたPCIT での親子の速やかな変化を目の当たりにして，それが安全で有効な

介入方法であることを理解し，今では院生のPCIT実践者も誕生するに至った。このように，母子分離しての一般的な並行セラピーとは異なり，母親の子どもへの応答を直接観察し，即時に介入できる点がPCITの大きな強みである。PCITセッションで，親との特別な遊びや親の言うことをきく時の，子どもたちの輝くような笑顔は，いつもセラピストの胸を打つ。子どものために最善を尽くそうと努力される親御さんの姿にも頭が下がる。"親としてあるべき姿（親子間の適切な秩序）"が整うだけで，これほどまでに子どもの情緒が安定することに，筆者は毎回深い感動を覚える。百聞は一見に如かず。一度体験していただければPCITの魅力は十分理解されるであろう。ぜひ，臨床に携わる多くの方々がPCITを実践され，その手ごたえを実感してくださることを願っている。

# III．本学におけるPCIT導入の流れ

## 1．PCITとの出会いと実現への始動

　ここでは，本学にてPCITを実践するまでのプロセスについて簡単に紹介する。一経験談に過ぎないが本学におけるPCIT導入準備について具体的に示すことで，これからPCITの実践準備をしようと考える方々に少しでも資することができれば嬉しく思う。

　1）イニシャル・ワークショップ（initial training）への参加

　筆者が初めてPCITに出会ったのは，2011年3月，米国ボストンにある，ヴァン・デア・コーク氏が主宰するトラウマセンターの研修においてであった。そのプログラムでPCITについて学び，PRIDEスキルの簡単なロールプレイやデモンストレーションを体験したのが最初である。同センターでも取り入れられているPCITは非常に論理的で理解しやすく魅力的なセラピーであった。また，筆者自身，学生時代プレイセラピー経験の中で誰に教わるともなく自ら実践していた「子どもの行動の実況中継」が，PCITでは「行動の説明」としてPRIDEスキルの一つに位置づけられていたこと，また，昨今の日本の子育てにおいて脆弱化している"親の権

## 表4 これまでのチームPCITの主な活動（2011～2015）

| | |
|---|---|
| 2011. 3 | 米国ヴァン・デア・コーク トラウマセンターにてPCITを含む研修に参加（國吉） |
| 2012. 1 | PCIT-CARE研究会（第1回）参加（國吉） |
| 2012.12 | PCIT-Int'l トレーニングコース受講（講師：Dr.Eyberg他）実施資格取得（國吉，須藤） |
| 2013. 5 | 同アドバンストレーニング受講（講師：Dr.Eyberg他）（國吉，須藤） |
| 2013. 6 | 論文「PCITにおける限界設定の意義」（神戸女学院「論集」第60巻第1号）（國吉） |
| 2013. 6 ～ | 本学「研究所総合研究助成（研究代表者：國吉）」を受け，PCIT導入にむけて準備開始（2014年度，2015年度も継続して助成金を受ける）Team-PCIT結成：國吉，須藤，友竹，宮本，前田（2015年度：國吉，神田，池田，側垣） |
| 2013. 8 | 大正大学心理臨床センターPCIT施設見学（Team-PCIT，学科長） |
| 2013. 9 | PCIT-Int'l Convention（於：Boston）参加（國吉） |
| 2013.10-11 | PCITを主軸とした，子育て支援講座「親をまなぶ講座」連続講座開催（講師：國吉，須藤，友竹） |
| 2013.11 | PCIT-CARE研究会（第3回）参加（國吉，須藤） |
| 2013.12 | PCIT実践開始（西日本初！） |
| 2014. 1 ～ | 大学の授業にPCITを導入（國吉） |
| 2014. 2 | PCIT-Int'l マスタートレーナーによるスーパービジョン開始（國吉，須藤） |
| 2014. 2 | 心理相談室主催シンポジウムにて発題。本学でのPCIT実践を紹介（國吉） |
| 2014. 3 | 心理相談室紀要にPCIT関連の論文掲載（須藤，國吉） |
| 2014. 6 | 大学広報誌「Vistas」にてPCITを紹介（國吉） |
| 2014. 7 ～ | 各種講演会にてPCITを紹介（学内，大学交流センター，行政機関，子育て支援機関他）（國吉） |
| 2014. 7 ～ 9 | 学会発表（日本遊戯療法学会，日本心理臨床学会，日本心理学会）（國吉，須藤）日本心理学会チュートリアルワークショップ講師（國吉，友竹） |
| 2014. 7 | 2013年度 神戸女学院大学 総合研究助成 研究成果報告（國吉他） |
| 2014. 8 | PCIT室改装工事開始（機材リニューアル） |
| 2014.10-11 | 第2回「親をまなぶ講座」連続講座開催（講師 國吉，須藤，友竹） |
| 2014.12 | PCIT-CARE研究会（第4回）ポスター発表（國吉，須藤，友竹）参加（神田）同シンポジウム シンポジスト発題（國吉） |
| 2014.12 | マスタートレーナー Dr. Girardの本学PCIT施設見学とTCIT情報交換会（國吉，須藤） |
| 2015. 2 | 幼稚園での職員研修と同園でのPCIT適用についての意識調査（國吉） |
| 2015. 3 | 心理相談室紀要にPCITを基軸とした親をまなぶ講座の報告掲載（國吉） |
| 2015. 9 | 日本遊戯療法学会 第21回大会主催（大会長）PCITワークショップを実施（國吉） |
| 2015. 9 | 日本心理臨床学会 第34回大会発表（國吉・友竹） |
| 2015.10 | PCIT Int'l Convention（於：Pittsburgh）発表・トレーナー研修受講（國吉） |
| 2015.11 | 2014年度 神戸女学院大学 総合研究助成 研究成果報告（國吉他） |
| 2015.11 | PCIT-CARE研究会 （第5回）参加（國吉，神田，池田），ポスター発表（國吉） |
| 2015.12 | PCIT Int'l「認定セラピスト」資格取得（國吉） |

威 " の回復の手続きが PDI という形で取り入れられている点などに共感を覚え，日本における PCIT の有効性を直観した。（私事ではあるが，2011 年 3 月 11 日の東日本大震災の時，筆者はボストンにおり，まさに PCIT をはじめとする米国における最新の " トラウマ治療 " について研修中であった。テレビに映し出された日本の被災地の様子はあまりにも衝撃的で，何もできないもどかしさを覚えた。主観的思い込みであるが，このタイミングでトラウマ治療について学ぶ機会を得たことは筆者には単なる偶然とは思えず，ボストンでの学びを何らかの形で活かしていくことが自らの一つの使命のように感じられた。もっとも，実際には被災地の方々に直接何もできておらず，このようなことを申し述べる資格など無いが，それでも筆者のなかでこの経験は無関係ではなく，PCIT を日本で展開していこうと決心した強い動機づけとなったように思う。）

　翌 2012 年 1 月，筆者は東京女子医科大学にて開催された PCIT-Japan と CARE-Japan[*2] 主催の第 1 回合同研究会に参加し，PCIT-Japan の加茂代表にぜひ関西でも PCIT を実践したいという思いを伝えたところ，同年 12 月開催の Dr. Eyberg（創始者）と Dr. Brestan-Knight（PCIT マスタートレーナー）による「イニシャル・ワークショップ（initial training）」（PCIT 実践者養成プログラム）への参加が認められた。しかし，PCIT の準備および実践にあたっては協力者の存在が不可欠との考えから，同僚の若手臨床心理士の教員（須藤春佳氏）に PCIT について説明し，イニシャル・ワークショップを一緒に受講するよう依頼したところ同意を得ることができ，2 人同時に受講できることとなった。さらに，2013 年 5 月に開催された Dr.Eyberg と Dr. Brestan-Knight による 2 日間の「アドバンス・ワークショップ（continuation training）に参加した筆者と須藤氏は PCIT 実践者としての準備を首尾よく整えることができた。

　2）活動のための下地づくり　〜 " のろし " を上げる〜

---

\* 2 CARE（Child-Adult Relationship Enhancement）「親と子の絆を深めるプログラム」とは，米国オハイオ州シンシナティ子ども病院で，PCIT をもとに開発された，子どもと関わる大人のための心理教育的介入プログラムである。詳細は CARE-Japan のサイト（http://www.care-japan.org/）を参照されたい。

PCIT は個人でも実践できる技法であり，実際には大がかりな機材がなくても，子どもと遊ぶ親の傍らでセラピストがささやく形でコーチングすることも可能である。しかし，より適切な実践や研究のためには，オリジナルに準拠した環境整備（先述のように，親子同室プレイルームとタイムアウト部屋，観察室，コーチングのためのシステム（ワンウェイミラー付の部屋，あるいは，モニター可能な AV 機材も含めた環境整備）など）が望ましい。また，大学教員という筆者の立場からも大学に資する活動でなければ息の長い実践は不可能である。そこで，大学における PCIT 実施基盤を本学大学院心理相談室（臨床心理士養成大学院附属の実習施設）とすることにしたが，そのためには，学部，研究科教員，事務方の理解と協力が必要であった。単なる個人実践ではなく，PCIT を地域に根づかせるためのシステムづくりと，そのための大学のバックアップを得ることが肝要であると考えた次第である。そこで，まず最も身近な臨床心理学の先生方と学科長に PCIT について説明を試みたところ，流派は違えども，PCIT の親子の関係性を重視し親の受容性や共感性を高め，子どもとの愛着形成を最優先する点が評価され，PCIT の本学への導入意義について臨床系の先生方の理解を得ることができ，PCIT を本学心理相談室の新しい治療メニューの一つに加えていただけることになった。ちょうどタイミングよく，NHK の TV 番組「子どもを守れ！　虐待，どう減らしますか〜アメリカから探る虐待対策〜」において PCIT が紹介されたことも周囲の理解を得るのに好都合であった。実現すれば，“西日本初”の実践となることも本学にとって良い宣伝になると判断された。このように周囲の理解とサポートをスムーズに得ることができた点が，何よりも PCIT の本学導入を推進するうえで大きかった。筆者の唐突な提案にもかかわらず，賛同し協力してくださった本学の先生方の懐の大きさと大学の厚い支援には，いくら感謝しても足りない。ともに PCIT 実践に携わってくれている須藤先生をはじめ，信頼できる良き同僚と筆者を信じてついてきてくれる院生たちの存在により，本学において PCIT は実に幸先のよいスタートを切ることができた。そこで早速，筆者は，須藤先生および PCIT に関心を持つ

大学院生3名からなる「チームPCIT」を結成した。

## 2．ハード面の準備～予算獲得と機材の準備～

　新しく事を為すには，何事にも先立つ物が必要である。そこで，2012年度中に，翌年度の学内研究助成金の申請を行ったところ，2013年度に約120万円の総合研究助成を得ることができた（本学からは2014年度，2015度にもPCITのための研究助成を得た）。また，心理相談室と同じ棟にある，日頃あまり使用されていない狭い実験室3室を大掃除し，それぞれPCITプレイルーム，タイムアウト室，観察室として使えるよう交渉した結果，他の利用者と共有する条件ではあるが，特定曜日について恒常的にPCITのために使用することが認められた。（部屋の確保には少々難航し，筆者は大学事務長はじめ必要部署に足を運び，PCITの意義についての説明をするなど奔走した。）かくしてPCIT実施スペースも無事確保され，次はいよいよ機材設置となった。ただし，使用できる3部屋はすべて厚い壁で仕切られており，ワンウェイミラーも無い部屋であったため，PCITは壁越しにプレイルームやタイムアウト室の様子を観察室でビデオモニターする形で実施することにした。しかし当初の業者見積もりでは機材設置に400万もかかるとのこと。修正案を求めても124万円と大幅に予算オーバーのため，やむなく自力での設定を試みることになった。そのような折，大正大学の犬塚教授（PCIT-Japan監事）にお願いして大正大学カウンセリング研究所のPCIT施設の見学をさせていただけることになったのは誠にありがたい機会であった。筆者，当時の学科長と須藤先生，そしてチームPCITの大学院生3名の計6名で伺い，大正大学におけるPCIT実践に関する具体的なお話を伺うことができ，大いに参考になった。それらの過程を経ることで，ようやく本学でも機材選定などの準備を実際に始めることができるようになった。

　しかしながら，初めからPCIT実施を想定して設計され，機材も整備された大正大学の素晴らしい施設に比して，本学で使用できる部屋はあり合わせの部屋で，先述のとおり，壁で仕切られているなど，当初あまりよい

条件とは言えなかった。例えば，ビデオや音声は有線接続を行う方が安定したモニター環境となるが，分厚い鉄筋の壁に勝手に穴をあけて有線接続することなどできないため，まずは手作業で無線接続の設定を行うことにした。Wi-Fi 接続についても，我々チーム PCIT の教員と学生が協力し合い，試行錯誤しながら手探りの素人作業を進めていった。実際に購入した主なものとしては，Wi-Fi 接続可能なビデオカメラ 4 台（プレイルーム撮影用 2 台，タイムアウト室用 1 台，観察室用（モニターの映像と音声に加えてコーチングの音声も採録するため）1 台），モニター用の大型テレビ，ビデオ映像を受信するための Wi-Fi 接続用ルーターと PC，観察室のコーチングの音声をプレイルーム内の親に聞かせるためのトランシーバー，プレイルーム内の親子の音声を拾うためのマイクセット，映像記録保存用の外付ハードディスク，SD カード等である。なお，これは倫理上重要と思われる点であるが，セキュリティとプライバシー保護のため，ビデオ撮影内容を無線で送受信する際の接続システムは閉鎖ネットワークとし，外部に情報が流れる危険性のないように十分留意した。音響の専門家でなくても，どこでも設置可能な無線 LAN による実際の機材接続については，図 7 を参考にしていただきたい。

　映像，音声の接続システムに加え，あとはプレイルームで使用する玩具数点，折りたたみ机，ホットカーペット，加湿器などを購入した。ちなみにタイムアウト用の椅子は学生宅の不要な椅子を寄贈してもらうなど，できる限り節約に努めた。それらの準備を経て，西日本で初めての PCIT のケースをようやく 2013 年 12 月に開始することができた。申込者の確保や広報については後述するが，上記の機材設置にかかる間も，チーム PCIT 全員でマニュアルの読み合わせをして実施内容の予行演習をおこない，申込受付方法と手順，料金設定，申込票，インテーク時記録用紙の準備など，もちろん，一つひとつ他の心理相談との兼ね合いを考え，心理相談室運営委員会での承認を得ながら進めていったが，大変忙しい状況であった。

　その翌年，2014 年の夏には，幸運なことに PCIT に使用していた建物の改装工事が行われることになった。我々の PCIT への熱意と活動実績が

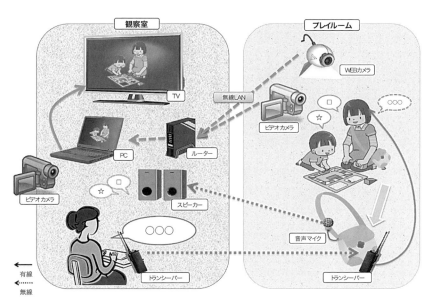

図7　機材接続システム図（改装前　Wi-Fi 接続）（画：友竹悠香）

　大学側にも認められ，PCIT を実施しやすい形での改装を進めていただけることになり，プレイルームと観察室の壁が取り払われ，待望のワンウェイミラーが設置されることになった。かくして，全面ワンウェイミラー装備の新しいプレイルームに加え，タイムアウト室はプレイルーム内の内扉から直接出入りできる理想的な構造（図8）に改築され，音声と映像モニター機材も一新された。

　それまでの機材では，無線接続の不安定さとプレイルームの集音の問題（プレイルームのノイズを拾ってしまうなど，音声の聞き取りにくい状態）が生じていた。さらに毎回4台のビデオカメラの設置・接続と片づけなどがあったため，この改装によって PCIT の実施が非常に便利になり，我々の PCIT 実践に大きな弾みがついた。今振り返ってみれば，まさにミッション系大学である本学における PCIT 実践の道のりは「求めよ，さらば与えられん」を地で行く展開であった。

図8　プレイルーム側から見たタイムアウト室（改装後）

## 3．ソフト面の準備

　ハード面は上述のように，紆余曲折ながらも，周囲の協力に支えられてうまく整備することができた。次に，PCITの広報と対象となる親子をどのように探すかという点についての本学独自の工夫について紹介したい。
　1）広報・啓蒙活動（公開講座，子育て支援講座の開催，学会開催）
　広報活動として，最初に行ったのは，PCIT用のリーフレットの作成であった。筆者が受給した総合研究助成によって，冒頭に示したような，PCITリーフレット（図2）を作成し（院生スタッフが可愛らしく温かみのあるデザインにしてくれた），近隣の施設や機関に「親をまなぶ講座」のチラシ（図9）とともに一斉送付した。その後も，PCITリーフレットは心理相談室から発送物が生じるたびに必ず同封してもらい，継続的な広報を行っている。また，本学の大学案内，大学院心理相談室案内，心理相談室のホームページなど，ありとあらゆる大学広報媒体上でもPCITを紹介し，鋭意周知に努めた。

神戸女学院大学大学院　心理相談室主催　2013年度子育て支援講座

# “親をまなぶ”連続講座 ＜全5回＞

9/2より受付開始！

“子育て”に本当に役立つ知識やスキルとは？
情緒ゆたかな心を育む親のかかわりとは？？

◆子育ての疑問に知識と体験の両面からアプローチする実践的な講座です。
（**参加無料**・全回受講者には**修了証**を授与します！）
◆米国で開発されたPCIT（**親子相互交流療法**）についても紹介します

【対象】子育て中の方、子育て支援担当者、医療・福祉関係、幼稚園、保育所、学校関係者など、幼児期～就学前後の親子関係に関心のある方
**【定員】連続講座（全5回）15名（事前申込による登録制・原則全回参加できる方）**
◆ただし、#2と#4は公開講座ですので、連続講座に参加できない方でも
**1回のみの参加が可能です。（#2#4のみの参加は申込不要**：定員各90名）

【プログラム】2013年**10/17～11/14（全て木曜）11：00～12：30（90分）**
◆会場：神戸女学院大学（阪急門戸厄神駅より徒歩10分；西宮北口よりタクシーで8分）
（ご注意！☞　#1 #3 #5：S-3：#2 #4公開講座：EB-202）

| | 日時 | テーマ・内容（#1, #3, #5は登録メンバーのみ参加可） |
|---|---|---|
| #1 | 10/17 | **「親子関係をよむ視点」**<br>・簡単な心理チェックと親子関係理解のポイントを具体的に学びます |
| #2 | 10/24<br>公開講座 | **「就学前の子どもへの対応（1）～ママがセラピスト！：PCIT（親子相互交流療法）とは～」**<br>・親子関係改善に有効なライブコーチングによる米国の心理療法PCITを紹介します |
| #3 | 10/31 | **「就学前の子どもへの対応（2）～PCITのスキルを学ぶ～」**<br>・PCITの主要スキル（子どもへの具体的な応答の仕方など）を体験的に学びます |
| #4 | 11/7<br>公開講座 | **「小学生の子どものこころ　～親の見守りと子ども同士の関係～」**<br>・小学生のこころの成長に重要な“子ども同士の繋がり”について考えます |
| #5 | 11/14 | **「親の不安に共振する子ども　～まとめとディスカッション～」**<br>・子育ての不安、親子の相互関係について、さまざまな角度から理解を深めます |

【講師】園古知子（神戸女学院大学教授）　須藤春佳（神戸女学院大学専任講師）
乗岡悠香（本学大学院博士後期課程）本学心理相談室スタッフ（PCIT担当）
【申込】神戸女学院大学大学院　心理相談室　0798-51-8554（受付10時～17時）
＊お車でのご来場はご遠慮ください。保育が必要な方は事前にご相談ください。

図9　“親をまなぶ”連続講座（2013）チラシ

さらに，筆者は講演依頼を受けることが多いため，テーマ的に可能であれば，精力的に PCIT についての講演をして回った。2014 年 6 月には，大学の広報誌 "Vistas" にもタイミング良く取り上げられ，学内外の方々に PCIT について広く知っていただく機会を得ることができた。このことも，学内で PCIT の実施がスムーズに運び，施設改装に至るよいきっかけとなったと感謝している。また，心理学系の多くの学会でも PCIT についての発表を行った。2014 年から 2015 年にかけて，日本心理学会における発表 (2014)[7]，同学会チュータリング・ワークショップ講師 (2014)，日本遊戯療法学会における事例発表 (2014)[8]，同学会ワークショップ講師 (2015)，日本心理臨床学会における「PCIT と親をまなぶ講座」についての発表 (2014：2015)[11][12][13]，PCIT-Japan CARE-Japan 合同研究会での発表 (2014：2015)[6][9]，同シンポジスト (2014)[4]，PCIT 国際会議 (PCIT International Biennial Convention) における発表 (2015)[10] など，さまざまな学会や研究会において，筆者は PCIT の発信に務め，PCIT 関連の論文や報告も執筆した。

極めつけとしては，PCIT の有効性をさらに多くの臨床心理士の方々，遊戯療法の専門家に伝えたいという思いから，2015 年の「日本遊戯療法学会 第 21 回大会」を本学で開催することを決意し，自ら大会長をお引き受けした。それにより，本学会で筆者の PCIT のワークショップを実施することができ，大きな手ごたえを得ることができた。その後，近隣の行政機関などの子育て支援関連施設からも職員啓蒙の機会として PCIT の講演依頼をいただくなど，徐々に関西地域でも PCIT の知名度が高まってきたように感じている。

　２）クライエント募集のための工夫〜「親をまなぶ講座」の開催〜

　「PCIT を実践するための整備をしても，関西ではまだ新しい PCIT に果たして申込みはあるだろうか？」これは，我々チームスタッフが，当初最も心配していたことであった。そこで，筆者は，PCIT の広報とクライエント募集を同時に行うアイディアとして，「親をまなぶ講座」（地域に開放された筆者オリジナルの子育て支援講座）を本学で実施することを考え

た。

　本講座は，一般的な子育て支援講座とは異なり，PCITなどの体験的ロールプレイを盛り込んだ少人数（15名限定）による5回連続講座である（図9）。ただし，PCITの広報も兼ねる必要があるため，2回目と4回目の講座は，それぞれ國吉と須藤先生のレクチャーとし，その2回のみ一般公開することにした。（1回，3回，5回は少人数の固定メンバーによる実習中心の連続講座とし，偶数回（2回目，4回目）はそれぞれ「就学前の子どもへの対応〜ママがセラピスト！PCIT（親子相互交流療法）とは〜」「小学生の子どものこころ〜親の見守りと子ども同士の関係〜」と題し，前者を國吉が，後者を須藤先生が講演した。）このような工夫を講座に加えることにより，①地域の親へのより実践的なPCITとPRIDEスキル理解の促進，②子の年齢に応じた親の対応についての理解，③連続講座を通して親のPCITへの関心を高め，PCITへのニーズを高く持つ親の発掘，④PCITの地域への浸透（一般的広報），などを目指した。幸い，「親をまなぶ講座」は非常に反響が大きく，受付開始後すぐに定員を超える申込みがあり，キャンセル待ちが出るなど盛況であったため，2013年度に続けて，2014年度も継続開催した。また講座を通して，受講者の母性意識や育児への肯定感などが上昇し，育児ストレスが低減するなどの効果もみられ（國吉・友竹 2015）[11]，講座自体，非常に意義深いものとなった。また，本講座がきっかけとなり，本稿にて紹介した事例のAさん親子がPCITに申し込んでくださるに至り，当初のクライエント募集の目的も首尾よく果たすことができた。

　3）アシスタントスタッフ（院生スタッフ）の育成

　前述したようにPCITは1人でも実施可能ではあるが，セラピストが親と話し合っている間などに同室の子どもの対応をするスタッフがいると親もセラピストも安心である。そこで本学では，子どもの安全性に配慮する観点からチームPCITの院生に依頼して子どもの対応についても手伝ってもらっている。チームPCITの院生スタッフは，アシスタント（共同治療補助者）としてセラピストとともに観察室に常時待機しDPICSを行うな

ど，将来に向けた"PCIT セラピストとしての基礎"を肌で学んでくれている。チーム PCIT の院生は PCIT の手順概要を一通り理解し，準備段階を担ってくれている。そのために，筆者は 2013 年度には毎週 PCIT マニュアルの読み合わせを行い，院生の質問に丁寧に回答するなど，事前スタッフ教育を行った。現在では先輩スタッフが後輩スタッフを OJT で指導してくれているため，教員は簡単な依頼をすればよい状態になり，大変助かっている。当然ながらセッション終了後には，毎回，院生スタッフに対して，セッションにおける筆者のコーチングの意図やケースマネジメントについての解説をし，質疑応答の時間を持つなど"アフターカンファレンス"を行い，協力してくれている院生の学びを促進し，新しく筆者が学んだ PCIT の知識を伝達するなど，院生スタッフの教育について配慮している。

　なお，チーム PCIT の院生アシスタントは誰にでも依頼するわけではなく，選抜メンバーを編成し固定メンバーで実施している。PCIT は統合的技法であり，一定の実践経験を積んでから携わる方が望ましいと思われるため，本チームは博士後期課程の大学院生を筆頭に，子育て支援に関心のある博士前期課程修了生を中心に組織しており，博士前期課程の学生は今のところ含めていない。異論もあるかもしれないが，臨床実践の初学者には，まず従来からの基本的な遊戯療法のエッセンスを自らの力で発見的に掴み取ってほしいという筆者の臨床教育理念からも，そのような形をとっている。先に自らの体験に学び，そこで実践してきた臨床経験の参照枠として PCIT の理論を後から援用する形をとる方が，PCIT のプロトコルや枠組みにとらわれず，学生自身の内発的な学びを促進すると考える次第である。（ただし，本学学部で筆者が行っている実習や授業，さらに大学院で行う PCIT についての勉強会や事例報告などを通して，すでに学生は PCIT についてある程度の知識を持っている。PRIDE スキルを活かした親面接の工夫を試みようとする親面接担当者も出てきており，博士前期課程の学生も PCIT の恩恵にあずかっているのは事実である。）ちなみに，2013 年度〜2015 年度にチーム PCIT に加わってくれた大学院生（博士前

期課程修了生および後期課程大学院生）は6名である。人員交代はあったものの，常に2名～3名のスタッフがコンスタントにチームメンバーとして関わってくれている。特に2013年度の機材設置にあたっては，彼女たちの尽力は不可欠であった。きめ細やかな臨床センスを発揮し，実に綿密な準備をしてくれる本学の院生スタッフにいつも支えられていることに改めて感謝したい。

## Ⅳ．PCITの今後の展望～実践者養成と資格システム～

### 1．PCIT実践施設の拡大と実践者の育成

　日本でのPCITは機材整備や人手の問題はあるものの，何よりもPCITの教育をこれまで米国のトレーナーに依存せざるをえない状況であったため，なかなか実践者の拡大につながりにくい面があった。筆者もスーパービジョンは，Skypeなどを通じて米国のマスタートレーナーから受けたが，時差の問題や映像資料の翻訳作業など，かなりの時間と手間とエネルギー（そして勇気！）の必要な大変な作業であった。しかし，PCIT-Japan代表の加茂登志子氏がマスタートレーナー資格を日本人として初めて（米国以外ではドイツに続き2人目）取得されたことで，米国のマスタートレーナーによらずとも国内で公的にセラピストやトレーナーの育成ができるようになった。これは，PCITを志す臨床家にとり，研修密度や費用の面でも意義深いことであり，我が国でも今後のPCIT実践に大きな前進が期待できる快挙である。現在日本におけるPCITトレーナーは，加茂氏（マスタートレーナー）と伊東史エ氏（レベル1トレーナー）の2名であり（トレーナーなどPCITの資格制度については後述する），認定セラピストは筆者を含めても数名程度である。しかし，認定セラピストが増え，それぞれが今後トレーナーとして活動できるようになれば，さらに早いペースでPCIT実践者が増えて行くであろう。必要としている対象（親だけでなく，子育て支援の専門家や一般の臨床家）にPCITを提供するには，まだまだ人材が不足しているため，今後の実践者の育成は喫緊の課題である。同時

に，我が国における PCIT の治療例がさらに増加し，効果研究が進むことも今後の発展には不可欠である。米国で創始された PCIT が日本に適応するかどうかについては，筆者を含め，肯定的結果が報告されてきているが，さらなる知見の集積が必要であるのは言うまでもない。

　また，PCIT は親子を対象としたセラピーであるが，PCIT を幼稚園など幼児教育現場に応用したものとして，TCIT（Teacher-Child Interaction Training）という発展技法も存在する。これは，幼稚園などの現場で，幼稚園教諭が園児に対して実施するプログラムである。クラスの子どもたちを，ターゲットとなる問題行動のある子どもを含む小グループに分け，教師が PRIDE スキルやタイムアウトを実践し，それを園に出向いたセラピストが観察し，コーチング，スキル評価，フィードバックなどを行うことで，園児の行動の安定化と適切な行動統制をはかる。まだ日本での実践例は報告されていないが，米国では数種類の TCIT のバージョンによる実践研究が進められ，いずれも効果を上げており，PCIT 国際会議でも実践研究が報告されている。筆者も TCIT をベースにした幼稚園現場での PCIT 応用プログラムを検討中であるが，PRIDE スキルはともかく，タイムアウトというしつけ方が根づいていない日本において，どのように集団で PDI を進めて行けるのかについては，日本の実情に応じたアレンジメントが必要ではないかと感じている。実際，筆者が幼稚園における PCIT 講演後に，園での PCIT 応用についてのアンケート調査を行ったところ，幼稚園教諭の多数が PRIDE スキルに非常に高い関心を示され PCIT の意義は十分理解されていた。しかしながら，やはりタイムアウトへの抵抗感が強く，タイムアウトについての保護者の理解をいかに得るかが懸念されることが明らかとなった。米国では多くの幼児教育現場での新しい関わりとして TCIT の有益性が実証されてきているが，日本での導入については，文化差も考慮し，より安全な形で実施できるよう検討し，慎重に研究実践を行っていきたい。

## 2．PCIT セラピストを目指すには

### 1）PCIT の資格システムについて

　最後に PCIT を実践したい方に向けて簡単に PCIT の資格取得システムについて解説しておこう。実際にセラピストとして PCIT を実施するには，事前に所定の研修を受け，セラピスト自身が PCIT の手順やスキルを熟知し，DPICS などの評価方法を習得するなど，相応の準備が必要となる。PCIT 資格やマニュアルはすべて PCIT-International が認定，管理しているので，関心のある方は，まず下記サイトをご参照いただきたい（PCIT International：http://www.pcit.org）。日本における PCIT 実践者養成のためのイニシャル・ワークショップ（initial training）などの情報については，PCIT-Japan のサイトにアクセスしていただくのが良いであろう（PCIT-Japan：http://pcit-japan.com）。なお，PCIT の資格は基本的に 2 年ごとの更新資格である。また，資格によって求められるレベルは異なるが，修士以上の学位を持っていることが条件となる。

### 2）実践資格と認定セラピスト資格

　先に述べたように，PCIT を実施するためには，まず「実践資格」を取得することが必要である。PCIT は膨大なプロトコルや DPICS のマニュアルに厳格に従って実施される。また，統合的セラピーとして，その理念や背景についての十分な理解も求められるため，40 時間の PCIT「イニシャル・ワークショップ（initial training）」を受講することが必須条件となっている。ちなみに，筆者がこのワークショップを受講した際には，まだ国内にトレーナーが存在しなかったため，創始者 Dr. Eyberg 自身がわざわざ来日してワークショップが実施された。Dr. Eyberg が実践者養成にあたり，いかにオリジナルの質を保つことを重視しているかが理解されるだろう。しかし現在では，マスタートレーナーである加茂登志子 PCIT-Japan 代表により，年に数回，日本語によるイニシャル・ワークショップが東京にて開催されている。通常の PCIT の実践であれば，このワークショップを受講すれば実施可能である。（実践だけなら認定セラピストを取得する必要はない。）ただし，ワークショップの定員は学びの質を保証す

るために少人数に制限されている。受講資格は，①医師，心理士，看護師，福祉士等の子どもの精神衛生に関わる専門家であること，②３年以上の臨床経験を持っていることが必要であるので注意されたい。

「認定セラピスト資格」取得のためには，上述の「イニシャル・ワークショップ（initial training）」と「アドバンス・ワークショップ（continuation training）」を受講したうえで，最低２ケースのPCITをトレーナーのスーパーバイズのもとに実践し，完全に終結しなければならない。スーパービジョンでは，定められたセッションの記録映像も提示し，コーチングやケースマネジメントについての指導を受ける。それらの条件が整った後，PCIT-Internationalに認定セラピスト申請をし，所定の試験（WEBによる試験）に合格すれば，晴れて認定セラピストとなることができる。

３）トレーナー資格

トレーナーには，レベル１トレーナー，レベル２トレーナー，マスタートレーナーと３種類の資格がある。レベル１はトレーナーが所属する同一施設のスタッフに限りPCIT実践者を養成，指導することが許される資格である。レベル２トレーナーはその地域限定（日本国内など）での指導が可能となる上級トレーナー資格である。マスタートレーナーは一切の制限なくPCIT実践者やトレーナーを養成できる最上位資格である。トレーナーになるためには，まず認定セラピストとなり，規定回数以上のPCIT事例を終了し，所定のトレーナー研修を受講し，さらにコンサルテーションを受けつつ実践者を養成すること，セラピスト養成実績などの条件をクリアすることなどが求められる。資格制度自体が最近整備されたばかりであるため，まだトレーナーの数は米国でも少ないが，ドイツや日本など米国以外の国でもマスタートレーナーが誕生していることからも，今後，世界的な規模でPCIT実践者やトレーナーが増えていくことが推測される。

## ３．最後に

PCITは現在，米国以外に，ドイツ，オランダ，ノルウェー，オーストラリア，ニュージーランド，台湾，韓国，香港，日本などで実施されてお

り，隔年で PCIT 国際会議（PCIT International Convention）という国際学術会議が米国で開催されている。筆者は，2013 年に続き，2015 年の PCIT 国際会議に参加し，PCIT 事例についての発表も行った[10]。大会の印象としては，2013 年の大会では PCIT オリジナル技法による実践効果研究が主流を占めていたが，2015 年では，TCIT や情動面にアプローチする PCIT-ED など応用技法の研究成果が紹介されるなど，PCIT がより統合的な技法として発展している印象を持った。また，適用対象の幅も広がり，聴覚障がい者への PCIT 実践や，日本，台湾，韓国，ドイツなど米国以外の地域での PCIT 実践や ECBI 研究などの展開を見せていた。会議参加人数もこの 2 年間で大幅に増加し，2013 年の大会ではすべて一部屋で進められていたが，今回は，全日程 3 つの分科会で構成されるなど，規模が拡大し充実した学会であった。次回は 2017 年に国際会議（PCIT International Convention）が米国ミシガン州トラヴァースシティで，2018 年にはドイツ，フランクフルトで初の国際学会（PCIT International Congress）が開催される。詳細については，ぜひ PCIT-International のサイトをご覧いただければと思う。

　PCIT についての筆者のささやかな経験について述べてきた。しかし PCIT について，その概要，実践までの準備，事例紹介，資格システムに至るまでトータルにまとめて解説している文献は，おそらく我が国では本稿が初めてであろう。2011 年に PCIT を知り，2012 年 12 月にイニシャル・ワークショップを受け，2013 年に PCIT の実践を開始し，西日本初の PCIT 認定セラピストとなった現在，筆者はこれからも地道に PCIT 実践を続け，学びを深めるとともに，PCIT 実践者の養成にも力を尽くしたいと考えている。また，TCIT をベースとした幼児教育現場で実践可能なプログラム開発もさらに進めていきたい。本学が PCIT の西日本における拠点となり関西地域での PCIT 研究会を開催するなど，PCIT-Japan と連携をとりつつ，これから PCIT を学ぼうとする人々のよき発信者となれるよう務めたい。現在，学部生が正規の授業内で PCIT の概要について体験を交えて学ぶことができ，さらに大学院生の段階で実際の PCIT のケース

に関与できるシステムを構築しているのは、日本ではおそらく本学だけではなかろうか。PCIT は親や近い将来に親となる人々がスキルを理解するだけでも有効である。女子大学という環境を生かし、本学の学生たちに PCIT のスキルや理念を広く知ってもらうことは未来の子育てへの先行投資となる。それにとどまらず、幼児教育や子育て支援に関わる専門家や、広く一般の方々にも PCIT を知っていただくことができれば、日本の子育ては大きく変わっていくだろう。今後、PCIT を実践できる臨床家が増え、さまざまな現場で力を発揮されることが、子育てに悩む親御さんと問題行動に駆り立てられてしまう子どもたちを救う大きな一助になると確信する。そのためにも微力ではあるが、筆者は今後も精進を重ねていきたい。

謝辞

　本学の PCIT は、2013 年度、2014 年度、2015 年度の神戸女学院大学研究所「総合研究助成」「研究助成」によって実施されました。筆者の PCIT 実践に温かいご理解とご協力をいただいている多くの関係者の方々にこの場をお借りして感謝申し上げます。特に、本事例を提供してくださった A さんご家族には厚く御礼申し上げます。また、Dr. Eyberg, Dr. Brestan-Knight, Dr. Girard, PCIT-Japan 代表の加茂先生、ならびに、伊東先生にもご指導いただいておりますことを感謝申し上げます。最後になりましたが、いつも PCIT の共同治療者としてご貢献いただいている須藤春佳先生、チーム PCIT のスタッフの皆様にも改めて感謝致します。

## ■文　献

1 ）Eyberg S & Funderburk B: Parent-Child Interaction Therapy Protocol. PCIT International, 2011.（加茂登志子他訳：親子相互交流療法プロトコル 2011 日本語版ドラフト Ver.2.0., PCIT Japan, 2013）
2 ）國吉知子：親子相互交流療法（PCIT）における限界設定の意義，神戸女学院大学論集 60 (1): 109-123, 2013.
3 ）國吉知子："親をまなぶ"講座の目指すもの〜親のポジションをひきうける〜，心理相談研究（神戸女学院大学大学院人間科学研究科心理相談室紀要）15:

129-135, 2014.

4）國吉知子：神戸女学院大学における PCIT 導入プロセス－西日本初の PCIT 実現に向けて－，PCIT-Japan CARE-Japan 合同研究会 2014，シンポジウム発題．（2014.12.5 於：東京女子医科大学）

5）國吉知子：PCIT を基軸とした"親をまなぶ"講座の実践と成果，心理相談研究（神戸女学院大学大学院人間科学研究科心理相談室紀要）16: 149-153, 2015.

6）國吉知子：PCIT における母親の否定的認知の改善，PCIT-Japan CARE-Japan 合同研究会 2015．（2015.11.29 於：東京女子医科大学）

7）國吉知子，須藤春佳：親子相互交流療法（PCIT）の効果について－ライブコーチングによる子育て支援－，日本心理学会第 78 回大会発表論文集，418, 2014．（2014.9.11 於：同志社大学）

8）國吉知子，須藤春佳：親子相互交流療法（PCIT）による親子の変化－遊び場面を用いた子育て支援－，日本遊戯療法学会第 20 回大会抄録集，48-49, 2014（2014.7.20 於：星陵会館）

9）國吉知子，須藤春佳，友竹悠香：神戸女学院大学における PCIT の取り組み，PCIT-Japan CARE-Japan 合同研究会 2014．（2014.12.4 於：東京女子医科大学）

10）Kuniyoshi T & Sudo H: PCIT applied for a Japanese mother and the child with over-adaptation –The first case treated with PCIT at Kobe College in western Japan–. PCIT Intertnational Convention 2015 ポスター発表（2015.10.1 at Sheraton Station Square, Pittsburgh, PA, USA）．

11）國吉知子，友竹悠香：PCIT（親子相互交流療法）を基軸とした「親をまなぶ講座」の効果－PCIT と子育て支援講座との連携－，日本心理臨床学会 第 34 回秋季大会発表論文集，466, 2015．（2015.9.19 於：神戸国際会議場）

12）前田侑子，宮本佳奈，友竹悠香ほか："親をまなぶ"講座による親の変化（Ⅱ）－エゴグラムから見た自我状態，親役割の変化－，日本心理臨床学会 第 33 回秋季大会発表論文集，395, 2014．（2014.8.25 於：パシフィコ横浜）

13）宮本佳奈，前田侑子，友竹悠香ほか："親をまなぶ"講座による親の変化（Ⅰ）．日本心理臨床学会第 33 回秋季大会発表論文集，394, 2014．（2014.8.25 於：パシフィコ横浜）

14) 栁田多美：DV 被害が終わってからの母子への援助―PCIT（親子相互交流療法）の紹介―，大正大学カウンセリング研究所紀要 34: 36-46, 2011.

## PART 8

# 対人関係療法

*Interpersonal Psychotherapy*：*IPT*

坂本　誠

---

**ここがポイント！！**

　本章の前半は総説として，IPT について概要，認知行動療法との違い，IPT の基本的特徴（治療期間，焦点化，IPT と対人関係）について述べられている。IPT の目指すところは，「症状と現在の対人関係問題の関連」を理解し，現在の対人関係問題に対処し，更に将来の対人関係問題を予防することである。IPT における面談でのポイント，精神科医と治療者の役割，対人関係療法の構成は臨床的かつ実践的である。他の章で述べられたトラウマに対する技法の一つである，曝露療法との比較として IPT は，患者が曝露だけでは扱い切れない現実生活の対人関係問題への対処ができるようになるという利点がある。

　後半の 2 例の症例提示はライブ感に溢れ，読者は筆者と患者の面接場面に引き込まれていくことであろう。PTSD の慢性化例として，症例 1 は焦点とする問題領域を '不和'，症例 2 は '欠如' とした。考察として，IPT は治療効果が続き治療終了後も自分の力で改善していく感覚が育ち，IPT で学んだことは将来の再発の予防にもなるという。（野呂浩史）

坂本　誠（さかもと　まこと）

　メンタルクリニックエルデ院長。医学博士。

　1985 年，聖マリアンナ医科大学医学部卒業。聖マリアンナ医科大学精神科研修，丹沢病院医局長，神奈川病院医長などを歴任。1993 年，ドイツ，ハイデルベルグ大学客員医師。2007 年から現職。2013 年，ドイツ，フライブルク大学にて対人関係療法認定コース終了。2007 年から水島広子医師の元で対人関係療法を研鑽中。

　メンタルクリニックエルデにて対人関係療法を実施し，同クリニックで臨床心理士と精神保健福祉士が対人関係療法を行う際に，精神科医としてバックアップしている。著書に『誰でも分かる Q&A シリーズ　痴呆の Q&A』（共著，医薬ジャーナル社，1997）などがある。

# I．IPTとは

　対人関係療法（Interpersonal Psychotherapy），略してIPTは，アメリカ精神医学会で認知行動療法（CBT）と並んで推奨されている精神療法である[2,11,14]。
　IPTは，CBTと並んでエビデンスベースドな治療法の1つで，うつ病，不安障害，摂食障害への効果が認められている。最近では，心的外傷後ストレス障害（PTSD）・トラウマ関連障害への効果が証明され，更に研究が進められている[1,10]。
　日本では，最近，IPTが注目されており，水島を中心に対人関係療法研究会での研修や，日本うつ病学会や国際対人関係療法学会への発表が精力的になされている。

## 1．IPTの概要

　IPTは対人関係を良くするもためのものではない。患者の現在の対人関係と症状を検討し，以下のことを行う。
- 症状に影響する相手との不和の状態であれば，再交渉を行い，不和の状態からくる症状や問題に対処していく。
- 仕事や生活の中で突然の出来事が起こり，患者の周りに変化が生じ症状が発症し周囲と適応できなくなった場合，対人関係を利用して新しい役割への熟達感をつくる。
- 症状のために対人関係がなくなっている場合は，安心感を作っていき，対人関係を広げ，新しい関係性を作っていくことで，安心感と自信をつけていく。
- 大切な人を失った時の悲哀のプロセス（否認，絶望，脱愛着）が何らかの理由で進まなくなっている場合，そのプロセスがうまく進むように悲哀を伴う感情を安心・安全な場所で表現していく。

　このようにIPTは対人関係を利用するなどをして，患者の病気を治療

していくものである。

## 2．認知行動療法（CBT）との違い

IPTはCBTと同じくエビデンスベースドな治療法であるが，認知そのものは直接扱わない。

CBTは毎日の課題を患者に出す。一方，IPTは夏休みの宿題のように大きな課題を先に出すという表現が当てはまる。

CBT家は動物的な治療者，IPT家は植物的な治療者と言われており，IPT治療者は暖かい立場で患者と面談する。

## 3．IPTの基本的特徴

### 1）IPTは期間限定の治療
- 一般的にIPTのセッションは12回から16回で契約する。
- Markowitzは，PTSDへのIPTは14回であると提唱している[1, 10]。
- IPTは，治療効果を最大限に発揮させるために，最初からセッション回数を明確にしている。限られた回数の中で集中して治療効果を上げるためである。
- また，1回のセッション時間は45分から60分とし，患者ごとのセッション時間は固定する。

### 2）焦点化

IPTは高度に焦点化された治療法である。選んだ問題領域で焦点化して治療していく[7]。

### 3）IPTと対人関係

IPTは，過去ではなく現在進行中の対人関係を扱う。つまり，病気の発症だけでなく，その後の経過，現在の症状に影響する対人関係に注目する。

IPTで目指すところは，「症状と現在の対人関係問題の関連」を理解し，現在の対人関係問題に対処できるようになり，更に将来の対人関係問題を予防できるようになることである[7, 15]。これにより，将来の症状への予防になるのである。

## 4. IPTの治療後の継続効果

　IPTの治療効果という点において，IPT終結後にも自分の力で継続し，治療終了後も効果が更に伸びていくことは注目すべき点である。

## 5. IPTの面接の特徴

　IPTの治療者は，患者の代弁者としての暖かい立場で臨み，患者と共同歩調を取る。
　面接でのポイントは以下である[7]。
### 1）患者との治療関係の確立は大切
　治療者が患者に対して，安心できる雰囲気作り，「この先生なら話せる」という安心感・安定感をもたらすことが必要である。特にトラウマ関連障害・PTSDの患者は，人とどう関わったら良いかわからなくなっており，治療者・患者関係の確立は重要である。
### 2）患者と同等の目線で一緒に考えていく
　患者の代弁者として患者の対人関係と症状の関係を一緒に探索していく。
　指示・指導的ではなく，患者の味方として患者に変化を起こせることを一緒に考え，患者が実行しやすいようにする。
### 3）IPTの治療場は安全な場所
　IPTの外来治療場は安全な場所であることを理解してもらうように努力する。
　患者に脅威を与えないように配慮して面接する。
### 4）希望的・楽観的な治療[7]
　患者の問題を「治療可能な病気」として扱う。患者そもそもの性格ではなく，病気として扱い，病気は治るものという希望的・楽観的な立場を取る。
　一般的にIPTの面接では明るく，対人関係療法家は，やや微笑んでいる。
### 5）患者の失敗は患者のせいではなく治療者の作戦の失敗
　患者が実行できなくても，治療者の作戦の失敗であり，患者が悪いので

はないことを説明し，罪悪感を取り除いていく。つまり「できないのは私のせい」という感覚を取り除いていく。

　6）患者の感情を引き出す

　トラウマを持つ患者は感情を出して良いものなのか，わからないことが多い。

　この状態から IPT の中で患者が感情を出してもいいという方向に持って行く。

　例えば，不安のために大切な人に感情を出せなかった患者が出せるようになる。

　7）素直な気持ちで聞く

　解釈はせず，子どものお使いのように素直な気持ちで聞く。患者の話がわからなければ，明確化していく。

　8）患者が主役，治療者は患者の味方

　親子セッション，夫婦セッションでは，患者が主役であり，治療者は患者の味方として，つまり患者の代弁者として面接を進める。

　9）面接は患者との作戦場

　中期では，患者が実際の場面で実践していく。患者は1週間後の経過を知らせに来て，面接が始まる。

## 6．精神科医と治療者の役割

　IPT は DSM-5 の診断疾患に対しての精神療法である。

　精神科医の役割は，DSM-5 の診断基準に基づいて診断をし，薬物療法の必要性の判定をすることである。しかし，精神科医が IPT を行わず，臨床心理士や精神保健福祉士が IPT を行う場合がある。

　インテーク面接時に精神科医が診断を行うのが望ましいが，心理士のみの施設の場合は，外部の精神科医と共同で IPT の準備をすることになる。この場合，その精神科医に IPT をすることを理解してもらい，精神科医に IPT 開始の前に DSM-5 を用い診断してもらう。

　心理士や精神保健福祉士が IPT を施行する場合は，精神科医との情報

交換が必要である。精神科医に診断の提供と，薬物療法の必要性の有無の判定をしてもらうことになる。

## 7．IPTの構成

IPTは初期セッション（4回まで），中期セッション，後期セッション（残りの2回）の合計12〜16回から構成される。この中で一番大切なセッションは初期セッションである[7, 15]。

## 8．初期セッション

初期セッションでは，フォーミュレーションと問題領域の選択が行われる。

IPTでは，初期セッションが一番大切である[15]。初期セッションで，フォーミュレーションと問題領域の選択に失敗すると，中期以降，実践で取り組んでいく対人関係問題と患者の症状の関連が絡み合わなくなる場合がある。

以下，初期セッションで行われることを述べる。

### 1）病歴の聴取

病歴を聴取する。この場合，ライフチャート（出来事，対人関係，気持ちを経時的に書いてもらう表）があると聴取しやすく，フォーミュレーションをするときに役に立つ。

### 2）患者に「病者の役割」を与える

患者の性格から症状が来ているのではない，調子が悪いのは自分のせいではないことを説明する。病気に罹っているから今の症状が出ることを患者に理解してもらい，罪悪感から解放され，病状は改善していくものであることを理解してもらう。

### 3）病状と対人関係の関連を聴取

対人関係質問項目や[14]，親しさサークル（図1）を使い，現在の対人関係の状態を探索する[5]。

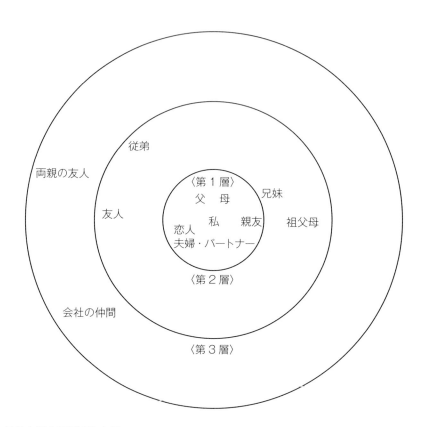

健常な場合は以下となる：
第1層は，両親，夫婦・パートナーなど，自分に一番影響がある人たち
第2層は，友人関係など，次に影響がある人たち
第3層は，その他，仕事仲間や社会との繋がりなど，あまり影響がない人たち
しかし，PTSD，摂食障害，うつ病患者などでは，変わってくる．

図1．親しさサークル

4）病状の流れの探索 [15]
　出来事（イベント）と対人関係と症状の関連を考えながら行う．
　ライフチャートをもとに，患者が現在の病気になるまでの流れ，つまり，生まれてから，患者はどう生きてきたかのストーリーを聴取する．

うつ病では病気になったきっかけに注目する。摂食障害では持続因子に着目する。

単純性PTSDは発症したきっかけに注目するが，複雑性PTSDや慢性化したPTSDでは生まれてから現在に至る病歴，つまり生活歴から病歴までを聴取することが必要である。

また，発達症（アスペルガーなど）も有する患者が少なくない。

このため，生活歴から病歴まで，患者がどう生きてきたのか，その中での病気の発症と対人関係と症状との関連を含めて総合的に聴取する必要がある。

5) 戦略，つまり，対人関係フォーミュレーションと問題領域の選択[15]

病歴と症状の出方と対人関係の問題領域の関連づけをする＝対人関係フォーミュレーション。

対人関係フォーミュレーションに基づき，治療目標のための「4つの問題領域」から1つもしくは2つの問題領域を選ぶ。

問題領域を選ぶ際は，「原因」や「結果」ではなく，「きっかけ」や「持続因子」に着目する。

対人関係の「4つの問題領域」は以下である：
・「悲哀」；患者にとって重要な人の突然の異常な死
・「対人関係上の不和」；影響ある人との不一致が病気に影響している状態
・「役割の変化」；患者の生活・社会及び対人的変化が病気に影響している状態
・「対人関係の欠如」；人間関係を作ったり，維持することが難しい状態

6) IPT初期の終了から中期の開始

対人関係フォーミュレーションに基づく問題領域と治療目標を提示し，患者の合意を得て初期セッションが終了。IPTの中期が開始される。

## 9．中期セッション

中期は患者が実践していく時期である。決められた問題領域に沿って焦

点化して行っていく。

症例を参照されたい。

## 10. 終期のセッション

まとめをする。患者が IPT を通して何ができるようになったか，何が変化したか，今後の不安等を話し合い，IPT が終了しても自分の力で続けることができることを確認する。

終期は変化の時期であり，患者は IPT との離別と思うことがあり，IPT の後半に特に患者が感じやすいため，特に不安について話し合うことは大切である。しかし，IPT は治療が上手くいくと，患者自身の力で卒業できるものである。患者に対し，自分の力でここまでできたことを褒め称え，また IPT が終了しても自分の力で改善していく力があることを説明し，不安を解消し更に自信をつけてもらう。

## 11. IPT の技法

IPT は技法よりも戦略である。技法については，水島の著書[6,7,14,15]を参照されたい。

# II．PTSD に対する IPT

## 1．PTSD に対する IPT の基本的な考え方

PTSD に対する精神療法は，現在，曝露療法が中心である。しかし，患者の中には曝露に対して恐怖を感じ，耐えられないと感じる人もいる。このため，曝露をベースにしない治療法として IPT が検証された[1,10]。

トラウマによって，患者が社会的環境に不安を感じ，対人的，社会的に引きこもるという状態に焦点をあてる[6,14]。このため，IPT は，患者が曝露だけでは扱い切れない現実生活の対人関係問題への対処ができるようになるという利点がある[6]。

## 2. トラウマを持つ患者に対する心構え

トラウマの患者はそもそも傷ついている。トラウマ患者は敏感であり判定（ジャッジ）されやすく，患者は治療者からの判定・断定により更に傷つきやすくなってしまう。このため，患者に対しては安心感の提供を行うことが最も大切で，患者への接し方はロジャースの言う「無条件の肯定的関心」である[4,8]。

## 3. コントロール感覚の回復

トラウマ体験をすると，症状に振り回されて，今までの日常から離れていき，それまで築き上げていたもの，それまであったものが失われるため，コントロール感覚が失われ，患者が他者・社会の中で，孤立していく。このため，IPTでは，コントロール感覚を回復するように進めていく[8]。

## 4. 安心感の提供

トラウマをうけた患者は，不安のために対人的な関わりを持つことができないことが非常に多い。このため，IPTでは，まず治療者が患者に安心感を提供し，IPTの治療場が安全な場所であることを患者に理解してもらうことが大切である。

## 5. 治療者の軸・安定感

PTSDに対するIPTは，患者が不安を持っているために，治療者が軸を持っていなければならない。治療者の軸と安定感が患者の安心感に繋がるからである。

## 6. 「医学モデル」の重要性[8]

PTSDの患者は，「もともとの性格」「自分が弱い」「自分は人間として何処かが欠如している」等と自分を見て，罪悪感を感じることが多い。

IPTでは，医学モデルを使う。つまり，患者に対して，問題がもともとの性格や患者のせいではなく，病気の症状からくるものであり，病気は治

るものであることを説明することで患者に安心感をもたらすようにする。これにより患者の罪悪感が減るだけでなく，患者の安心感の確保ができ，患者自身のコントロール感覚の回復にも繋がっていく[8]。

例えば「○○さんは自分が弱いとか，自分の性格のために病気になったのではありません。PTSDに罹っていらっしゃる○○さんにPTSDの症状が出ているのです。これがPTSDなのです」等と説明する。

## 7．IPTの治療過程での変化を知ること

治療過程での変化を知ることは大切である。PTSDに対するIPTの治療過程の中では解離やフラッシュバックなどの症状のより戻しがある。症状のより戻しは，症状の悪化ではなく，回復過程の中での治癒反応であることを説明する必要がある[8]。

## 8．PTSDに対するIPTの戦略について

1）単純性PTSDへのIPTの戦略は「役割の変化」が使われる

単純性PTSDのきっかけには，例えば，大地震・災害により，今まで築き上げていたものや，生活が崩れ，中には大切な家族や友人を亡くすなど，対人関係が崩れ，世界観が変化してしまうようなものが挙げられる。

役割の変化は以下に注目する[8]。

- ・慣れ親しんだ人たちとの関係と愛着の喪失，慣れ親しんだ社会での機能の喪失
- ・恐怖・不安で感情のコントロールができない状態
- ・新たなソーシャルスキルを身につける
- ・自尊心を取り戻す

「役割の変化」の治療目標は，新しい役割での達成感を生み出すことである。このために，ソーシャルサポート，つまり，社会に再び出る際にノウハウや・やり方を教えてくれる人，仕事の問題を助けたり教えてくれたりするなど，一緒に考えてくれる人の確保は重要である。

2）複雑性PTSDや，慢性化したPTSDへのIPTの戦略は「欠如」が使われる

・まず，複雑性PTSD（complex PTSD），およびトラウマ関連障害について説明する。慢性のトラウマ体験によって生じる問題が，複雑性PTSDあるいはDESNOS（Disorder of Extreme Stress Not Otherwise Specified）と呼ばれる一群であり[3, 9, 11, 12]，症状は情緒不安定，不安，身体愁訴，解離などである。

慢性のトラウマ体験は，身体的・心理的・教育的虐待や，両親の不和・両親間のDV，両親からの暴力，ネグレクト，アタッチメントの問題，長年にわたるいじめ，等であり，これらにより対人過敏が起こり，対人関係を作ることに不安を抱え，自分の周りには誰もいなくなるということが起こる。この対人過敏により，人に本音が言えなくなる。本心が言えないことはトラウマを維持させる。ゆえに複雑性PTSDや慢性のPTSDには，その持続因子として「欠如」を取ることが多い。例えば，恋人がいても本心が言えないのである。

・トラウマ関連障害は，PTSDの診断基準を満たしていない状態である。例えば，フラッシュバックや解離がなくても過去のトラウマ体験により対人過敏や不安などがある場合である。摂食障害や慢性のうつ病の患者の病歴を聴取すると，トラウマ歴が少なくない。

3）複雑性PTSDや慢性化したPTSDにおける「欠如」は以下に注目する

・患者が治療者に対して安心感をもてるようにする
・欠如の症例は治療者との関係作りから始める
・患者は慣れ親しみを持つことに対して不安・恐怖を持ち，または怒りのために，他人と距離を置き，周りには誰もいない状態
・恐怖・不安の感情をも表出できない状態
・安心できる人に少しずつ近づいていけるようにし，安心を持てる人の確保
・安心できる人たちをサポーターとして，新たな対人関係を作る

・安心感と自尊心を取り戻す

　また，複雑性 PTSD や慢性化した PTSD では，「不和」を使うこともある。対人過敏から来る不安や怒り等のために，相手との距離が取れなくなり，不和になるのである。

## Ⅲ．症例報告

### 症例 1

　本症例は PTSD の慢性化の症例であり，不和になったものである。
【焦点とする問題領域】不和（元彼との不和）
【問題領域における目標】元彼が本人の症状に一番影響ある人物。元彼に自分が困っていることを伝え，気持ちの安定を図る。元彼との行き詰まりの状態から⇒元彼との役割期待のずれを修整するために再交渉を行う。なお，治療者は離別へは誘導してはならない。
〈説明〉
不和は不一致とも言い，現在の対人関係の中で，相手とのやりとりで大きな影響を受け，全く動きが取れない状態である。一般的に急性期の PTSD に対しては役割の変化で行うことが多いが，PTSD が慢性化すると欠如や不和になる。本症例は典型的な不和の「離別」になった症例である。

【診断名】PTSD
【患者】女性，K さん，19 歳
【職業】専門学校生，ファーストフード店でアルバイト中
【家族構成】父，母，3 人の姉，本人の 6 人で同居。家族関係は薄い。
【現在の情緒に影響する人物】
　元彼（重要な他者）：アルバイトで一緒。20 歳
　バンドの友人達：サポーターとなっていく存在
　D 君：K さんのことが好き。アルバイトが同じ。19 歳
　G 君：19 歳

【病歴】家族は希薄な関係で，かわいがられたという経験はなく，いつも姉たちが中心の生活で，姉たちと比べられて育てられた。高校時代付き合っていた彼氏のDVで苦労した。X-3年，その彼氏から，「俺のことが好きなら，飛び込め！」と言われ首を絞められ，意識がなくなり2階から庭に飛び込み庭木に引っかかったが，家族から発見されなかった。

X-2年6月，彼氏と離別。

X-1年，新しい彼氏と付き合うようになったが，11月，彼から別れを告げられ別れた。その後，抑うつ気分，不安やフラッシュバック（FB）や解離などの症状が出現。IPTはX年2月から開始となった。

\*第3回目：フォーミュレーションと問題領域の設定
〜中略〜

Kさん：バイト中に，向こう（元彼）が先輩で，指示されるけど，やろうとすると，口を挟まれる。言うことが違っていて，何をしていいかわからない

治療者：続けてください

Kさん：元彼の態度が仕事仲間の態度ではなくて，1対1の感じで怒るのです

治療者：ということは，元彼は，Kさんに仕事中に個人的に話しかけてくると考えて良いでしょうか？

Kさん：そうです

治療者：仕事中に，Kさんに対してどんなことを言うのですか？

Kさん：来週，ご飯食べに行こうよ。とか，新しい店ができたので見に行こうとか…（下を向く）

治療者：そう言われてどうされましたか？

Kさん：断ることができなくて。身体が固まってしまって怖いのです。昔のことが出てしまう。何をしたらいいかわからなくて（泣く）

治療者：う〜ん，身体が固まる，それは辛いですよね（頷きながら）

Kさん：自分で自信をなくしてしまいます。夜になると思い出して不安に

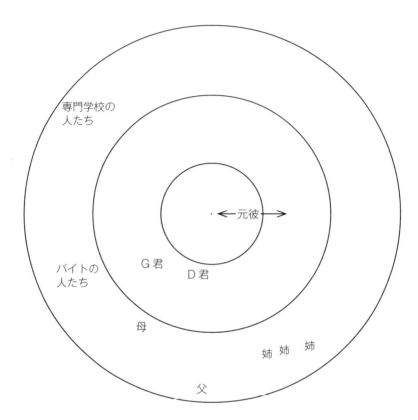

元彼の影響で情緒に変動がある。

図2．症例1　親しさサークル

　　　なります
治療者：なるほど。元彼とのやりとりでどんなことが気になりますか？
Kさん：私は必要なこと以外は話したくないのですけど，向こうが普通に話しかけてくる
治療者：もう少し詳しく話してもらえますか？
〜中略〜
Kさん：どう対応したらいいかわからなくて，話すけど話した後，悲しく

　　　　なってしまうのです
〜中略〜
治療者：元彼にはどうしてほしいですか？
Kさん：ちゃんと本当のことを言ってほしい
治療者：本当のこととはどういう事ですか？
Kさん：向こうから別れを切り出して，相手のことを想って別れました。別れを受け入れたところ，向こうの態度が変わってきたんです
治療者：なるほど，なるほど。どのように元彼は変わったのですか？
Kさん：誘ってきたり，仕事中話しかけたり，気を引くそぶりを見せるのです
治療者：元彼の行動とKさんのお具合との関係は如何ですか？
Kさん：不安になります。怖いのです。前の彼氏とダブってしまって，昔のことが出てきて怖くて辛いです（泣く）
治療者：元彼とはどうしたいと思いますか？
Kさん：あまり関わりたくないです
治療者：Kさんは，元彼と昔の彼氏がダブってしまう。昔の大変な事を思い出して辛くなってしまう。元彼の言動や行動がKさんの症状に強く影響するのですね。元彼とはバイトで一緒のため常にお気持ちに影響してKさんが苦しんでいらっしゃる。そういう理解でよろしいでしょうか？
Kさん：はい
治療者：それでは，元彼とのやりとりを中心に考えましょう。元彼に影響され症状が出て苦しくなるKさんが，元彼とのやりとりをしながら，元彼に影響されないようにしていく，というやり方で如何でしょうか？今のやり方で大丈夫ですか？
Kさん：はい
〈説明〉
元彼との役割をめぐる不和のフォーミュレーションである。この症例では，重要な他者は，元彼である。重要な他者は，協力者だけではなく，不和の場合は症状に強

く影響する人物である．この段階は，不和の「再交渉」「行き詰まり」「離別」の中の「行き詰まり」の状態である．

## ＊第5回目：中期セッション
〜中略〜

治療者：この1週間，元彼とはその後如何ですか？

Kさん：今，元彼の卒業旅行で．そのせいもあって，気持ちは楽です．でも，ときどき，事故のことが急に出てきて，不安になります

治療者：大丈夫ですか？お話をしても．昔の彼氏は，どんな人だったのですか？

Kさん：いきなり怒ったり，束縛が激しいし，怒ると暴力を振るう…

治療者：いきなり怒るのですか〜⁉　暴力ですか〜？　こう伺っていると，元彼は，昔の彼に似ていると思いますが？　如何でしょうか？

Kさん：かぶせてしまう…昔のことが急に出てくる

治療者：なるほど，なるほど，急に昔の彼氏のことを思い出して，そして元彼に対して，不安が出てしまうのですね．KさんがPTSDをお持ちなので昔のことと重ねて感じてしまうのは当然ですよね

Kさん：混ざっちゃいます

治療者：昔の彼氏と元彼が混ざってしまうのですね．これから，元彼とはどうしていきたいですか？

Kさん：待っていれば，向こうは，4月にはいない．いなくなるまで我慢する．そう思っています

治療者：我慢すれば良いのですね．我慢をすることでお具合に影響はあると思いますか？

Kさん：不安になってしまう．気になってしまうんです

治療者：もう少し詳しくお話しして頂けますか？

Kさん：自分のことをどう思っているか，気になります

治療者：元彼の考えを確かめたいということと理解してよろしいでしょうか？

Kさん：やっぱり，まだあります
治療者：まだあるとは，どういうことですか？　もう少しお話し頂けますか？
Kさん：…まだ，好きなのかも知れません。でも，離れたいという気持ちがあります
治療者：彼のどういう所が良いのですか？
Kさん：……
治療者：もしお答えできるようなら仰って下さいね。では，元彼と離れたいというのはどうしてですか？
Kさん：昔の彼氏に重ねてしまう。いろいろと仕事中でもプライベートのことを言ってくる。誘ってくる。別れを言ったのは向こうなのに…
治療者：なるほど，なるほど。彼にはどうしてほしいですか？
〜中略〜
Kさん：前も言われたのですけど「俺がいなくても強くなれ」って言うと思います
治療者：そういうことを言うのですか？　そう言われたら，どういう気持ちになりますか？
Kさん：強くならなければダメなのかな，と思います
治療者：今Kさんが PTSD で心が弱っているにもかかわらず，強くなれと言うのは負担が重すぎると思いますが，如何でしょうか？
Kさん：辛い，悲しい，でもすぐに強くなれないし…私が弱いからだと考えてしまいます
治療者：そう感じるのは，PTSD を持っているKさんだから感じるのですよ。自分が強くならなければいけないのは，辛いですよね
Kさん：はい（泣く）

〈説明〉
まず，1週間の出来事を話してもらう。ここで大切なことは，治療者が患者の方向性を誘導してはならないということである。患者との共同歩調をとり，患者と一緒

に考えていくことが大切である．
本症例は元彼との不和であるために，元彼とのやり取りにおける問題点に焦点をあてていく．
また，症状が病気からきていることを説明する．病者の役割，つまり病気を抱えていて症状が出るのは自分のせいではないこと，を説明する．

＊第6回目
〜中略〜
Kさん：上がったり下がったりします
治療者：詳しくお話し頂けますか？
Kさん：事故のことを突然思い出します……（泣く）
〜中略〜
Kさん：昔のことを思い出すと嫌になってしまう．それが一番嫌です
治療者：昔の彼のことを思い出して嫌になってしまう．昔のこと，あんな酷いことを思い出すと辛く感じるのは当然ですよね．昔のことと，元彼とは関連してしまうのですよね，今の理解でよろしいでしょうか？
Kさん：はい（泣きながら）
治療者：元彼とのやりとりは最近はどうですか
Kさん：結構話しかけてくる
治療者：どんなことを言ってくるのですか？
Kさん：「テレビ見た？」とか
治療者：そう言われて，Kさんはどう受け答えますか？
Kさん：それくらいは，普通に返せるのです．でも「自分は最近こんなことがあった」と言われる
治療者：もう少し詳しくお話しして頂けますか？
Kさん：「年末にどうやって過ごすの？」とか聞かれます
治療者：そういうことを言われると，どうですか？
Kさん：聞きたくなくなって，会いたくないです

治療者：元彼にどうしてほしいですか？
Kさん：放っておいてほしいです
治療者：元彼からいろいろと聞かれると，どんな気持ちになりますか？
Kさん：元彼から言われると嫌になってしまうのです。いろいろと辛くなってしまう。自分が一人になった気持ちです
治療者：自分が一人になる。もう少し詳しく教えて頂けますか？
Kさん：誰にも相談できないのです
治療者：それでは，どなたか，Kさんのお具合を知っている方はいらっしゃいますか？
Kさん：母です。父も知っていると思います。でも話せない…
治療者：バンド仲間の友達はどうですか？
Kさん：調子が悪いのは知っているみたいです
〜中略〜
〈説明〉
コミュニケーション分析をして元彼との役割期待のずれを探索する。IPTでは，サポーター＝協力者を掴んでいくことが大切である。この症例では，バンド仲間の友人が今後，協力者となっていく。

＊第8回目
〜中略〜
Kさん：最近落ち込むよりも，イライラすることが多いです
治療者：どういうことに対してでしょうか？
Kさん：人間関係です
治療者：もう少し詳しく教えてください
Kさん：バイトで一緒のバンドの仲間と話をしたんです
治療者：続けてください
Kさん：その人が男の人なのですけど，好いてくれている
治療者：もう少し詳しく教えて頂けますか
Kさん：喧嘩をすると，露骨に，シカトされるんです

治療者：この親しさサークルの誰ですか？　どういうときに，喧嘩になるのですか??
Kさん：D君です。私が言ったことに対してD君はムカッとする。騒がしい人なので私が「うるさい！」って言います
治療者：うるさいと言えたのですね！凄い～！続けてください
Kさん：私が「うるさい！」と言うのに，気がついたら，シカトされたり…
治療者：シカトされているのですか～？
Kさん：他の人には普通な態度なのに，私だけには目線を合わせてくれない。仲直りしたときもD君は「どうでもいいっていう人には，そういうことは言わないけど」って言います
治療者：それはどういうことなのですかねぇ？　それを聞いて，どう感じましたか？
Kさん：普通に話すのは嬉しいし，バンドの話をするのは嬉しい。でも，またシカトされるのではないかが辛い
治療者：そうですねぇ～。KさんはD君とはどうしたいでしょうか？
Kさん：バンド仲間でいたいです。友達だと思っています
治療者：KさんはD君からそのような行動を取られると，お気持ちはどうなりますか？　お気持ちや症状の変化がありますか？
Kさん：はい。無視されると不安になります
治療者：D君には，バイトで無視され，バンドでもそうなのでしょうか？
Kさん：はい
治療者：元彼，そしてD君，きついですよね
Kさん：はい（泣く）
治療者：D君には「うるさい」と伝えられたのですよね。例えば，もうすこし突っ込んで友達でいたいという，ご自分のお気持ちを伝えるのはどうでしょうか？　今のお話をお聞きになって如何でしょうか？
Kさん：はい。D君ならできると思います

治療者：では私をD君と思って練習しましょう
〈説明〉
患者に指示的な面談をせずに，患者ができるものを共同で考えていく。この回はD君とのやりとりのロールプレイをした。
〜中略〜
治療者：元彼とはこの1週間如何ですか？
Kさん：何かやっぱりいろいろと考えてしまう
治療者：元彼は相変わらずの態度なのでしょうか
Kさん：普通にバイトのメールを4時間くらい遅れて返信したら，「返事が遅すぎ」と言われました
治療者：別れた元彼なのにそういうことを言うのですか？　そう言われたらどんな気持ちになりました？
Kさん：「何なの!?」という感じでした。何でそんなに言われなければならないの？　こっちも用事があるし。気持ちを彼にぶつけたい（泣きながら）
治療者：なるほど，なるほど。どういう気持ちをぶつけたいですか？
Kさん：私が何か言うと「今はわからない」と言われる。だから，そういうふうに言われないようにはっきりしたい
治療者：元彼にはどう期待していますか？
Kさん：はっきりしたいと思うのです
治療者：別れたにも関わらず，元彼はKさんに対して付き合っているかのように接してくる。元彼と昔の彼氏とダブってしまい，そうするとKさんに症状が出てお気持ちが不安になるという構造だと思いますが，今のお話をお聞きになって如何でしょうか？
Kさん：はい，そう思います。でも，元彼に「わからない」と言われる
〜中略〜
〈説明〉
元彼との不和が現在の病状に影響していることを明確化していく。ここでは「行き詰まり」の状態から「離別」の方向に向かっている。

＊第9回目
治療者：この1週間は如何でしたか？　まずは，D君とはその後，如何ですか？
Kさん：自分の気持ちを伝えました。「ずっと待ってるから」と言われたのですが，告白されても「待たないでいい！　バンド仲間でいてほしい」と言いました
治療者：凄〜い〜‼ 偉いね〜，凄いことですよ〜。上手く断ることができて‼（笑顔で）
Kさん：はい（泣く）
治療者：D君はどう答えましたか？
Kさん：「わかった。でも俺にできることは言ってくれよ」と言っていました
治療者：D君に対して自分の気持ちを伝えることができて，D君がわかってくれて良かったですね〜。これを元彼との練習として考えてみるのは如何でしょうか？　元彼とはこの1週間は如何でしたか？
Kさん：元彼には，気持ちを伝えたい
治療者：なるほどなるほど，どういうふうに伝えましょうか？
Kさん：伝えられないかも…
治療者：元彼に対して気持ちを伝えようとすると，どういう気持ちになりますか？
Kさん：怖いです
治療者：KさんがPTSDをお持ちなので，怖いという気持ちになりますよね
Kさん：元彼に気持ちを伝えられるか…でも元彼は卒業するし…
治療者：元彼は，3月で卒業だから，バイトではKさんと会わなくなりますよね
Kさん：はい。でも，自分の思いを伝えたいと思います
治療者：なるほど。どういうことを伝えたいですか？

Kさん：私に構わないでほしい。放っておいてほしいです
治療者：今まではKさんは，元彼とはこのままでいいとか，卒業するから我慢すればいいというお考えでしたね。でも一緒に考えていったところ，元彼には構わないでほしいということがはっきり見えてきましたね。次回は元彼との話をして，どう言えばいいか考えましょう。仲間を断れたのだから，凄く自信を持っていいと思いますが，今お話をお聞きになって，如何でしょうか？ 凄く成長していると思いますよ。どうでしょうか？
Kさん：はい（泣きながら，そして笑顔で診察室を去る）

〈説明〉
D君に対してロールプレイで練習して自分の気持ちを伝えることができた。IPTでは，成功体験を褒め，自信をつけるさせることは大切であり，これが不和の相手への準備になる。また，IPTは暖かい雰囲気の中で行われるようにすることが大切である。感情の励まし，患者の目線で成功体験への喜びを代弁し，患者に自信を持たせることは大切である。

＊第10回目
治療者：前回お会いしてから如何ですか？
Kさん：なかなか彼に言えない
〜中略〜
治療者：もし元彼から色々な質問や声掛けをされたら，どういうふうに返しましょうか？
Kさん：「別な人に聞いてもらえば？」と言いたいです。放っておいてほしいのです
治療者：彼から束縛されたくない，そういう理解でよろしいでしょうか？
Kさん：はい。でも言えなくて…
治療者：Kさんに対して，放っておいてほしいのに，元彼は仕事中にも個人的にいろいろと聞いてくる。別れたにも拘らず聞いてくるのですね

Kさん：はい。でも「放っておいてほしい」って言えなくて…（泣く）
治療者：何か別な方法で，Kさんの状態が影響されないような方法を考えましょうか？　如何でしょうか？
Kさん：別な人に聞いてほしいです
治療者：なるほど，それならば伝えやすいですか？
Kさん：はい
治療者：それでは，「別な人に聞いてもらえば？」って言うのはどうですか？　練習してみましょうか？　ここで，私を元彼と思って練習してみましょう（ロールプレイをして練習をする）
治療者：できたじゃないですか，凄いですよ〜
Kさん：（泣く）
治療者：Kさんは前と比べて良いですね〜。ずいぶん成長したと思いますが，如何でしょうか？
Kさん：はい（笑顔で診察室を出る）

〈説明〉
患者が実践をする前に自信がない場合は，ロールプレイで練習し自信をつけさせていく。

＊第11回目
〜中略〜
Kさん：G君がこの話を聞いて「あいつのことぶん殴ってやる」と，言ってました
治療者：それをお聞きになって，Kさんはどういうお気持ちですか？
Kさん：友達がいるのだなと思いました
治療者：元彼にはこの1週間どうされましたか？
Kさん：D君がバイトの時に，「今だ！行け！」って，言ってくれました
治療者：続けてください
Kさん：でも怖くなって不安になって…何も言えませんでした（泣く）。また，元彼を見たら急に不安になって苦しくなりました。でも昔

よりも楽な感じです
治療者：トラウマに重なる元彼に立ち向かっていくわけですから，不安になりますよね。それに PTSD は良くなっていく過程でより戻しがあります。今のお話をお聞きになって如何ですか？
Kさん：安心しました。不安な気持ちは少なくなっていると思いますし，考えてみると，最近，昔のことを思い出して苦しくなることが少なくなりました
治療者：元彼と離別をする中で，元彼は変わらないけれど，Kさんが変わることができて，トラウマに立ち向かうことができるようになる。不安がなくなる，ということですよ。今のお話しをお聞きになって如何でしょうか？
Kさん：はい，わかります。不安がなくなっている感覚があります
〜中略〜
〈説明〉
上手くいかなかったことを責めるのではなく，病気を持っているためにできないのであり，自分のせいではないことを説明する。

＊第13回目
Kさん：元彼に伝えられました‼
治療者：凄いですね〜！ 詳しくお話し頂けませんか？
Kさん：G君とD君に相談に乗ってもらったら，G君もD君も怒っていました。「俺たちがいるから怖くないぞ」と言ってくれて，バイト先までついてきてくれました
治療者：続けてください
Kさん：元彼に，「話があります。別れたので，もう私には個人的に声をかけないでください」と伝えました
治療者：いいですよ〜！ 元彼は何と言いましたか？
Kさん：「ふ〜ん。いいじゃん」と，言ってました
治療者：Kさんはどうしました？

Kさん：何も言わないで，友達の所に行きました
治療者：元彼から，そのような事を言われて，お気持ちは如何ですか？
Kさん：そのときは何も感じませんでした。でも，言えたという気持ちで一杯でした（笑いながら）
治療者：良かったですね〜。Kさんは自分の力で，症状に影響する元彼に対して気持ちを伝えることができました。昔の彼と重なる元彼に対して不安な気持ちがありましたね。元彼は変わらなくても，Kさんが元彼と離別することで不安や不安定な気持ちがなくなりましたよね。こういう過程でPTSDが改善していくと思ってください。今の話をお聞きになって如何ですか？
Kさん：はい。気持ちでわかる感じです

〈考察〉

　本症例は，離別の後，不安が徐々に取れ，元彼には殆ど影響を受けることがなくなった。IPT終了時，症状は多少残ったが，その後の一般外来では殆ど問題はない状態となった。

　不和のIPTは，「再交渉」「行き詰まり」「離別」の3つの段階の中で現在どの段階なのかを検討して行う。一般的に，不和に対するIPTは，「離別」までに至るのは珍しい。この症例では，最終的に「離別」の選択に至った。「離別」へは治療者が誘導するのではなく，患者と共同歩調で明確化して決定に持って行くことが大切である。

　また，相手は変わらないが，相手に影響されていた自分から，自分でもできる，昔と違って自分でできる様になった等，自分が変わってくという感覚を掴んでいくことが大切である。つまり，相手の言動や行動によって起こる気持ちの変化や症状の出現に対して，動揺しなくなるという自分自身の変化・成長を目指す。そうすることにより，不安に対する気持ちの軽減と，自尊心がもたらされる。

## 症例 2

本症例は，PTSDが慢性化した状態であり欠如を用いた。

【焦点とする問題領域】欠如

【問題領域における目標】PTSDにより対人関係に敏感になり，母親にも嫌なことを言えず，断れず，彼氏には本心を伝えられない。トラウマを与えた人と似ている同僚に恐怖を感じてしまう。仕事上相談できる人がいない。このために，以下のフォーミュレーションを使った。

SNS上の親しい友人にも遠慮をして伝えられない。彼氏や母にも伝えられない，から⇒IPTの治療者に対して安心して話せるようになる。母親，彼氏，SNS上の友人に対して相談することができ，安心感を得ることができる。彼氏にPTSDを持っていることを伝え，理解してもらい安心感を得る。対人過敏で対人関係が広がらなかった自分が安心できる仲間を増やす。症状に影響する同僚に対して，仕事仲間の協力をもらい，影響されないように工夫していく。このように，対人関係の広がりをもつことができるようになり，自信をつけていく。

〈説明〉

慢性化したPTSDへのIPTは欠如で行うことが多い。対人関係が過敏になり対人との接触に不安を持ち，対人関係を構築できなくなるのである。

【診断名】PTSD

【患者】女性，Yさん，38歳

【職業・学歴】会社の研究室の主任研究員。経済学部卒業後，工学部卒業

【家族構成】母親と同居

【現在の情緒に影響する人物】

母親（重要な他者）：86歳，厳しくて頑固。過剰に心配をするため，母には申し訳なくて，トラウマ体験と症状を隠している。事件は母が解決したが，怖くて真相を聞けない。

彼氏（重要な他者）：41歳，大阪で技術職として勤務。優しく，Yさんの具合や状態を察してくれる。IPTを受けていることを知っているが，現在のトラウマ体験と症状を知らない。PTSDであることを

伝えていない。
Aさん：男性。47歳。同僚，隣の席に座っている。フラッシュバック（FB）の元になる存在。靴音がトラウマの時と同じ音で，表情がトラウマ時の男性に似ている。自分の好きな仕事しかせず，Yさんに仕事を振ってしまう。
Cさん：女性で上司。40歳。相談相手になりつつある存在。
Eさん：友人。30歳の主婦。今まで友人という存在ではなかったが，徐々に，よき相談相手になってくる。Yさんの苦しいときのSNSの書き込みに必ず反応し，共感し，支えてくれる存在となっていく。

〈説明〉
IPTの初期のセッションは，病歴を聴取し，診断する。患者に「病者の役割」を与え，問題領域を選ぶ。

【病歴】3歳，父が急死。中2，仲良しの従姉妹が車に轢かれるのを目撃，周りは誰も助けず死去。ショック，死への恐怖。大学受験のため深夜バスで上京中，男に声をかけられ刃物で脅され乱暴された。周りには誰もおらず助けを求められなかった。男は宿泊先のホテルまでついてきて，ホテルで乱暴される。恐怖と受験第一のため動けなかった。受験中ホテルに軟禁，ホテルから受験に行った。最初は強気に抵抗するも，暴力による脅しで何もできず。途中，逃亡するも失敗。誰も助けてくれなかった。志望校には不合格，滑り止めの経済学部合格。合格後，アパートに住むも，ストーカーが続く。限界となり母親に連絡し，解決してもらった。母を心配させたことがショック。その後，全力で思い出さないように封印。卒後，出版社勤務。卒後2年目，本当に自分がやりたい勉強をしたく，再受験を決意。退職し，工学部合格後，今の会社に勤務。X-1年，出張で，偶然に事件の時と同じバスに乗り，酷いFBが起き，FBが続くようになった。X年，当院にIPTを希望され受診となった。

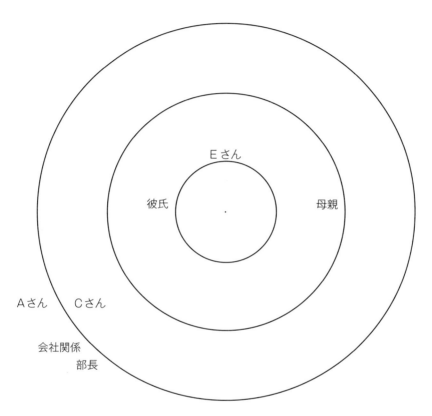

PTSDのために，対人関係が敏感となり，周りと距離があり，人間関係が薄くなっている。

図3．症例2　親しさサークル

〈説明〉

初期のセッションでは，患者が生まれてトラウマに遭ってから現在までの経過を話してもらい，共同でまとめていく。ここで大切なのは，PTSDを抱えているために治療者に語れない患者がいるということである。治療者は，患者が話すことで患者の症状が悪化するのではないかという心配を取り除くために，安心感の提供を心がけることが大切である。

\*第3回：初期セッション─問題領域の設定
〈説明〉
病者の役割を与え，フォーミュレーションと問題領域の設定をし，患者の同意を得る。本症例の問題領域は，「欠如」である。
〜中略〜
治療者：Yさんが，これだけの大変な傷つき体験を受けて，不安，FB，解離，不眠，抑うつ気分，などの症状が出るのはPTSDによるものですよね。病気が今のような症状を出すので，Yさんがわざとやっているとか，弱いという訳ではないですよ。今の話をお聞きになって如何でしょうか？
Yさん：はい
治療者：Yさんは，PTSDのために人に対して敏感になっていますね。人と接するのが怖いのですよね。特にAさんの行動が恐ろしいですよね。また，お母様とも今ひとつかみ合わないということでしょうか？ 彼氏に関しては，優しい彼氏だけど，全てを伝えるのはためらっていらっしゃる，という理解でよろしいでしょうか？
Yさん：はい，そうはわかっているのですが，FBは辛くて（泣く）…。あとAさんの声や息づかいが凄く気になります。机のパーテーションがあるのですが…もの凄くきついです。FBが出てしまいます
〜中略〜
治療者：Yさんは，PTSDのために人に対して敏感になっていて不安を感じ，人との接触が恐ろしくなり距離ができてしまうのですね。まずは，大切な人へPTSDのためにできなかった自分の気持ちを伝えられるようになり，安心感を掴む。そして，仕事仲間の協力をもらい，FBの引き金となる同僚に対して，困ることを伝えることができ，影響されないようになり，安心感と自信をつける。安心できる仲間との交遊を増やし，安心する気持ちを増やし，今までの人と接するのが怖かった自分から，人と接することができ

るように変わっていき，自信をつけていく。という方向性で実際に行っていただくのですが，今のお話をお聞きになって大丈夫そうですか？

Yさん：はい，何とかやってみます

〜中略〜

治療者：Yさんは，大変な事件に遭われた後，人生が変わってしまいました。同じような人に敏感になったり，PTSD症状が出たり，なかなか人を信用できないのは当然ですよね（かなり遠回しに言う）

Yさん：それでいいのでしょうか？ 自分が弱いからだと思います。Aさんの足音を聞くだけで気持ち悪くなるのです。眩暈も出てしまいます

治療者：今のYさんはPTSDをお持ちなので，PTSDによって不安など様々な症状が出るのですよ。如何でしょうか？ 今，Yさんが強く影響を受ける人たちは，Aさんとお母様。Aさんは恐ろしい。お母様にはなかなかご自分の言いたいことを伝えられない。病状を知らないお母様の行動や言動によって症状が出てしまう。ということと理解してよろしいでしょうか？

Yさん：はい。トラウマに関連したことを母は知らずに言ったりするのですが，母には本当のことを言えなくて…。母に言うと気持ちの問題と言われてしまいます。それに母には申し訳なくて（泣く）

治療者：Eさんと，彼氏は安全に感じる方ですよね。如何でしょうか？

Yさん：Eさんは，私がSNSで書き込むと，私の心の奥まで察してコメントしてくれます

治療者：それは，凄い方ですね。Eさんは安心できる方ですね。彼氏はどうなのでしょうか？

Yさん：彼氏は，わかっていると思うのですが…でも，彼氏には言えない

治療者：彼氏は察してくれる方ですよね。彼氏はYさんがPTSDということを知っているのでしょうか？

〜中略〜

〈説明〉
病者の役割を与えることが大切である．PTSD に罹っている患者に対しては，PTSD 症状が出るのが当たり前であること，自分の性格が弱いからではなく，病気が症状を出すことを理解してもらう．病者の役割を与えることによって患者の罪悪感と不安を取り除いていく．次に行うことは，重要な他者と症状と気持ちと対人関係を探索することである．一般的に同居している親は重要な他者となる．PTSD の患者の感じ方は他者への脅威があり，対人関係の敏感性が高いので，患者は人との距離が離れていることが多い．

＊第6回目
〈説明〉
この回は，親子セッションを行った．IPT の親子セッション，夫婦パートナーセッションでは，主役は患者であり，治療者は，患者の代弁者として患者の味方という立場を取る．著者は，母親と同時に診察室に入ってもらわず，患者に先に診察室に入ってもらっている．親子面接の予習をし，何を説明してもらいたいのか，何を母親に言いたいのか，何を代弁してもらいたいのかを患者と話し合った後に母親に入室してもらうことにしている．
〜中略〜
治療者：対人関係療法はここのクリニックの中だけで行う治療ではなくて，ここでお嬢様と一緒にお具合と出来事と人間関係のやりとりを考えて，実際に外で行動して頂く治療です．この治療には，お嬢様が安心する核となる人が必要です．お母様には治療の協力をして頂きたいと思うのですが，如何でしょうか？ Yさん，それでよろしいでしょうか
〜中略〜
治療者：お嬢さんは，トラウマのために敏感になっていて，とても不安に感じてしまうのです．このためお母様にはお嬢様に対して安心して頂けるように接して頂けませんでしょうか？ Yさん，ということをお母様に伝えたかったのですよね？

Yさん：はい
母　親：はい，私は年だから分からないことが多いのですが，娘のために
　　　　やりたいと思います

〈説明〉
親子セッション。親子の会話を促進させ，患者にできるだけ喋らせる。治療者は，患者が不安で話せないことや，母親に言いにくいことを，患者の了承の元で，母親に代弁して伝える。初期の段階では，PTSDの病気について，およびIPTの治療の説明と，重要な他者である母の役割を説明し，治療に協力をしてもらうことと，患者に安心感を与えていくことをお願いする。

＊第7回目
治療者：前回お会いしてから如何ですか？
Yさん：電車に乗っていてM駅を通ったら，FBが来てしまいました。先生が前に仰っていたとおりです。でも，何とか通れました（泣きながら）
治療者：IPTの治療中に，より戻しがあります。しかし，これは治っていく過程の中でのFBですから，安心してください。頑張って通れたことは素晴らしいですね！

〜中略〜

Yさん：SNSを書いていると自分の気持ちが整理されます。そうしたら，Eさんから返事が来ました。FBが起きたことをEさんに相談するけど，申し訳ないと思います
治療者：一般的にトラウマをお持ちだと，自分のしたことが申し訳ないと思うことが多いですよね。今のお話をお聞きになって如何でしょうか
Yさん：Eさんに，SNSで自分の日記として書くと，Eさんが察してくれるのです。申し訳なくて…
治療者：察してくれたときのお気持ちは如何ですか？
Yさん：不安が取れます。安心できます

治療者：良かったですね〜。その安心感をIPTの治療の中で増やしていきたいですね。今のお話をお聞きになって，如何でしょうか？
Yさん：はい
（Eさんとは気持ちのやりとりができていることを確認する）
〜中略〜
Yさん：Aさんの靴音が辛いです。靴音が昔のトラウマを思い出させるのです
（Cさんに相談。皆がA氏の靴音がうるさいと思うので，止めてもらう方法を相談する。）
Yさん：問題が出てもCさんに相談するのが申し訳ないです
〜中略〜
〈説明〉
前もってIPTの治療中にFBなど症状のより戻しがあること，FBの発現は，PTSDが治っていく過程であることを患者に伝えておくことが，患者の安心感に繋がる。

〈説明〉
成功体験は以下のように進んでいく。
＊第9回目セッション
Yさん：カフェインでFBが出やすいため，カフェインがダメということを母親に伝え，上手く断れました
治療者：お母様は頑固でなかなか手強い方で，前回も何度か試みましたが上手くいきませんでしたね。しかし，今回，今までお母さんに言えないことを伝えられるようになりました。作戦が上手くいきましたね。こういう小さなことでも大きな一歩と考えて良いと思いますが，如何でしょうか？　お気持ちはどうですか？
Yさん：安心しました。でも，FBが減ってきたのが分かりますが，逆にもの凄く落ち込みが出てきました。自己肯定感が持てないのです。今までなかった，リストカットや壁を殴るなどの行為が出てきた

のです

治療者：不安が強く，FBが中心だった症状が落ち着いてきて，他の症状が出るようになったのですね。PTSDの治療過程では症状は変化していくものですよね。今の話をお聞きになって如何でしょうか？

Yさん：はい，私もそう思います。安心しました

〜中略〜

Yさん：CさんにAさんの音の問題について相談したら，Cさんにとってもの音が大きいことが確認できました。Cさんから，「はっきり確認しませんか？」という話が出ました

Yさん：部屋にうるさい人がいなかったのと，Aさんの機嫌が良かったために，Aさんに，靴音やドアの音が聴覚過敏のためにダメであることを伝えられました

治療者：素晴らしい，凄いですね〜。よかったですね〜
（成功体験。感情を引き出す。頑張ったことを褒める）

Yさん：それから，部長が，私はパニックがあるから物音に敏感だからということで，机を変えてくれました。だいぶステージが変わって来たと感じます。それと，検診で看護師さんに対して自分がPTSDであることを伝えられたのです。看護師さんから血液を採ってもらったら，苦しい顔をしていたみたいで「頑張りましたね」と言ってくれました

治療者：伝えられて，お気持ちは如何でしたか？

Yさん：凄く嬉しかったです。自分はこういうことを心のどこかで望んでいたのです

治療者：それです！　こういう感覚が必要なのですよね。素晴らしい〜！如何でしょうか？

Yさん：はい，自分でもわかります。自分のことを客観的に見られるようになってきました

以下Yさんのレポートから抜粋する：
Aさんを嫌いだと思う感情や彼氏に対するモヤモヤとした感情は，自分の中の「本当は自分ももっと自由に好きなことをしたい！」という気持ちの表れではないか？と自己分析するようになった。自分を押し殺して今のような生活を続けていること自体が，自殺行為なのではないかと思ったりもした。PTSDの状態からは回復してきたと言えるのではないかと思った。無自覚に自尊心をなくしたことで，更に失ったと思うものをなんとか再建していきたいと思った。
〈説明〉
今回は変化が起きた1週間である。まず，FBを起こすきっかけとなっている同僚に対して足音が大きいことが困るということを伝えられた。相手が変わらなくても自分が変われるようになったのである。サポーターを作り後押しをしてもらい，席を変えてもらうなど社会的サポートも受けられるようになり，社会的機能が戻り，自分の中のコントロール感覚が戻ってきた。

*第15回目：終結期
〈説明〉
終結期に彼氏とのパートナーセッションでまとめをしたいと希望あり，パートナーセッションとなる。
〜中略〜
Yさん：あのさ，酒が嫌なの，わかる？ あと煙草が嫌なの，わかる？
彼　氏：うん，わかるよ
（治療者は，Yさんが，いままで嫌で言えなかったこと，何故避けていたのか，PTSDの病気を説明し，病気の症状のためであることを代弁する）
彼　氏：やっと繋がりました。わかりました
Yさん：（泣きながら）あのさ…だから怖いんだよね
彼　氏：うんうん，わかるよ
〜中略〜
治療者：彼氏に伝えられて良かったですね〜。素晴らしい！ きちんと不

安に思うこと，彼氏に困っていることを伝えられましたね〜
Yさん：（泣きながら）はい
〈説明〉
夫婦・パートナー面接は2人にできるだけ喋ってもらう。

＊第16回目：終結セッション―まとめ
最終セッションはIPTを終えてできるようになったことを書いてきてもらい，まとめをする。
以下，できるようになったこと：
・PTSDになったきっかけについて，冷静に思い出し，言葉に出せるようになった。
・症状や感情・思考についても，冷静に観察・記述・分析できるようになった。
・信頼できる人に，自分の体調や病名を伝えられるようになった。
・体調が悪いときに，周りに体調が悪いことを伝えられるようになった。
・困っているときに，助けて欲しいと声を出して言えるようになった。自分が考えていた以上にフォローしてくれる人たちがいることを知った。
・信頼できる人に，自分の感情を（ネガティブなのも）表現できるようになって，更にお互いのやり取りが深まった。
・泣きたいときに泣けるようになった。特に，自分のことで泣けるようになった。
・相手にもよるが，他人の前で泣けるようになった。
・嫌なもの，出来事から，無理せず，かつ自分を遠ざけることができるようになった。
・他人の心の痛みに対して，共感できるようになった。
・少しは自分に価値があるように思えた。
・傷を抱えながらでも生きていって良いのだなと思えた。

〈考察〉

IPTの欠如を使った治療である．対人過敏のために他者には何も伝えられなかった患者が，自分の感情を出すことができ，自分自身を冷静に見つめられるようにコントロール感覚が患者に戻ってきた．

PTSDに対するIPTの効果として，全セッション終了後に完全寛解することは多くはないが，症状が少なくなり，症状は残っているが，日常生活に困らない状態までに改善していく．

IPTは治療効果が続き治療終了後も自分の力で改善していく．治療後，右肩上がりに改善していく感覚，自分の力で良くなっているという感覚が育っていく．また，IPTで学んだことは将来の再発の予防にもなる．

## ■文　献

1) Bleiberg KL, Markowitz JC：A pilotstudy of interpersonal psychotherapy for posttraumatic stress Disorder. American Journal of Psychiatry, 162（1）：181-183, 2005.
2) Frank E., Levenson JC：Interpersonelle Psychotherapie. Ernst Reinhardt Verlag, München, 2011.
3) Herman JL：Trauma And Recovery. New York, 1992.（中井久夫訳：心的外傷と回復．みすず書房，東京，1999.）
4) 飯長喜一郎：ロジャースの中核三条件　受容：カウンセリングの本質を考える②．創元社，大阪，2015.
5) 水島広子：自分でできる対人関係療法．創元社，大阪，2004.
6) 水島広子：対人関係療法マスターブック．金剛出版，東京，2009.
7) 水島広子：臨床家のための対人関係療法入門ガイド．創元社，大阪，2009.
8) 水島広子：トラウマの現実に向き合う―ジャッジメントを手放すということ．金剛出版，東京，2010.
9) 水島広子：対人関係療法でなおすトラウマ・PTSD. 創元社．大阪．2011.
10) Rataeli AK, Markowitz JC：Interpersonal Psychotherapy（IPT）for PTSD：A Case Study. American Journal of Psychiatry, 65（3）：205-223, 2011.

11) Schramm E.：Interpersonelle Psychotherapie. Schattauer, Stuttgart, 2010.
12) 杉山登志郎：発達障害の薬物療法— ASD・ADHD・複雑性 PTSD への少量処方．岩崎学術出版社，東京，2015．
13) van der Kolk BA：Posttraumatic stress disorder and the nature of trauma. Dialogues Clinical Neuroscience, 2（1）：7-22, 2000.
14) Weissman MM, Markowitz JC, Klerman.GL.：Clinician's Quick Guide to Interpersonal Psychotherapy. New York, 2007.（水島広子訳：臨床家のための対人関係療法クイックガイド．創元社，大阪，2008．）
15) Weissman MM, Markowitz JC, Klerman GL：Comprehensive Guide to Interpersonal Psychotherapy. Basic Book, New York, 2007.（水島広子訳：対人関係療法総合ガイド．岩崎学術出版社，東京，2009．）

＊対人関係療法を学ぼうとする方々には，以下の研究会や講習会に参加されると良い：
1 ）水島広子，対人関係療法研究会　http://www.hirokom.org/ipt.htm
2 ）国際対人関係療法学会の研修　http://www.isipt.org（英語）

# PART 9

# 思考場療法

*Thought Field Therapy*：*TFT*

森川綾女

---

**ここがポイント！！**

　TFTは，トラウマが想起されている間，人はその思考場に焦点を当てている状態となり，恐怖や悲しみ，怒りなどのマイナス感情や身体感覚で表出する症状を鍼のツボを一連の順序で軽くタッピングすることで軽減していくテクニックである。TFTは非常に短時間で行えること，手順がシンプルなこと，副作用がほぼないこと，患者がセルフケアで使えること，どのような症状にも適用できること，他の手法と組みわせて適用できることから幅広い分野の臨床家に使われるようになった。

　TFTのトラウマケアは手順がシンプルなため，医療や心理の治療臨床だけでなく，児童福祉や教育現場，整体などの身体療法の臨床，企業のメンタルヘルス対策でも活用が可能である。

　症例1では，虐待のみならず，その背景にある幼少時からのトラウマ治療，セルフケアでの安定化，さらに，電話を利用したTFTで行動化，社会生活への統合という流れで，トラウマからの回復をサポートした一連の流れを丁寧に説明している。

　症例2では，母親との愛着が形成できず，常に抱える不安感やマイナス感情に焦点を当てた。トラウマが解離され各年齢のまま成長が止まっている状態はトラウマ治療には多く見られ，潜在化している場合には，TFTで焦点化しブロックを取り除くことで成長を促した貴重な報告と思われる。（野呂浩史）

森川綾女（もりかわ　あやめ）

一般社団法人日本TFT協会理事長，TFTセンター・ジャパン代表，ぶどうの木クリニック医療アドバイザー，国際連合世界人道促進機構（UN-WHF）外交官。

ウェスタンミシガン大学政治学部卒業，国内メーカーにて海外営業勤務後，カリフォルニアコースト大学心理学博士・ヒューマンリソース経営学修士修了，カリタスファミリー大学医学博士取得。

著訳書に『TFT思考場療法臨床ケースブック―心理療法への統合的応用』（監訳，金剛出版，2001），『TFTとトラウマ』（単訳，ココロ有限会社），『ツボタッピング1分間セラピー』（単著，マガジンハウス，2012）などがある。

# I．総説

TFTは，Thought Field Therapy の略で，日本では「思考場療法」と称されることもある。

トラウマが想起されている間，人はその思考場に焦点を当てている状態となり，恐怖や悲しみ，怒りなどのマイナス感情や身体感覚で表出する症状に対して鍼のツボを一連の順序で軽くタッピングすることで軽減していくテクニックである。

1979年に米国の臨床心理士 Callahan が，従来の心理療法では大きな改善がなかった深刻な水恐怖症の女性に対して，目の下（経絡のツボの1つ）を指でタッピングしたところ，瞬時に恐怖が消失したことから発展が始まった[1]。その後，Callahan の20年以上にわたる研究の間に，不安やトラウマ，身体的疼痛，うつ，強迫，パニックなどの様々な心理的問題や身体症状に対して応用が広がった[13]。TFT の発展後，米国ではエネルギー心理学という新しい分野が誕生し，その臨床効果についてすでに51以上のピアレビュー論文が発表され[6]，現在では米国エビデンス登録機関（NREPP），米国心理学会にエビデンスのある治療法として認められている。

TFTは非常に短時間で行えること，手順がシンプルなこと，副作用がほぼないこと，患者がセルフケアで使えること，どのような症状にも適用できること，他の手法と組み合わせて適用できることから幅広い分野の臨床家に使われるようになった。

エネルギー心理学では，心理的な問題は，心と体のシステム内の生体エネルギーパターンの混乱（TFTでは，「パータベーション（心的動揺）」と呼ぶ）を反映していると考えている。過去のトラウマを想起することは，その記憶のある特定の思考場に焦点を当てること（すなわちチューニングすること）であり，そこにあるエネルギー場の混乱の源であるパータベーションが活性化されて動揺や身体化症状が起きる。経絡上にあるツボを一連の順序でタッピングすることで，経絡を伝ってエネルギーが注ぎ込まれ，

パータベーションの状態が解消される。その後，同じトラウマの記憶を思い出しても動揺が起きなくなり，記憶や認知に直接作用することなく脱感作が起きる。

　ＴＦＴに関する研究は，ルワンダ大虐殺による子どもや大人のＰＴＳＤ症状に関して３研究が発表されている。不安，抑うつ，怒り，回避，解離，侵入感，悪夢，集中力散漫，攻撃性，夜尿，引きこもりなどのＰＴＳＤ症状に顕著な効果が認められ，フォローアップでも，その効果と持続性が示された[3,15]。さらに，コミュニティリーダーたちがＴＦＴで近隣の人たちの不安，抑うつ，怒り，いらいら，侵入的想起などの症状を改善させ，コミュニティでお互いを援助し合えるツールとしての有効性も報告されている[2]。

　国内でも症例研究が行われており[7,8,10,12,14,16]，林ほか[9]は，大規模災害後遺障害者の苦痛軽減にＴＦＴを用い，心拍変動の改善とともにその有用性を示唆した。ＴＦＴにはパフォーマンスを上げる効果もあり，河岸[11]は中学生311名の計算能力の改善を報告している。

　ＴＦＴの効果やメカニズムについてのさらなる研究が望まれるが，ツボの刺激に関する生理学的なエビデンスが増えてきている。エネルギー心理学において比較的定評のある作用のメカニズムは，イメージ上の曝露の間に，特定の鍼のツボをタッピングすることで生成された電気信号が辺縁系の興奮を鎮めるというものである。そしてツボのタッピングが，恐怖の記憶に関与する脳の領域のデルタ波の振幅を増加させると考えられている[5]。

　ＴＦＴの専門家養成プログラムは，米国心理学会，カリフォルニア州の夫婦家族療法学会，看護師，ソーシャルワーカーの資格ポイントとして認められており，国内でも臨床心理士や健康普及専門員・指導士の資格ポイントになっている。

　ＴＦＴにはセルフケアから専門家養成までのプログラムがあり，書籍やオンラインでも学べる。専門家向けの書籍では，『ＴＦＴ思考場療法入門』[1]でＴＦＴの手順と概要を学ぶことができ，『ＴＦＴ思考場療法臨床ケースブック』[4]で認知療法やＮＬＰ（神経言語プログラミング）など他

の療法と組み合わせることで，統合的なアプローチとしてのトラウマ臨床のバリエーションが症例で学べる。

　ＴＦＴのトラウマケアは手順がシンプルなため，医療や心理の治療や臨床だけでなく，児童福祉や教育現場，整体などの身体療法の臨床，企業のメンタルヘルス対策でも活用が可能である。ルワンダでのコミュニティ支援をモデルに，国内では「ＴＦＴパートナー」という対人援助コースを新設し，災害時，そして，トラウマやうつなどに対して地域で身近な支援ができる人材を養成している。

　あらゆる医学的な疾患の背景には，クライエントだけなく家族の不安やトラウマが潜在化することが少なくない。医療スタッフがその場ですぐにストレスケアできることで，心理的な援助も可能であり，医療スタッフの負担も軽減できると考える。そして，援助者自身のストレスケア法として，よりよい支援ができるようエンパワメントできるツールでもある。近年増加している薬物依存の支援にも活用できる。ＴＦＴには依存的衝動を軽減するアルゴリズム（定式化された手順）があり，トラウマ治療や認知行動療法と併用することで効果が期待できる。また，依存を支える家族への支援ツールとしても適用が可能である。

　産業分野ではメンタルヘルス対策としてはもちろんのこと，潜在化するトラウマやストレスが処理されることで，パフォーマンスとレジリエンス，対人対処力の向上につながる。マンパワーもチームワークも高まれば，会社の競争力も上がり，それが社員に還元され，会社の競争力を保ちながらワークライフバランスやワークエンゲージメントにつながるという好循環が起きる。それは，対人援助の職場も然りである。

　このように活用範囲が広く，心のマキロンのように使えるため，特に子どものトラウマには早い段階で取り入れることで，心の消毒薬となり，化膿することなく瘡蓋になって一皮むけていくことで成長の糧となるに違いない。

　ＴＦＴは，さらに心理より広い範囲の生体エネルギーにも働きかける。ガンやＨＩＶ，マラリアなどの補助療法としても活用されており，身体的

疼痛や症状の軽減だけでなく，抗がん剤や抗HIV剤，抗精神病薬など薬物療法の副作用を軽減したり，症状に悪影響を及ぼす物質であるトキシンの軽減法も体系化されており，統合医療分野での応用が期待される。

## II．症例1

### 1．はじめに

　性虐待は非常に回復が困難と言われている問題であり，その後の人生に多大な影響を及ぼす。トラウマ治療を行っても，根強く不快な身体感覚が残ったり，フラッシュバックが続いたり，抑うつやパニックなどの症状が慢性化することも少なくない。心理教育や複数の心理療法を用いてクライエントの心の傷を癒しながら，成長を促していくという作業が必要であろうと考える。

　報告する症例のクライエント（以下，A子とする）は，小学校1年生のときに性被害に複数回遭っている。その後，身体的疼痛やフラッシュバック等の症状があったが，両親にも誰にも告げることができず，大学卒業までずっとバンド活動に打ち込み，考えないようにしてきた。大学卒業後，アルバイトをしながら，ミュージシャンの道を目指しライブを行ってきたが，アルバイトが終わったある日，突然過呼吸となり仕事が続けられなくなった。また，フラッシュバックも起こるようになり入院し，PTSDの診断となった。3カ月入院している間，カウンセリングと薬物治療が行われ外来通院となったが，フラッシュバックやうつにあまり変化がなく外出もままならなくなったため，医師の紹介で当センターに相談に来られた。

### 2．症例の概要

【クライエント】A子さん，29歳，女性
【主訴】性被害のフラッシュバックとうつがあり，毎日がつらい。外出をするのが怖いし，何もしたくない。時々，胸が苦しくなるのも怖い。
【診断】PTSD，うつ病

【家族】両親

## 3．治療経過
### 1）面接第1回目（X年1月）
　人目を気にするように緊張しながら来室。うつむき加減で，とてもつらそうに，胃腸の調子がずっと悪く，昨日は少し戻してしまったことを話してくれた。そして，性虐待をされたこと，性虐待をした相手の顔を鮮明に覚えていること，その後誰にも言えず，ずっと思い出さないようにしてきたこと，バンドに戻ればきっと良くなると思いながらも体が動かないつらさを語ってくれた。

　さっそく性虐待の場面にフォーカスしながらTFT施療を行った。その場面を思い出したときの辛さは聞くまでもないと察したので，TFT診断の筋反射テストを用い，下腹部で感じる不快感にチューニングしてタッピングを行った。診断で明らかになった10箇所ほどのツボをタッピングし，鎖骨呼吸法も加えて不快感を脱感作していくと大きなため息をした。下腹部の不快感とともに胃腸のもたれ感も軽減されて，少しリラックスした表情になった。頭が少しぼーっとしているが，嫌な感じはあまりないと語ってくれた。体にかかっていた大きな負荷から解放されると疲れがどっと出たり眠くなったりする。A子も疲れたような表情をしたので，家で不安定になった時に行うセルフケアの手順を教えて終えた。

### 2）面接第2回目（X年1月）：1週間後
　胃腸の調子は随分と楽になり気持ちは軽くなったと報告してくれた。夜に不安になったことが数回あり，その時にタッピングをして落ち着けた。フラッシュバックは起こらなくなったが，相手の顔が頭にまだこびりついていて辛いと語った。

　その不快感とこびりつき感に対して再度TFT診断を行った。7箇所のツボを順々にタッピングすると，不快なイメージが剥がされていくように薄くなっていった。鎖骨呼吸とアイロールを最後に行って，ようやく嫌なイメージが遠ざかっていったと報告してくれた。また，大きなため息をし

て，頭がぼーっとしており疲れたような表情をしたため，そこで終了した。
　３）面接第３回目（X年２月）：２週間後
　過去の性虐待の記憶については，不快感も強烈なイメージもかなり消失しており，A子の社会復帰にターゲットを当ててカウンセリングを進めた。A子は今まで男性と付き合うことを避けたり，誰とでも親しくなってくると不安になり，友達に本音を語ることがなかった。バンドではなんとか人と付き合っていたが，ドラムを選んだのは後ろの方にいて，太鼓やシンバルに囲まれて守られている感じがする上，目立たないからだと言う。A子のリソースは，人と本音で付き合いたいと思っていることだ。
　それをゴールに行動化することを想像してもらうと胸がざわざわすると語った。そのざわざわ感が抱えるものを言語化してもらうと，不安や自信がないという思いが出てきた。それは，もともと引っ込み思案で，親に対していい子でいたい，心配をかけたくないという気持ちがずっとあり，さらに性虐待を受けたことで，自分には価値がない，生活を楽しむと後で痛い目に遭うのではないか，人から嫌われるのではないかというような不安や過度なマイナス感情があった。そこに焦点を当ててＴＦＴを行ってみたが，変化が全くなかった。
　そこで，もう一度ざわざわ感に問いかけてみた。それがなくなると不安であるか？と聞くと，しばらく考えて「そうみたい。怖い」と答えた。A子は，人と関わることに不安や恐怖を抱きながらも社会生活を送ってきている。それが大きなリソースで自分の中ですでに社会性を育んできており，不安や恐怖がなくても自分を守っていける力がある，ＴＦＴはさらにそれを支えてくれるツールだと伝えた。
　するとA子のロックされていたざわざわ感が解除されたように，ＴＦＴで解放していくことができた。うつむき加減だった目線がだんだん上に向いていき表情も柔らかくなった。
　A子は，バンドの仲間はとても心配して支えてくれている，ただ，自分がそれに対して逃げたくなっていたことに気づいていった。母親も心配しながら，A子のことを気遣ってくれている。今の環境には，マイナスな要

素はあまりないことにも気づき，音楽がまたやりたくなったと語ってくれた。

4）面接第4回目（X年2月）：2週間後

音楽活動を再開したいという気持ちになっていて，確実に回復のステップを踏んでいた。そして，アルバイトも始めたいという意欲も出ていた。しかし，これを阻むのは，電車に乗ったり人ごみに行ったりすると過呼吸が起きるかもしれないという不安であった。ライブハウスも知っているところは大丈夫と言っていたが，閉塞感のある空間は過呼吸を起こすかもしれないと言った。

過呼吸を起こした時の身体感覚が残っていたので，それをターゲットにTFTを行い，また予期不安に対してもTFTを行って不安感は一応治まった。しかし，一人で大丈夫なのか試してみないとわからないというので，セッション後，実際に電車に乗り，人ごみに行ってもらって電話でサポートしてみることにした。（TFTの上級レベルは電話の声を通して診断ができるテクニックである。）

駅の人ごみに行って，携帯から電話をもらったが，それについての動揺はなかった。しかし，地下鉄に久しぶりに乗ろうと改札まで来たときに不安がよぎってきた。駅の片隅で，電話越しに不安のタッピングを指示し，A子には自分をコントロールできるという身体感覚を高めてもらった。その後，地下鉄に乗ってもらったが，いつでも次の駅で降りてもいいと伝えておいた。15分後にA子から自宅の最寄り駅まで無事に到着できたと連絡が入った。途中，不安が出てくるような気がしたので，すぐに左胸にある圧痛領域をさすったらすぐに治まったそうだ。

この成功体験がA子にとっては大きな自信となり，その後バンドにもアルバイトにも少しずつ復帰していった。

5）電話面接第5回目（X年4月）：4週間後

フォローアップとして電話で様子を聞いたところ，少し不安になることはあるけれど，生活は順調に進んでいるとのことであった。視界が以前より広く明るくなったと感じており，不思議と視力が改善したように感じて

いると言う。時々，ＴＦＴを行って気持ちを落ち着けており，これからもセルフケアしていけそうだと語り治療は終結した。

## ４．考察

　ＴＦＴは心理的な動揺を軽減するテクニックであるため，初回面接からクライエントの不安軽減や安定化に用いることができるが，実際はすでにトラウマ治療になっていることがほとんどである。初回の面接で，Ａ子はすでに性虐待の体験が意識に上っており，それが原因で起きているであろう胃腸の不調やその他の身体化症状に焦点を当てるよりも体験そのものに当てることで，より速くトラウマの処理が可能になり，早い段階での症状への介入で強烈さを軽減した。２回目の面接では，根強く残っている身体感覚や感情のこびりつきを扱った。

　表出しているトラウマが処理されると隠れていた別のトラウマや解離されているマイナス感情が表出してくることも少なくない。虐待のようなトラウマ的出来事から受ける心の傷とは性質が異なり，親の顔色をうかがうとか，自分をもっと認めて欲しいといった幼少期からの慢性的なマイナス感情は，精神の脆弱性につながると筆者は考えている。

　３回目の面接では，それが明らかになった。Ａ子は親に迷惑をかけたくない，良い子になろうという気持ちが強く，そのため体験のことも話せず，自分の中だけで抱えてきた。そして，封印した辛い気持ちが，さらに人間関係を恐れることとなり，自分に対する自信も失い，人目を気にし，楽しむと後で落ち込んだときにもっと辛くなると悪循環に陥っていた。それでも，音楽に打ち込むことをリソースとしてがんばってきたが，虐待のトラウマが処理されて，自分の中に溜まっていたマイナス感情が表出した。

　このようなマイナス感情は，クライエントの考え方や生き方にも大きく影響しており，マイナス感情を乗り越えていくことで心の成長が促される。成長することで，クライエントがこれから先に自分で対処する力も回復力も，すなわちセルフマネジメント力やレジリエンスが高まるのである。しかし，マイナス感情を自分の防波堤のように荒波に耐えさせながら抱えて

いると，それがなくなることへの不安を感じてチューニングがうまくいかないことがある。エネルギーを耐えるためだけに使うのではなく，乗り越える方に使うという，より建設的な対処法へクライエントを導くことが重要だと考える。

　ＴＦＴ診断は，筋反射テストでタッピングポイントを見つけていく手順で，身体からアプローチすることで解離情動にもアクセスしやすく，クライエントが現実感を保ちながらトラウマ治療を進めていける。ＴＦＴのトラウマ治療モデルは，第１段階「症状のマネジメント」，第２段階「トラウマワーク」，第３段階「社会との統合」が典型であり，４回目の面接では社会との統合の段階を迎え，Ａ子が再びバンド活動ができアルバイトができるようになり，普通の日常生活が送れるようになることを目指した。この段階に来て表出する不安も少なくない。予期不安である。この不安を克服して体験を繰り返し，失敗しても回復を覚えることで，成功体験につながっていく。このような学習の繰り返しに，ＴＦＴが不安や落ち込みを癒してくれるツールとして有用である。

　トラウマ治療の段階を通じて，クライエントがセルフコントロール力を養ってきたことが役に立ち，なるべく薬に頼らないアプローチとなる。電車に乗ってみる際にも，頓服薬ではなく自分のスキルとしてＴＦＴを常備して行動化につなげた。そしてそれは，治療終結後にもセルフケアとして残り，クライエントの自立と自律を養う。Ａ子は過去や子どもの心からの自立，そして自分をコントロールしてバランスをとる自律を育んだのである。

## 5．まとめ

　本症例は虐待によるＰＴＳＤ治療，その背景にある幼少時からのトラウマ治療，セルフケアで安定化，さらに，電話によるＴＦＴで行動化，社会生活への統合という流れで，トラウマからの回復をサポートした。
　症状の軽減にあまり時間をかけずに処理することでクライエントは言語化しやすくなり，カウンセリングにより時間をかけることができる。また，

TFTはカウンセリングの段階を通じて，症状のマネジメントまたはトラウマ治療テクニックとしてどの場面でも機能する。

トラウマは受けた傷の部分がまるで時間が止まったかのように停滞し心の成長を阻む。そして，時に非常に根強く身体感覚に残りクライエントを苦しめる。思考ではコントロールできない部分をTFTが身体感覚からサポートし，成長をブロックしていた心のトゲを取り除き，クライエントの自立と自律を育んだ。

## Ⅲ．症例2

### 1．はじめに

クライエント（以下，B夫とする）は，販売業務を担当する会社員である。異動後，新しい上司に非常に細かく威圧的に指示をされ，時々叱責されることから不調になり，会社に行こうとすると体調が悪くなり休職，医療機関を受診。抗うつ薬を処方されたが，本人が薬物以外の治療法を望んだため当センターに紹介されてきた。医療機関を受診する以前にもカウンセリング，複数の心理療法，アロマテラピー，ヒーリング，気功，自律訓練法，整体，除霊など様々な方法を試してきたが，どれも続かなかったり改善がなかったりして中断している。

休職して症状は少し軽減されたものの，職場について考えると恐怖感が襲い，それに加えて，幼少期の母親の言葉や小学校の時の担任の言葉，中学校の時にいじめられた同級生の顔がフラッシュバックのように強く想起されるようになった。

### 2．症例の概要

【クライエント】B夫さん，35歳，男性
【主訴】会社の威圧的な上司が怖く会社に行けなくなった。この上司に加えて，幼少期の母親や小学校の時の担任の先生，中学校の時にいじめられた同級生の顔のフラッシュバックが起きる。

【症状】息苦しさ，多汗，吐き気，下痢，動悸，立ちくらみ，頭痛，倦怠感，食欲不振，手足の冷え等
【診断】うつ，発達障がいの疑い
【生活】一人暮らし
【家族】両親，弟

## 3．治療経過

### 1）面接第1回目（X年10月）

　B夫は，受付で履歴書，職務経歴書，自分の趣味や特技，性格等が書かれた自己紹介書を提出した。面接室では，表情はにこやかであったが，緊張して落ち着かない様子で座っていた。休職してしばらくすると上司とのことより，母親のフラッシュバックの方が強くなってきたと言う。父親も母親も教員で非常に厳格であったという。B夫が小学校の時，友達といたずらをしたことで，先生から母親に注意の電話が入った。母親はそのことでひどく逆上し布団たたきでB夫のお尻を数回殴った。その恐怖が残っていたため，その恐怖感にTFTのトラウマアルゴリズムを行った。母親がそれ以来ますます厳しくなり，勉強のできる弟にはやさしいが，勉強のできないB夫に対していらいらするようになり，B夫には生きている価値もないというようなことを時々言うようになったとB夫は涙をはらはらと流し始めて語った。一緒にタッピングができるか聞くと，うなずいたのでそのままいっしょにTFTを行った。すると「私は生きていてもいいのでしょうか？」と聞くので，「もちろん，生きていてくれてよかった」と伝えると号泣した。その後，少し落ち着いた様子になったので，自我状態としてまだ残っている子どものころからの感情に焦点を当ててTFT診断を行った。寂しい，みじめ，自分だけ置いてけぼり，不安，居場所がない，ただ黙って耐える，誰も受け入れてくれない恐怖，人が信じられない，友達がほしい，自分のことをもっとわかってほしい，母に甘えたかった，愛されたかった。そして，冷ややかな視線で自分を見る小学校の時の担任の先生が自分の母親の視線と重なり，それが，中学校のときの同級生たちの視

線とも重なり，愛想笑いをしてやり過ごす自分，怒りなどが次々に現れタッピングでマイナス感情を浄化しながら，ばらばらのピースのように存在していた自我状態を融合していった。

2）面接第2回目（X年10月）：1週間後

フラッシュバックはなくなり，吐き気，下痢，動悸，立ちくらみ，頭痛，食欲不振が改善されたことを報告してくれた。外出も近くにはできるようになっていた。上司と母親への恐怖が重なっていたため，母親に対する恐怖が軽減されると，上司に対する恐怖は予期不安程度になっていた。1カ月間休職し，早く復職しないと経済的な問題が起きるため，復職に焦点を当ててみたところ，この先うまくやれるかという不安が出てきたためTFTで対処した。また，緊張しやすく首や肩がよくこり目も疲れるため，TFTの肩こりを解消するタッピングを行うと体がリラックスして眠くなったほどで，鎖骨呼吸法と合わせて就寝前に行って良い睡眠がとれるように指導した。

仕事の内容について聞くと，段取りが悪かったり，優先順位がうまくつけられなかったり，新しい仕事が入ると混乱することがあるため，焦りや不安にTFTで対処しながら学習機能を高めるため，PR（心理的逆転）と呼ばれる手のひらの横のツボを刺激しながら新しい行動パターンを入れていくことを具体的に指導した。その話の中で，人の頼みを断れないため，結果，仕事をたくさん抱えて手が回らなくなり同僚に迷惑をかけることがよく起きることがわかった。その気持ちに焦点を当ててみると，自分を理解してくれた先生の期待に応えなくてはという気負いに根ざしていたことがわかりTFTで過剰な感情を解放した。

3）電話面接第3回目（X年11月）：2週間後

主治医と職場と相談し復職が決まり，その前日に電話にて話を聞いたところ，緊張はしているが，大きな不安はなく，自分でタッピングをしながら会社に行けそうだと語った。職場に戻れば，この先また同じことが起きるかもしれないし，予期せぬ出来事も起きるかもしれないと，心の準備とレジリエンスを高められるよう，その場面でいっしょにタッピングをして

コントロール感を高めた。
　また，自分の中に多くの幼い解離情動を抱えていたため，困った時には解離ではなくタッピングするよう伝え，ＴＦＴ診断で融合を再び強化し成長するように促した。その後，Ｂ夫は復職し治療は終結した。
　4）電話面接第4回目（Ｘ＋1年9月）：10カ月後
　Ｂ夫から突然電話が入った。上司は少しは言い方が軟らかくなったが相変わらずで，しかし，自分がＴＦＴで流せるようになったことで，気持ちの切り替えが以前よりうまくなり，仕事はこなせていることを報告してもらった。しかし，同じ課に配属された同僚とのトラブルでまた悩んでいるので相談したいと語った。その同僚は自分のミスをＢ夫のミスにしたり，また，Ｂ夫のミスを必要以上に責める。周りもどちらかというとその同僚の味方をするため，それについて自分でタッピングをしたのだが，気持ちが今一つ晴れないという。
　どんな気持ちが残っているのか聞くと「自分をわかってくれない」ことで，さらにその気持ちが幼少期からずっと頭にこびりついたように感じていたことだとわかった。電話口でそのままＴＦＴ診断を行い，「わかってくれない」気持ちを乗り越え，こだわりを流すタッピングを指示した。こだわりが強くなる傾向があるため，自分でなるべく流して対処するように方法を伝えて終了した。

## 4．考察

　トラウマの原点は母親への愛着障害である。母親の愛を求めながら恐怖も感じており，安全感や安心感が形成されないまま成長する過程で，自分を守るために苦痛な感情を次々と解離させて対処してきた典型であると感じる。しかし，社会人になるとその防衛法には限界がおとずれる。自分の一貫性は保てなくなり，体力も気力も必要以上に消耗する。
　トラウマ治療を行ってマイナス感情を浄化させていきながら，体験や知識はすべて自分が学習したリソースとして融合していくことで，人格を成長させ社会生活が機能するようにしていく。その成長は必ず対処能力を高

めていくのだが，それに加えてＴＦＴが今後は新たなセルフケアツールとして使えることで，ストレスで解離を繰り返す悪循環から乗り越える好循環へ移行する。第1段階の「症状のマネジメント」と第2段階の「トラウマワーク」を経て，第三段階の「社会との統合」に移る。

　Ｂ夫は小学校から授業の理解が難しく学習に問題があり自閉症スペクトラム障害が疑われており，自分でも認識していた。新しい行動や思考パターンがなかなか取り入れられず，時に固執するためマイナス感情をひきずりやすく，人間関係のトラブルを招きやすかった。ＴＦＴをマイナス感情に適用するだけでなく，こだわりや外界の刺激に対する過敏性など自分の陥りやすいマイナス傾向に対してや，新しい行動パターンを取り入れて学習する際にＴＦＴを用いることでより生きやすくなり，ストレスに対するレジリエンスも高まり，変化に適応する力を養っていける。

## 5．まとめ

　母親との愛着が形成できず，常に抱える不安感やマイナス感情に焦点を当てることは，トラウマ治療では非常に重要な局面である。トラウマが解離され各年齢のまま成長が止まっている状態はトラウマ治療には多く見られ，潜在化している場合には，ＴＦＴで焦点化しブロックを取り除くことで成長を促す。

　さらに，自分の内面に様々な自我状態をつくって人間関係や作業に合わせて自分の部分を交代するように対処するのではなく，すべて融合して一貫性のある自分を持つことで，より効率的なエネルギーの循環となり，自分の力や個性が発揮しやすくなる。

　また，過敏性やこだわりのような自分の性質を把握して，ＴＦＴでセルフコントロールをトレーニングすることで，解離する以外のコーピングスキルを養った。社会スキルとともに身体感覚や感情をコントロールできるようになることは，発達の凸凹をサポートし社会性を養う方向に導く。特に，マイナス感情ばかりを抱え，いつもマイナス思考でいるクライエントには，プラス体験に結びつける機会を増やし，乗り越えれば良いことがあ

るという当たり前のようで，本人には当たり前ではないエピソードを増やすことで，行動パターンを変えていくことができる。TFT は社会生活をサポートしてくれるツールとして適用でき，成長を促してセルフマネジメントするための栄養剤のようでもある。その結果，発達の問題は個性に変わったと筆者が感じた症例は数多くある。

## ■文　献

1 ) Callahan RJ : Tapping the Healer Within : Using Thought Field Therapy to Instantly Conquer Your Fears, Anxieties, and Emotional Distress. Contemporary Books, Chicago, 2001.（穂積由利子訳：TFT 思考場療法入門．春秋社，東京，2001.）
2 ) Connolly SM, Roe-Sepowitz D, Sakai C, et al: Utilizing community resources to treat PTSD: A randomized controlled study using Thought Field Therapy. African Journal of Traumatic Stress, 3（1）: 24-32, 2013.
3 ) Connolly S, Sakai C: Brief trauma intervention with Rwandan genocide survivors using Thought Field Therapy. International Journal of Emergency Mental Health, 13: 161-172, 2011.
4 ) Connolly S: Thought Field Therapy: Clinical applications :Integrating TFT in psychotherapy. George Tyrrell Press, Sedona, AZ, 2004.（森川綾女監訳：ＴＦＴ思考場療法臨床ケースブック．金剛出版，東京，2011.）
5 ) Feinstein D: What does energy have to do with energy psychology? Energy Psychology, 4（2）: 59-80, 2012.
6 ) Feinstein D: Acupoint stimulation in treating psychological disorders: Evidence of efficacy. Review of General Psychology. Advance online publication. doi:10.1037/a0028602: 2012.
7 ) 藤本昌樹：思考場療法（ＴＦＴ）の教育臨床場面への応用―2 事例の恐怖症における活用から．臨床心理学 3（3）: 363-373, 2003.
8 ) 藤本昌樹，白川園子：小児看護隣接領域の心理臨床．小児看護, 30（6）: 818-823, 2007.

9）林紀行，大浦真一，今井田貴裕ほか：外傷後後遺障害に対する統合医療的アプローチ─3年目の報告．日本統合医療学会誌，8（1）：82-88, 2015.
10）石川勇一：思考場療法（ＴＦＴ）の理論と実際─学生相談の事例から．人間社会研究, 2: 2005.
11）河岸由里子：ＰＲタップ効果についての検証─セルフコントロールとしての活用．ＴＦＴジャーナル, 1（1）: 2009.
12）松浦真澄：産業心理臨床におけるＴＦＴ（思考場療法）の活用．東京理科大学紀要, 46: 21-35, 2013.
13）森川綾女：新しい心理療法 ＴＦＴ─その応用と人道的支援─．ＴＦＴジャーナル 1（1）: 4-9, 2009.
14）中田薫：学校臨床現場における援助についての一考察－支持的カウンセリングとＴＦＴ（思考場）療法を併用した2事例から─．静岡福祉大学紀要, 2: 2006.
15) Sakai CE, Connolly SM, Oas P: Treatment of PTSD in Rwandan genocide survivors using Thought Field Therapy. International Journal of Emergency Mental Health, 12（1）: 41-50, 2010.
16）山田和子，村上そのみ，落合直美ほか：思考場療法の有効性の検討．心療内科, 9（2）: 165-169, 2005.

＊参考サイト
一般社団法人日本ＴＦＴ協会　http://www.jatft.org
ＴＦＴセンター・ジャパン　http://www/tftjp.com

# PART 10

# ソマティック・エクスペリエンス

*Somatic Experiencing*™ : *SE*

藤原千枝子

## ここがポイント!!

　本章では，身体志向のトラウマ療法であるSEについて解説されている。総論では，SEの理論として，トラウマというのは出来事や心理的・精神的な問題というよりはむしろ，生理的・神経的な問題（自律神経系の調整不全）であるということを前提に解説されている。トラウマの癒しには，起きた出来事を繰り返し振り返り，それにまつわる感情的な痛みを再体験するようなセラピーでは限界があるばかりか，時として再トラウマを引き起こす恐れもある。トラウマ解消の鍵は，自律神経系に直接働きかけ，神経系の中に閉じ込められた未解放の過剰なエネルギーを解放することによって，神経系を元の健康な自己調整の状態に導くことであり，ここで用いる手段は，身体感覚ということだ。自分の意識を内なる身体感覚に向けることで，自律神経系に直接アクセスし，閉じ込められていたエネルギーを解放していくことができる。SEではこれを，「トラウマの再交渉」と呼んでいる。SE療法を行う際に重要ないくつかのキーワードとして，トラッキング（Tracking），タイトレーション（Titration），リソース（Resource），SIBAM（体験の5つの要素：感覚，イメージ，行動・動作，情動・感情，意味・思考）を挙げている。SEの入り口としてはこの5つの要素のどこからでもクライアントにアプローチできることがSEの優れた点であると筆者は考えている。
　症例1では，主にショックトラウマを取り扱ったケースを，症例2では主に発達トラウマを取り扱ったケースを丁寧に報告している。SE的に見た解離の原因に対する2つの考え方は興味深い論考である。身体の叡智は，われわれが頭で持てる小賢しい考えよりもはるかに深いということを，筆者はこれまでに行った四千件以上のSEセッションを通じて感じている。（野呂浩史）

藤原千枝子（ふじわら　ちえこ）

カリフォルニア州公認サイコセラピスト（Marriage and Family Therapist），臨床心理士，ソマティック・エクスペリエンス認定プラクティショナー（SEP）。

大阪大学人間科学部卒業。新聞記者を経て渡英，Emerson Collegeにてシュタイナー教育を学ぶ。その後サンフランシスコに移り，カリフォルニア統合学研究所（California Institute of Integral Studies, CIIS）にてカウンセリング心理学修士号取得。サンフランシスコの日系カウンセリングセンターや小学校，近郊のホームレス支援の非営利団体などで心理セラピストとして勤務。サンフランシスコ，ハコミ研究所（Hakomi Institute of San Francisco）にて2年間のハコミセラピーのトレーニングを終了したほか，トラウマへの身体的アプローチであるソマティック・エクスペリエンス（Somatic Experiencing, SE）など，さまざまな心とからだの癒しのトレーニングを受ける。

2005年2月に帰国，札幌にカウンセリングルームを開く。北星学園女子中学高等学校スクールカウンセラー，天使大学学生相談室相談員，市内の婦人科クリニックカウンセラーとしても活動中。

著訳書に『心と身体をつなぐトラウマ・セラピー』（単訳，雲母書房，2008），『ソマティック心理学への招待―身体と心のリベラルアーツを求めて』（共著，コスモス・ライブラリー，2015）などがある。

# I．SE療法の概要

ソマティック・エクスペリエンス（Somatic Experiencing™，以下SEと表記）は，米国のピーター・リヴァイン（Peter Levine）博士によって開発された，身体志向のトラウマ療法である。心理学者かつロルフィングなどの身体療法のエキスパートでもあったLevineは，40年にわたりトラウマが起こるしくみとその癒しのメカニズムについての研究を行ってきた。彼はトラウマを研究するにあたって，以下の2点に注目した。

①トラウマを受けた人は，そのトラウマの種類（事故，自然災害，レイプ，暴力を目撃すること，虐待，戦争など）にかかわらず，だれもが同様の症状に苦しんでいる（不安，不眠，解離・麻痺，フラッシュバック，パニック発作など）。

②野生動物は，常に自分よりも大型の捕食動物からの攻撃にさらされているにもかかわらず，人間のようなトラウマ症状に悩まされることがない。

以上の点から，Levineは，トラウマというのは出来事や心理的・精神的な問題というよりはむしろ，生理的・神経的な問題（自律神経系の調整不全）であるという結論を導き出した。生物は，危機に直面すると交感神経が最大限に活性化してアドレナリンを含む各種ホルモンが噴出し，通常では出せないような力が出ることによって逃げたり戦ったりすることが可能になる（車のアクセルを思い切り踏んだ状態）。しかし，状況がそのどちらも許さない場合，「凍りつく」ことでその場を切り抜けようとする。この凍りつき（硬直）は，副交感神経の一部門である背側迷走神経が神経系のブレーキの役割を果たすために起こるもので，生物がトラウマの瞬間の苦痛を感じずにすむためのメカニズムであるが，この時も外見上は静止しているように見えても，神経系の中ではエネルギーがフルに回転している。つまり，アクセルとブレーキが同時に踏み込まれているのである。

Levineは，この，危機に対処するため（闘争／逃避のため）に動員されたものの，凍りついて解放されないままに体内にとどまっている大量の

エネルギーこそが，トラウマの症状を作り出していると考えた。野生動物は，仮に硬直したとしても，危険が去った後には自然に身ぶるいをしてその凍りついたエネルギーを振り落とし，通常の状態に戻るのでトラウマの影響を受けることはない。しかし人間がトラウマの後遺症に苦しむのは，高度に発達した脳が，動物のような自然なエネルギーの「振り落とし」を妨げるためである。「元々のトラウマに似た状況や人に引きつけられる」「頭ではわかっているのに，いつも同じ問題を繰り返してしまう」というトラウマ被害者に特有の状況は，頭では問題を理解していても，未解放のエネルギーが今も神経系の中でトラウマ状態にとどまり，フル回転しているために起きていると考えられる。

　従って，トラウマの癒しには，起きた出来事を繰り返し振り返り，それにまつわる感情的な痛みを再体験するようなセラピーでは限界があるばかりか，時として再トラウマを引き起こす恐れもあるとリヴァインは警告している。トラウマ解消の鍵は，自律神経系に直接働きかけ，神経系の中に閉じ込められた未解放の過剰なエネルギーを解放することによって，神経系を元の健康な自己調整の状態に導くことである。ここで用いる手段は，私たちの身体感覚だ。自律神経系の働きをつかさどるのは主に脳の視床下部と呼ばれるところで，この部位は言語を解さないからである。自分の意識を内なる身体感覚に向けることで，私たちは自律神経系に直接アクセスし，閉じ込められていたエネルギーを解放していくことができる。SEではこれを，「トラウマの再交渉」と呼んでいる。

　また，未解放のエネルギーの解放と同様に重要なのが，未完了の体験の完了である。危機に直面したときに生じた闘争（防衛）や逃避の衝動は，凍りつきにより神経系の中に閉じ込められているだけで，消えてしまったわけではない。何かのきっかけで凍りつきが溶け，そうした衝動が急速に浮上することで，（元々のトラウマ体験から長い年月が経った後でも）自他を傷つける行為に及んでしまうトラウマ被害者は少なくない。したがって，神経系レベルでそうした未完了の衝動を完了するよう助けることも，未解放のエネルギーを解放するのと同じくらい，トラウマの再交渉の際に

は重要である。
　以下に，SE療法を行う際に重要ないくつかのキーワードを紹介する。

### トラッキング（Tracking）

　感覚を追跡することを指す。トラウマを変容させるためには，自分の内側の感覚にアクセスし，その感覚と共にいてその感覚を利用することが必要である。今この瞬間に自分が何に気づいているか，そしてその感覚は身体のどこにあるか，その感覚にはどのような特徴があるか，その感覚に気づいていると次に何が起きるか，そういったプロセスにただ自分の意識を向けていくことによって，神経系の自己調整力を理性脳に邪魔されずに最大限引き出すことが可能になる。

### タイトレーション（Titration）

　タイトレーション（滴定）は，元々は化学の定量分析法を指す。化学反応を促す際，ある試薬に別の試薬をいきなり混ぜると激しい反応を起こして爆発する危険がある。爆発や事故を回避するため，別の試薬を一滴ずつ垂らしてゆるやかな化学反応を促すのが滴定である。SEの文脈では，「再トラウマを予防するために，生存に基づく覚醒などの困難な感覚に注意深く最小限だけ触れること」を指す。トラウマ反応は非常に不快な感覚を伴うものだが，刺激をごく少量にとどめることによって，そこに生じる不快感も耐えられる程度のわずかなものになるため，トラウマの感覚と再交渉することが可能になる。

### リソース（Resource）

　リソース（資源）は，タイトレーションと並んでSE療法の中で最も重要な概念のひとつである。トラウマ症状を解消するためには，トラウマの活性化に少しずつ働きかけ，神経系に閉じ込められた過剰なエネルギーを解放してやる必要があるが，トラウマにより作り出されたエネルギーは膨大で，強い渦を作り出している。その渦は引き込む力が非常に強いため，

人はいったんトラウマを受けると，同じような状況に無意識のうちに繰り返し惹き付けられる。暴力を受けて育った人がその後の人生で暴力的なパートナーを選びがちなのはその一つの例である。そのトラウマの強力な渦と再交渉するためには，渦にまっすぐ飛び込んでいくような手法のセラピーではトラウマ反応を強化することになりかねない。SE では，強い力を持つトラウマを扱う上でまず何よりも大切なのが，リソース（資源）の構築だと考える。

　リソースには，外側と内側の二種類ある。内側のリソースは，「心地よい身体感覚」である。トラウマにまつわる身体感覚は非常に不快で，かつ強烈なものが多いため，それと真正面から取り組むことはできない。従って，まずは身体内に心地よいと感じられる場所を増やしていくことが必要である。ただ，深刻なトラウマを抱える人の場合，心地よい身体感覚を発達させることは容易ではないので，その場合は外側のリソース（その人を元気にしてくれる，健全で中毒性のないものすべて）を探すことから始める。

## SIBAM（体験の５要素）

　リヴァインは，人間のあらゆる体験は感覚（Sensation），イメージ（Image），行動・動作（Behavior），情動・感情（Affect），意味・思考（Meaning）の５要素に分けられると考え，その頭文字を取って SIBAM（サイバム）と名付けた。Somatic Experiencing は直訳すると「身体経験」なので，身体を主に扱う療法であると考えられがちであるが，セラピーの入り口としてはこの５要素のどこからでもクライアントにアプローチできるのがこの技法の優れた点だと筆者は考える。

　SIBAM はまた，クライアントのアセスメントのツールとしても用いることができる。外からの刺激に対してどれほど柔軟に対応できるかがその人の健康度の指標になるが，ある特定の刺激に対して常に同じ反応が起きてしまう場合（特定のイメージを見ると身体が硬直する，怒りを感じると必ず暴力的な行動に出るなど）は，それぞれの体験の要素が過剰に結びつ

いてしまっていることが分かる．逆に，当然起きるはずの反応が起きない場合（明らかに恐怖を覚える状況にもかかわらず，恐怖がわからずにその場にとどまり続けて被害を受けるなど）は，体験の要素間に一貫したつながりが欠けていることがわかる．このように，体験の要素が過剰に結びついたり（SEではこれをオーバーカップリングと呼ぶ），あるいは十分な結びつきを持たなかったり（アンダーカップリングと呼ぶ）するときには，そこに何らかの活性化が存在すると見なすことができる．

　SIBAMに働きかけるときに重要なのは，SIBAMのすべての要素を，最終的にはフェルトセンスを通じて感覚に結びつけることである．例えば，あるイメージや思考に気づいたときに身体では何が起きているか，ある感情を持ったときに，その感情は身体のどこで感じているか，ある動きをしたくなったときに，その動きは内側からはどのように感じられるかなどである．こうして自分の体験を身体レベルまで落とし込み，そこにある過剰な活性化を解放していくことで，SIBAM間の自然で柔軟な関係性を徐々に取り戻していくことが可能になる．

## II．SE療法の実際

　ここからは，SE療法が実際にはどのように展開するかを，具体的なケースを例に紹介する．まずお断りしたいのは，トラウマを自律神経系の調整不全と捉えるという原則に基づいてさえいれば，SE療法の自由度はかなり高く，だからこそ心理士にもボディワーカーにも開かれた技法なのだということである．これから紹介するのはあくまでも筆者個人のスタイルであり，インテークの方法や実際のセラピーの進め方は個々のセラピストにより異なることを最初に明記しておく．

### 1．インテーク

　SEではトラウマ≠出来事と考えるので，筆者は初回面接の際に生育歴や家族構成を詳細に聴くことには重点を置かない．筆者がインテークにか

ける時間は平均10分，長くても15分で，インテークの際クライアントに主訴以外で尋ねるのは次の4項目のみである。
　①精神科の受診歴，現在受診中の場合は薬の名前
　②これまでの事故，怪我，手術，入院歴
　③これまでに怖い目に遭ったことはあるか
　④眠れるか，食欲はあるか
　質問3に関しては，「怖い目」とはどのような体験を指すのかを尋ねてくるクライアントもいるが，本人が考える「怖い目」とはどのようなものかが知りたいので，その質問から自由に連想した答えを言ってもらうようにしている。これは，事実を聴取するというよりも，その時点でクライアントが自分の過去に対してどのような解釈を行っているかを知るための質問である。
　筆者がクライアントの自己申告をあまり重視しないのは，SEにおける記憶の捉え方と関係がある。Levineは，脳科学の研究を元に「心は，当時の印象に従って，色，イメージ，音，におい，解釈，そして類似の覚醒と感情を持つ反応の中から選択を行い，さまざまな組み合わせでそれを全面に押し出して我々が記憶と呼ぶものを作り出す。生存に関する記憶は，ある特定の種類の知覚であって，出来事の正確な刻印ではない」と述べている。また，凍りつきのメカニズムによって，特定の出来事に対する表面的な記憶が欠落していたり，実際には命にかかわるほどのトラウマ体験だったにもかかわらず，自己防衛のために無意識に過小評価したりしている場合もある。つまり，SIBAMのMがアンダー，あるいはオーバーカップリングしているのである。質問3に「特にありません」と答えたクライアントが，セッションを重ねるうちに子ども時代に受けた扁桃腺手術や溺水などのトラウマ体験を（身体感覚を伴って）思い出すことはよくある。また，自分は虐待的な家庭で育ったという強固な信念を持っていたクライアントが，セッションが進むにつれて親から優しくしてもらった記憶を思い出すといったこともある。
　また，インテークで詳しく話を聞かないのには別の意味もある。出来事

を詳細に語ることで，再トラウマを受ける危険性を回避するためだ。クライアントの中には自分の体験を言葉にして語ることの危険性に気づいている人もおり，筆者のカウンセリングルームを訪れる人の中には「話さなくていいとHPに書いてあったのを見てここに来ました」という性的虐待の被害者もいた。

## 2．実際のケース　―ショックトラウマと発達トラウマを例に―

　SEでは，トラウマを主に二種類に分けて考える。ひとつはショックトラウマである。これはDSMの定義通り，自他の生命や身体的統合が脅かされるような危険の体験や目撃によるもので，戦争体験や自然災害，身体的暴力やレイプ，交通事故などがこのカテゴリーに含まれる。もうひとつは発達トラウマで，子ども時代に受けた虐待やネグレクトにより生じるトラウマである。

　SEは，ショックトラウマを得意とする技法であると一般に見なされている。しかし，発達トラウマには必ず何らかのショックも内包されている。3歳までの乳幼児期は，言語の発達以前であるため，虐待を受けた年齢が幼ければ幼いほど，そこで受けたトラウマは身体化される。スティーブン・ボージェス（Stephen Porges）のポリヴェーガル理論によると，人間の副交感神経には背側迷走神経と腹側迷走神経の二種類あり，社会的つながりを作る腹側迷走神経は誕生時には発達していない。また，手足も発達していないため，交感神経の防衛戦略である逃げる／戦うも用いることができない。ゆえに，乳幼児が危機に直面したときに用いることができる生存戦略は，神経系のブレーキである背側迷走神経をシャットダウンして凍りつくことのみである（これが繰り返されることにより，トラウマ反応である凍りつきが身体に蓄積されていく）。また，ネグレクトは衣食住といった身体の基本的なニーズが満たされないために起こるものであるし，身体的，性的虐待はまさに身体を舞台に起きている。

　また，何らかの発達トラウマがあるがために，その後の人生でショックトラウマに遭遇したときにそれにうまく対処できずに余計にひどいトラウ

マ症状を発現させるということも考えられる。例えば，同じ事件現場を目撃した通行人のうち，Aさんには何の症状も起きなかったのに，Bさんはその後うつやパニックに悩まされたといったケースでは，Bさんはその事件前からすでに自律神経系が脆弱だった可能性がある。

このように，本来この二者を分けて考えることはできないが，本稿では，SEがさまざまなケースに対応可能であるということをお伝えするため，主にショックトラウマをきっかけとしてトラウマ症状を発達させたケースと，本人の症状の主原因が幼少期の発達トラウマであるケースの双方を1つずつ紹介させていただきたい。なお，各ケースの執筆に関してはクライアント本人の了解を得ており，さらにプライバシー保護のため個人情報の詳細には一部変更を加えてある。

【症例1】主にショックトラウマを取り扱ったケース
Pさん。女性，初回面接時33歳，会社員。

6年前より精神科通院中。当時知人からストーカーと性被害に遭ったことが発症のきっかけとなった。以来2回，自傷行為と希死念慮のためにそれぞれ数週間の入院歴があり，筆者との初面接時には4種類の向精神薬と睡眠薬を処方されていた。主訴は過緊張と希死念慮，自傷行為で，薬の力でようやく出勤し，1日1回自傷をするという生活を4年間続けていた（自傷行為は初面接時には自力である程度コントロールできるようになっていた）。感情や喜怒哀楽がなく，感覚，感じるということがどういうことかわからない。1人でいても，人といても常に緊張感がある。

4人兄妹の第四子で，暴力的な父親の元で育つ。性被害に遭った時期と前後して付き合い始めた，結婚を前提としたパートナーがいるが，子どもを持つことは考えられない。

＊セラピーの頻度と経過
最初の数カ月はほぼ週に一度，それから1～2週おきの面接になる。8カ月間で合計24回の継続セッションを行ったあと，結婚して遠方に引っ越したこともあって不定期のフォローアップ面接になる。初回面接の7カ

月後にまず抗不安薬をやめ，その13カ月後に抗うつ薬の処方がなくなり，初面接から1年7カ月ですべての薬の服用をやめることができた。初回面接の1年7カ月後に最後の面接を行い，そのときに妊娠6カ月であることが報告された。

＊セラピーの実際

初面接時のPさんは，ショックにより交感神経が常に過剰に活性化している（緊張）と同時に，背側迷走神経がシャットダウンしている（凍りつき）状態にあった。そのため高い活性化が過緊張と希死念慮，自傷の症状を，凍りつきが失感情と失感覚の症状を作り出していた。

セラピーは，まずクライアントのリソースにアクセスすることで，自律神経系の自己調整を引き出すことに焦点を置いて進めた。初回のセッションでの身体的なリソースは，「お腹が比較的柔らかいこと」であった。その感覚と共にいてもらうと，肩の力が抜けるが，それは心地よくリラックスするというよりは，どちらかというと虚脱に近い感覚だった。同時に手が熱くなり，腕を動かしたいという衝動が出てきた。その後首が両側から締め付けられる感覚と共に死にたいという感覚が出てくるが，それと同時に涙も出てきたことにより，過剰な活性化が涙という形で解放された。

2回目のセッションでは，「ネガティブなものごとを押しやりたい」という衝動が出てくるが，それと同時に初回と同じ虚脱感も出てきて，その衝動を実行に移すことができなかった。その状態をただトラッキングしてもらうことで，自然に背筋がまっすぐになり，顔の緊張が減った。3回目のセッションでは，加害者に対する防衛反応にアクセスし，イメージの中で彼を自分のスペースから閉め出すことができ，同時に腕の力も戻ってきた。4回目のセッションでは，加害者の夢を2回見たが以前のような動揺がなかった旨が報告された。

6回目のセッションでは，常に緊張し，他人からの視線を恐れている部分へのワークを行った。セッションの最後には，自分を決して批判しなかった子ども時代の友人を思い出して泣き始めた。このように，神経系の過剰活性化に働きかけて凍りつきがほどけると，リソース的な記憶が自然に

発現することはよくある。7回目のセッションでは，初めて減薬になったことと，6年前の交際開始以来初めて恐怖を感じずにボーイフレンドの目を見られるようになったことが報告された。この回は胸にある焦燥感（心臓のドキドキ）に働きかけ，それをプロセスすることで頭と手足が休めるようになり，胸の不安感がなくなった。その次の回では，自分がいかに疲れているかにより気づけるようになり，一度寝過ごしてしまったとの報告があった（これは，SE的には緊張がほどけてきた印であり良いサインととらえる）。

9回目のセッションで，性暴力の加害者を非常に恐がり，パニックしている当時の自分にアクセスする。現在の自分の援助（リソース）により，イメージの中で加害者に体当たりして逃げることができた。セッションの最後には，事件以来初めて落ち着きを感じて（心臓のドキドキがなくなって）呼吸が楽にできるようになったと言って，うれしさの余り泣き始めた。

10回目のセッションでは，加害者に対する怒りにアクセスし，イメージの中で相手を叩いて「ほっといて！」と叫ぶことができる。その後自分がより強くなったように感じる。外へ向かう怒りは，日本では特に，女性が感じることを奨励されていない感情であるが，SEの観点から見ると，健全な防衛反応を取り戻せたという非常に良いサインである。12回目のセッションでは，再び恐怖にアクセスし，毛布にくるまって怖がっている数年前の自分が出てくる。そのイメージをプロセスすると，身体が動けるようになる。

15回目のセッションで，初めて生育歴にまつわるトラウマが出現した。5歳か6歳の頃，父親が母親をどなり，母が父に殺されてしまうのではないかと恐れていたときのことを思い出した。この記憶をプロセスするとともに，機能不全家族で育った大人のための自助グループ（ACODA）にリファーした。筆者は，生まれ育った家庭にアルコール・薬物依存や暴力，共依存などの機能不全がある場合は必ず自助グループへもつなげる。クライアントのリソースは多ければ多いほどいいという考えからである。16回目のセッションでは，他の人々が口にする批判を，それが自分に向けら

れたものでなくてもどれほど自分の内側に取り込んでいたかに気づく。

　17回目のセッションではブレークスルーが起きた。事件後，自分が過去6年間感じて来た恐怖と罪悪感について言葉にすることができ，それを一部プロセスした。性被害に遭ったクライアントが，「自分にも非がある」と自責の念にかられることはしばしば起こる。こうした場面では，罪悪感の外在化と共に心理教育も非常に重要である。両者を神経系レベルで行って初めて，クライアントは被害に遭ったのは自分の責任ではないということを頭ではなく身体を含めた存在全体で理解し始めるのである。

　18回目のセッションの後，結婚のために退職する。20回目のセッションでは，恐怖と凍りつきが再度出現するが，それをプロセスすると身体が再び動けるようになる。セッションの最後には，「これまで独楽のように回り続けていたのが，ようやく止まった感じがする」との報告がある。

　21回目，22回目のセッションでは，「自分が空っぽな感じがする」「気持ちが沈む」などの報告があった。凍りつきが溶け始め，徐々に感覚を取り戻しつつあることがうかがわれた。23回目のセッションでは，夫に対するイライラ感が出てきて，その感覚と共にいるうちに，自分自身のニーズを表現することと，それにより夫を押しつぶしてしまうのではないかという心配との間の葛藤が出てくる。葛藤をプロセスすると，「うれしい」という感覚が出てきて，かつては自分のためにものを書いたり絵を描いたりすることが好きだったことを思い出す。

　24回目のセッションでは「腕を伸ばして横になりたい」，25回目のセッションでは「自分を追いつめる手を押し戻したい」という衝動にアクセスする。押し戻す衝動を完了した後は，自分の中心に戻ったような感じがする。この時期，前述のように夫との関係における葛藤がしばしば浮上したため，自身の境界を強めるバウンダリーワークを行うと共に，27回目のセッションには夫に同行してもらいカップルセラピーを行った。加害者と夫がオーバーカップリングしている状態だったので，夫の前で加害者への恐怖にアクセスし，それをプロセスすることで，夫と加害者とは違う人間であることを身体感覚で理解してもらった。28回目のセッションでは，

自分の境界線が強まった感覚と同時に，自分の周囲により大きなスペースができたように感じる。人々はそのスペースよりも外側にいるので，周囲の人の言動が以前ほど気にならなくなる。29回目のセッションでは，自分がやりたいことは，「肌で太陽を感じ，足の下に地面があることを感じること」であると話し，涙する。

その9カ月後，30回目のセッションで，夫の仕事がうまく行っていること，妊娠6カ月であることの報告があり，セラピーをこれでいったん終了することで合意した。

最後のセッション終了の3カ月後，Pさんから以下のメールが届いた（原文ママ）。

*私はおかげさまでその後妊婦生活を大きな問題なく過ごすことができ，気が付けばもう予定日まで2週間を切りました。*
*出産前に一言お礼をお伝えしたくメールをさせていただきました。*

*お伝えしたかったご報告があり…これまでずっと続いていた精神科の通院が，X月の受診で終了となりました。*
*服薬をやめて半年以上，小さな波はあるものの落ち着いていることからいったん終了にして，もし今後調子が悪くなればまた考えましょうとのことでした。*

*……8年間の通院が終わったことがなんだか実感がわかなかったり，嬉しいのかその年月を思って空しいのか直後はわからない気持ちでしたが，今は穏やかな気持ちをいくらか感じられる気がします。*
*うまく実感できないことはいまだに多いのですが，周囲の大切な人たちが今の自分の状況を喜んでくれている様子を見て，「ああ，たくさん回り道をしたようだけれど，この道でよかったのかな…？」と思えるような気がしています。*

*藤原さんのところへ行くことを決めたとき，「ずっとこのままで生きていくのはもういやだ」と正直藁をもすがる思いでした。*
*あの苦しさが体から離れて，動悸もせず普通に呼吸ができたり，過去を身体にべったりつけずに生活することができるようになるとは当時は思えませんでした。*
*それでも，少しずつセッションを重ねながら，自分が（自分の心身が，でしょう*

か）変化してきたことを今は感じています。

　今こうして，少しでも力を抜くことができたり，少しでも何かを「きれいだな」と思えたり，何かに怒りを感じたりできること一つ一つがとても大切なものであることを知っている自分を愛おしく思えること。
　これからも行きつ戻りつしながらも大事にしていきたいと思います。

【症例2】主に発達トラウマを取り扱ったケース
　Qさん。女性，初回面接時42歳，団体職員。
　父親がアルコール依存の機能不全家庭で育つ。初回面接の半年前まで別のカウンセラーの元へ月1回，2年間通っており，5，6年前には数回ファミリーコンスタレーションのセッションも受けた。20代の頃は精神科を受診したり，自己催眠を習ったりもしたが，いずれも根本的な解決には至らなかった。
　父親が再婚で，両親とも比較的高齢で生まれている。2歳年上の兄が1人いる。年の離れた異母兄も2人おり，時折尋ねてくる彼らがよく父親と口論するのを聞いた。小学1年の時に父を，24歳の時に母を亡くす。長く連絡を取っていない実の兄は20代の頃に借金を抱え，ホームレス暮らしを経て現在は生活保護を受けている。妻子ある男性と4年間交際している。深い関わりを避けたいので，不倫以外の交際には興味がない。
　主訴は，本人からの面接依頼メールをそのまま転載する（原文ママ，一部省略）。

　はじめまして。
　カウンセリングを希望するものです。
　現在の自分の状況は，

・精神的なもの
　気分の重さ，何にも興味を持てない，自分を卑下する，嫉妬，苛立ち，いつも一人でいたい・他人の前ではありのままでいられず疲れてしまう
　他人によく思われたい（あらゆる点で。見た目や能力，性格，立ち居振る舞いす

べて洗練されて見られたいなど），またその気持ちが高じて赤面症

・肉体的なもの
いつもだるい，寝ても寝ても眠い．
毎日起きて仕事に行くことじたいがストレスで年から年中過食ぎみ
（過食症というほどではないのですがいたって不健康な量です）
長年のストレス？か極端に記憶力が悪い
（同じ人に同じ話を何度もしてしまう，聞いた話の内容を覚えられない，友人には人の話を聞いてないとなじられること多数，時には全然別な内容で記憶してしまい，そんなこと言ってない！と言われ，はっきり記憶があるため混乱することも）

　現在（42歳）まで，カウンセリングを含め自分にとっては多額の投資をしてきましたが，根本的な解決に至っておりません。
　人生の大半をふさいだ気分で過ごしてきました。

　昨年，不安感が最大化し，当時通っていたカウンセリングは効果を感じられた部分があったものの，意味なく沸き起こる不安感にはなすすべなく，だめもとと購入したセントジョーンズワートが大ヒットし，起床時の苦痛，極端な孤独感，不安感からは解放されました。

　表層的な症状から解放された今こそ，歪んだ考え方，固定した思考回路（自分ではわかっているのに変えられない，変えたい部分）にアプローチしていきたいと思っています。

　ただし心配なことがあります。
　普段生活している中で覚醒している時間があまりない．意識の焦点が現実にあっていないような感覚で生きています。
　そのため，どんな状態か，具体的に上手に話すことが不得意で，質問に答えたりするうちにどんどん核心から離れて時間終了，となったり，目をつぶってするセッション（催眠やイメージを頭に浮かべて・・・などという感じの）ではすぐに疲れてうとうとしてしまいます。

　ですが，SEというセラピーに興味があります。

私の目標は，田舎者でも，頭が悪くても，見た目がダメでも，それを笑って受け止め，軽やかに人生を楽しめるようになることです。
　そんな自分になれるでしょうか。

＊セラピーの頻度と経過

　3年半で合計88回のセッションを行った（その後のフォローアップ面接を除く）。最初の2年間は長期休暇をのぞきほぼ週に一度，その後は本人の調子に応じて2週間〜4週間に一度のペースで面接した。

　3年半というセラピー期間を長いと捉えるか短いと捉えるかは人それぞれだと思うが，一般に，発達トラウマのセラピーはショックトラウマよりも長期になる場合が多い。発達トラウマの中にショックの要因が強い場合（特に性的虐待のケース），またトラウマが早期（乳幼児期）に起こった場合は，とりわけ長期化する傾向がある。SEの原則のひとつは，「ゆっくり行けば行くほど早い」（タイトレーション）であるので，一度のセッションで扱う活性化が少ないほど，また，最初の準備段階に時間をかければかけるほど，途中からセラピーの展開は早くなる。

　Qさんのケースでは，全体の約半分に当たる最初の40回のセッション（セラピー開始から1年2ヵ月）で，当初訴えていた症状はかなり改善された。面接開始半年後に希死念慮がなくなり，自己嫌悪が和らぐ。対人恐怖は面接開始6週間後に薄らぎ始め，1年半でほぼ消失した。過食傾向は開始3ヵ月後に変化を見せ始め，大小の波を繰り返しつつ，2年で一応の収束をみた。セラピー後半の2年間は，日常生活のメンテナンスと，より深いコアビリーフ（SIBAMのM）への取り組みに大半を費やした。

＊セラピーの実際

　Qさんには不安，過食，対人恐怖，孤独感，低い自己評価などさまざまな症状があったが，メールにもあるとおり，彼女の症状の中核にあるのは解離と，強い恥の感覚だった。解離は，機能不全家族の中で生き延びるためにQさんが多用し，自分の一部として発達させてきた防衛戦略と言え，その他の主訴にもすべて発達トラウマが関係していた。

初回のセッションでは，まず額がもやもやする感覚が出てきて，それから身体の右側が忙しい感じになる。それをプロセスすると，頭部の左側に広がりと静けさが出てきて，涙を流し始め，呼吸が楽になる。その次に額にサンドバッグのようなものがある感覚が出現し，そのサンドバッグは，思考がまとまるのを妨げているものであるという気づきがあった。

　Qさんは，面接を開始した当初はかなり頻繁にその回のセッションの感想や日常での心配事をメールしてきた。初回セッションの日の夜にQさんから届いたメールの一部を紹介する（原文ママ）。

　こんにちは。
　本日はありがとうございました。

　なんとなくなのですが，手ごたえのようなものを感じられました。

　・人と会話すること，とくにスモールトークが苦手な私が，料理教室で　会話が自然に出た
　・同じく教室で，自分のグループの会話がはずまずシンとしてしまうと　自分がいるからだ，と感じてしまう私が，会話がないときもリラックスしていられた
　・作り笑いしかできない私が自然に笑顔が出てきた
　・いつもなら料理教室だけでぐったりの私が，カウンセリング，買い物，教室，買い物と精力的に動いて夕方7時に帰宅したあとも部屋を掃除したりする　元気があったのが驚いた
　・食欲がびっくりするぐらい正常に（何十年か昔の元々は少食だったのですが，その頃に近づいた感じ）

　変化は振り幅をもちながら変化していくものかもしれないですが，少しでも早く確実なものとして「大丈夫」という実感を持てるようになりたいと思いました。

　この報告の後，職場の昼休みの世間話の苦手感と朝礼でのスピーチ恐怖症を早く扱いたいので次回予約日時よりも前に来室したいとのリクエストが続いた。このように，最初は非常に焦っていたQさんだったが，結果的には3年半かけて，ゆっくり回復していく道を選んだのは前述の通りで

ある。「焦る」というのも症状のひとつなので，神経系の活性化がおさまってくると，自分の癒しにじっくり取り組む気持ちの余裕も出てくる。

特に，解離にはかならず時間をかけて取り組む必要がある。前述したように解離は生存戦略であり，SE的に見た解離の原因は以下の2つである。

①トラウマ体験にまつわる身体感覚はしばしば強烈な不快感をともなう。それをその都度感じていると日常生活を送れなくなるため，有機体が解離を選択している。

②子ども（特に乳幼児）は，置かれている生育環境がどんなに過酷なものであっても，そこから逃げ出す（交感神経の生存戦略）という選択肢がない。従って，乳幼児は生き残りのため，副交感神経の背側迷走神経を過剰使用することを学ぶ。すなわち凍りつきである。解離は凍りつきの心理的な側面であるため，日常的に凍りつくことによって，解離がその子どもの通常の意識状態になってしまう。

Qさんの解離は，後者の典型的な例と言えよう。すでに述べた通り，SEでは具体的なトラウマの記憶をそれほど重視しないので，アルコール依存である父親と病弱な母親を中心にした機能不全家庭で具体的にどのようなトラウマ体験があったかを筆者は詳しくは知らない。また，多くのエピソードが記憶発達以前に起きていた可能性も十分に考えられる。

Qさんには，解離そのものをトラッキングしてもらうことから始めた。3回目のセッションで，自分の身体を出たり入ったりというサイクルが起きていることに自分で気づくことができた。まずはそのサイクルをただ観察してもらった。4回目のセッションでは，前回のセッション以降感情的になってきているという報告があり，泣き始めた（解離のワークを行ったことで身体に少し近づいたために，自分の感情に気づきやすくなったものと思われる）。人前でスピーチすることへの恐怖をプロセスし，逃避／防衛反応を完了させる。

6回目のセッションで，暗がりの中でうずくまる子どもの自分のイメージが出てきた。7回目のセッションで，対人恐怖がなくなった旨の報告がある。8回目のセッションでは，頭の中に常にある「～すべき」という声

に取り組む。その声を聞くと死にたくなるといい，号泣する。セッション終了時には身体でリソースの感覚（心地よい感覚）を感じることができる。

　解離のワークで重要なのは，心地よい身体感覚が出てきたときにのみ，時間を限定して身体につなげることである。身体感覚が不快なものばかりではないという体験を少しずつ積み上げることで，より身体にとどまるのが容易になり，不快な感覚のトラッキングも無理なく行えるようになる。

　10回目のセッションでは，20代の頃の記憶―兄が借金を背負い，病気の母親の経済的な面倒を見なければいけなかったこと―が出てくる。そのワークをするにつれて悲しみと緊張がなくなり，呼吸が楽になり，身体に楽にいられるようになる。ACODAにリファーする。11回目のセッションでは，心臓のあたりに，怖がっている5歳の自分が出てくる。その子どもとしばらく一緒にいると，プロセス全体が大きく展開し始める。

　12回目のセッションでは，緊張感が少なくなり，過食が前ほどひどくなくなったという報告がある。セッションでは「ここにいる」ことができるようになり，いつも額にあるもやもやは，他人の話を聞いたり，他人に話を伝えたりするのを妨げるものであることに気づく。その時に出てきた記憶は，小学生の頃，母親が，自分が忘れっぽいために，母の知人が尋ねてくるとQさんを同席させ，話の内容を覚えているように命じていたというものであった。当然そのような席での話題は，子どもが聞くべきではない内容が多く，彼女の，人の話を聞こうとすると起きる解離状態は，この体験も一因になっていることがうかがえた。13回目のセッションは，（当然の流れとして）母親に対する怒りと恨み，そしてスピーチ恐怖症のテーマが出現した。14回目には，のどにある重い蓋にアクセスする。その蓋は，自分のことを説明することや，呼吸することを妨げているものであることに気づく。

　15回目（初回セッションの5カ月後）に，過食が知らず知らずのうちに減少していると報告。自助グループにも通い始め，非常に助けになっている。この時初めてセッションの間中ずっと身体にとどまり続けることができた。このセッションの後，「自己嫌悪にはどう対応すればいいのでし

ょうか？」というメールが来たのを最後に，セッションとセッションの合間に相談メールを送ってくることがなくなった。日常生活で動揺することがあっても自分で対処できる，あるいは次のセッションまで待てるほどに神経系が安定してきたことがうかがえた。

　この後の数回のセッションでは，職場で怒りを表現することの難しさ，亡き母に対する後悔と恥の感覚，自己嫌悪，罪悪感などがテーマとして続く。19回目のセッションで，過食のきっかけとなったエピソードが出てくる。社会人として働き始める前日，非常な恐怖を感じ，初めて過食する。育った環境のせいで世間一般の社会規範や常識が良く分からず，正しいふるまいができないのではないかという恐怖と，それにまつわる恥の感覚を鈍らせるために過食を始めたことが明らかになった。

　解離がかなり改善されたこの頃から，だんだんとコアイシューに触れ始め，セラピーの展開も早くなる。20回目のセッションでは，間違いをすることについての自己批判をプロセスし，自分に対する批判を，自分をみじめに感じさせた相手に対する怒りへと向け直すことができた。自己攻撃のパターンが，ついに他者に対する防衛反応へと変容した。

　22回目のセッションでは，胸にある「空っぽさ」にアクセスした。これは過食をするときに出てくる感覚で，ネガティブな感覚の燃料であることが判明する。23回目は，アルコール依存の家庭で育ったことに対する傷をプロセスした。小学1年で父が亡くなったとき，異母兄に父の死去を伝えに行くように母から言われたことと，異母兄が妻と別れた後，可愛がっていた姪に会うことを母から禁じられたことを思い出し，激しく泣く（自分が当時感じていたさまざまな感情にアクセスできるようになった）。25回目のセッションでは，関心を非常に欲しがっているが，それはもらえるはずがないと諦めてしまっている自分の一部にアクセスし，3歳の時に母親が入院して家族で病院に滞在していたことを思い出して号泣する。その後リソース的なイメージ（近所の女性に子どもが生まれたことを）を思い出す。非常に感動的なセッションであった。

　27回目のセッションで，初めて母親にまつわる良い記憶が出てきて涙

する．次にいつも自分を見下していた伯母を思い出し，現在の自分が，伯母から子どもの頃の自分を守るという防衛反応を完了し，活性化の解放が起こる．この日初めて，母親と上司に対する感謝の気持ちが出てきた．

　この後しばらくは，怒りと恥の感覚がテーマとなる．世間に受け入れられるように振る舞おうとして緊張したあと，疲れ果てて布団に潜り込んでいる自分にアクセスしたり，怒りを感じている職場の上司をイメージの中で背負い投げにして怒鳴りつけたりというセッションの後，30回目のセッションのときに，実際に上司と交際相手に対して怒りを爆発させたとの報告がある．その日のセッションでは，子どもの頃に誕生日や七五三など特別な行事をしてもらったことが一度もないこと，母に代わってどこかに提出する書類を書かなければならなかったことに対する悲嘆が出てきた．32回目のセッションでは，同僚に対して腹を立てたが，その後，腹を立てたことに対する罪悪感を感じなかったとの報告がなされた．33回目は，「人と違っていること」に対する恥の感覚に取り組み，激怒している20代の自分にアクセスし，その怒りを完全に活性化して表現することができる．その後恥の感覚が癒されたという感覚を持つ．その次のセッションでは，家族の夢を見て，父を感じて泣いた，それはとても優しくてこれまで感じたことのない感覚（感謝）だったとの報告があった．

　35回目のセッションの後には，セッション中に筆者に言われたことに対して嫌な気持ちになったというメールがあった．自分が誰かの言動で不快になったことにすぐ気付き，それを相手に直接伝えられるのは健康さの証である．筆者からはすぐにお詫びと，直接伝えてくれたことに対する感謝をメールで返信した．

　37回目のセッションの際に初めて，良い気分であるとの報告があった．リソースにアクセスし，「生きたい」という言葉が出てきた．それは以前の「生きていたくない」という感覚からの180度の転換だった．子どもの自分の笑い声も聞こえ，身体にいることを非常に心地よく感じた．内側のリソースがここまで育ってきたということで，大きなブレークスルーだった．その後2回のセッションでは，再び怒りがテーマとなり，職場での怒

りを手がかりに，その根源にある母親に対する怒りにアクセスする。38回目は，子どもとして母親から当然受け取るべきだったケアを受け取れなかったことに対する怒りをプロセスした。39回目には，小学校の時にクラスメートにおしっこをひっかけられ，母と自分でその子の家を訪問したとき，相手の母親から「よけるべきだった」と言われたという記憶が出てきて，自分の内側に泣いている赤ん坊がいることに気づく。40回目のセッションでも同じように泣いている赤ん坊の感覚が出てくるが，今度はその赤ん坊を大人の自分が抱いているイメージを持つことができ，それによって，罪悪感が心臓の上でチーズのように溶けていった。41回目のセッションでは，怒りがなくなったという報告がある。何も起きていないという状態がこれまでなかったので，それが落ち着かないと言うが，この穏やかさにとどまるワークを行い，3，4歳頃の自分と一緒にお菓子作りを楽しむイメージが出てきた。

42回目のセッションでは，前回以降の2週間，ほとんど何の問題もなかったと話す。この回までには，当初の主訴は過食をのぞきほとんど消失し，これ以降は，子ども時代に受けたさまざまな傷がより深いレベルでプロセスされるようになった。43回，44回は，乳児期がテーマで，抱っこや注意を求めて激しく泣いていたり，オムツ替えや入浴といった適切なケアを受けられなかったことに激怒していたりする赤ん坊の自分にアクセスし，その自分をケアすることができる。46回目のセッションで，他者とつながりたい感覚と，制限のある関係性（不倫）の中にいたくない感覚が出てくる。その後のセッションでも，不倫ではないパートナーが欲しいという望みを初めて感じ，間もなく不倫関係を解消する。

この頃のセッションでは，自分がこれまでの人生の大半抱えていた不安がない状態／生まれて初めて楽な感じがするという状態を，なかなか自分で受け入れられないという訴えが何度かなされた。トラウマの活性化は非常に人を惹き付ける力が強いので，トラウマの渦に巻き込まれて人生の大半を過ごしてきた人にとっては，そこから抜け出したリソースフルな状態というのは平穏すぎて落ち着かない場合もある。セラピーのこの段階では，

新たな自分の状態を統合するために時間をかけることが重要になってくる。
　この時期はセッションごとに子ども時代のトラウマのいろいろな側面が出てきた。54〜58回目のセッションでは，「うつろな表情でショッピングセンターをうろうろしている3〜4歳の自分」「自分の話を母親とシェアしても無駄だと気づいた小学校2年生の自分」「子どもでいることを許されなかった幼い頃の自分」「他人のムードに左右される子どもの頃の自分」に次々にアクセスし，それらにまつわる未完了の衝動（「押し付けられた責任から逃れたい」「何もやりたくない」など）を完了し，さまざまな感情を解放した。60回目のセッションでは，皮膚の中で安全を感じ，その感覚が身体内を流れ始める体験をする。62回目のセッションでは，食べ物で紛らわさずに孤独感，悲しみと共にいることができる。
　66回目のセッションで，ネットを通じて男性と知り合った旨を報告し，1ヵ月後の67回目のセッションでその男性と交際を始めたことを報告する。交際相手に対して自分が一方的に与えるという関係性になっていることをセッションの中でプロセスする。その2ヵ月後，69回目のセッションで，男性との交際を解消したことが報告された。
　71回目のセッションで，人と一緒にいるときに，何を話そうか常に葛藤している状態にワークし，それまでにも何度か出てきた，学校での出来事を母に報告している時に母が自分の話を聞いていないことに気付き，もう母親には何も話すまいと決めた小学校2年生の自分に改めてアクセスする。72回目のセッションでは，自分が嫌いだというコアイシューにワークした。心臓にある恐怖と，崩壊するのではという恐れから外に出ようとするものすべてを閉じ込めるバリアにアクセスする。次に叫んで叩きたいという衝動が出現して，その衝動を完了すると恐怖が半減した。
　この後は，セッション間隔が2週間〜4週間おきになり，毎回のように「調子が良い」「さらに調子が良くなった」との報告があった。75回目のセッションでは，食べ物に対するクレービングをプロセスし，退屈すると食べ物かセックスでその感覚を埋めたくなることに気づく。行動化することなくその欲求と共にいることができ，自分の内側に新たなスペースがで

きた。そして，これらの衝動を拒絶する必要がないことに気付き，その衝動も自分の一部として受け入れることができた。76回目のセッションでは，「寂しさ」という感覚に対して，やはり同じプロセスを経て寂しさを受け入れることができた。

　84回目のセッションでは，初めて，自分を褒めたい感覚と感謝の感覚にアクセスし，「こうした感覚は続かないし，嫌な感覚は戻ってくるだろう」という恐れのために解離した。解離をプロセスすると，セッション終了時に初めて地に足がついた感覚（グラウンディング）を感じることができた。

　3週間後の85回目のセッションでは，嫌なことがまったくない3週間を過ごしたとの報告があった。ダイエットも成功し，4キロ減量してその後もリバウンドをしていないうえ，カフェ巡りや1人カラオケを楽しめ，人前でのプレゼンテーションにも恐怖を感じなくなった。88回目のセッションでは，「生きやすくなった」との報告。食べ歩きに喜びを見いだし，幸せを感じる瞬間が持てるようになった。ワークに入ると，母親が笑っているイメージが出てくる。そして，母親に「私は1人で頑張っていくから，邪魔しないでください」と言うことができ，その後両腕が非常に軽くなる。このセッションをもって，定期的な面接を終了することで合意した。

## Ⅲ．まとめ

　この稿の最初で，SEセッションでは，トラウマの具体的な記憶や出来事を重視しないと繰り返し書いたが，これらのケースをお読みいただければ，実際のセッションではもちろんさまざまな記憶や出来事のエピソードが出てくることに気づかれたと思う。普通のセラピーとの違いは，これらの記憶や出来事は，セラピーの最初にこちらが設定した主題ではなく，すべてクライアント本人の身体感覚から自然に引き出されたものであるということだ。もちろん，SEセッションでもテーマを設定して行うこともあるが，例えば，クライアントのリクエストで，子ども時代の父親との葛藤

をテーマにして始めたのに，身体感覚をトラッキングしていくうちに出て来たエピソードは大人になってからの交通事故だったというようなケースはいくらでもある。クライアントの身体が自然に出してくる記憶は，その瞬間に一番プロセスされるべき記憶であり，そのような場合は，当初頭で考えて設定したテーマからは離れて，身体を通じて自然に出てきたテーマに取り組んだ方がセッションの安全性ははるかに高くなるし，セラピーの効果も大きい。

　身体の叡智は，我々が頭で持てる小賢しい考えよりもはるかに深いということを，筆者はこれまでに行った四千件以上の SE セッションを通じて感じている。そして，「腑に落ちる」という言葉の通り，本当の意味でのクライアントの回復は，クライアントが身体感覚を伴って新たな意味づけを獲得したときにのみ可能になる。人間は常に，自他や周りの環境，出来事に対しての意味づけをしながら生きている。その意味づけが苦しいとき（「私なんて生きている価値がない」「世の中は危険な場所だ」「他人は信用できない」），人は苦しむ。それゆえ，クライアントの認知に直接働きかける認知行動療法のような技法も生まれた。確かに，自分の認知を詳細に検討してその癖に気づくエクササイズには一定の効果はあるだろうが，思考を整理しても，身体の奥底に漠然とした不安感や不快感が残ったままでは，その人の自他に対する認知はいずれ苦しいものに戻ってしまうことだろう。

　自律神経系の活性化が下がり，自己調整が取れてくると，意味づけ（SIBAM の M）は自然に変容してくる。あえて自分の思考内容を詳細に検討しなくても，「私にもいいところがある」「世の中も捨てたもんじゃない」「あの人のここが素敵だ」といった考えが自然に浮かぶようになる。興味深いのは，記憶内容も自然に変容することである。Q さんが母親の笑顔を思い出したように，いつも自分を虐待ばかりしていたと思っていた親の良い面が自然に思い浮かぶようになったり，「家庭では全然いいことがなかったけど，そういえば，近所にいつも自分を可愛がってくれたおばさんがいた」といった記憶が出てきたりする。こうした言葉がクライアントの口から出ると，彼らが身体を通じて人生の新たな意味づけを獲得したの

だということが分かる。

　SEを臨床に用いて日々実感するのは，人間は全体（whole）である」，という，当たり前の事実だ。Levineはよく「有機体」（organism）という言葉を使うが，有機体としての我々人間は「個々の部分の総和を超えて，全体として働く叡智ある存在」である。そうした生命の全体性に日々接し，身体の叡智の前では人間の小賢しさなどまったく歯が立たないことを日々実感するのは，この上なく貴重でこちらを謙虚にさせる体験なのである。

## ■参考文献

1) 久保隆司：ソマティック心理学，春秋社，東京，2011.
2) 久保隆司，日本ソマティック心理学協会編：ソマティック心理学への招待，コスモスライブラリー，東京，2015.
3) Levine P: Waking the Tiger: Healing Trauma. North Atlantic Books, Berkeley, CA, 1997.（藤原千枝子訳：心と身体をつなぐトラウマ・セラピー，雲母書房，東京，2008.）
4) Levine P: Healing Trauma: A Pioneering Program for Restoring the Wisdom of Your Body. Sound True, Boulder, CO, 2005.
5) Levine P: In an Unspoken Voice: How the Body Releases Trauma and Restores Goodness. North Atlantic Books, Berkeley, CA, 2010.
6) Porges S: The Polyvagal Theory. W. W. Notron & Company, New York, NY, 2010.

＊ SE Japan
　www.sejapan.org

# ■索　引

## Ⓐ to Ⓩ

Adaptive Information Processing Model　61
Callahan, R. J.　307
Cloitre, M.　134
DBT　134
Deblinger, E.　198
DESNOS　275
Don't スキル　224
DPICS（親子対の相互交流評価システム）　221
ECBI（アイバーグ子どもの行動評価票）　221, 229
Emotional Processing Theory　23
Eyberg, S.　220
Foa, E. B.　23
KIDNET　190
Levine, P.　325
PR（心理的逆転）　318
PRACTICE　198, 203
PRIDE スキル　221, 223, 225
Resick, P. A.　113
Shapiro, F.　59
SIBAM（体験の5要素）　328
situationally accessible memory: SAM　31
Subjunctive Units of Disturbance: SUD　66
Subjective Units of distress: SUDS　163
verbally accessible memory: VAM　31

## あ

愛着障害　319
アサーティブ　146
遊び　202
アンダーエンゲージメント　32, 50, 52
アンダーカップリング　329
医学モデル　273
意味づけ　24
インデックス・トラウマ　69
植え付け　64, 66
エクスポージャー療法　23
エネルギー心理学　307
エンゲージメント　50, 52
オーバーエンゲージメント　32, 50, 51, 52
オーバーカップリング　329
オペラント条件づけ　220
親指向型相互交流　221, 229

## か

回避（行動）　27, 200
解離　35, 339, 341, 342
解離優位型　70

過剰調節（overaccomodation）
　　　114
眼球運動　　59
感情の車輪　　139
感情のリソース　　139
記憶の階層表　　163
記憶の整理　　40
希望のリソース　　138
恐怖の構造　　24
恐怖のナラティブ　　150
筋反射テスト　　311
グラウンディング　　150
芸術療法　　200
現実エクスポージャー　　30，33
公共の場での行動　　233
呼吸再調整法　　27
子ども指向型相互交流　　221，224

再処理　　59
再体験・過覚醒優位型　　70
避けるスキル　　221，224，227
自然な回復　　25
実生活内曝露　　200
自伝の記憶　　177，188，190
主観的苦痛度　　66
馴化　　38，180
情動処理理論　　23
ショックトラウマ　　331，339
「人生ライン（石と花）」のワーク
　　　179
身体感覚　　326
スタック　　33
スタックポイント　　48，114，115
スモール t　　60
喪失のナラティブ　　153
想像エクスポージャー　　31，33，
　　　34，38，39
ソクラテス式質問　　123

対人関係上の不和　　271
対人関係スキーマ　　144
対人関係の「4つの問題領域」
　　　271
対人関係の欠如　　271，275
対人関係フォーミュレーション
　　　271
タイトレーション　　327，339
大脳半球相互作用説　　63
タイムアウト　　221，231，242
脱感作　　59，64，66
タッピング　　60，307
単回性トラウマ　　53，69
単純性 PTSD　　274
調節（accomodation）　　114
つながりのリソース　　144
適応的解決　　63
適応的情報処理モデル　　61
同化（assimilation）　　114
トラウマ関連障害　　275
トラウマナラティブ　　150，155，
　　　200，201
トラウマの再交渉　　326
トラウマリマインダー　　24
トラッキング　　327

二重意識　　180
認知の編み込み　　88

パータベーション（心的動揺）
　　　307

索　引　353

ハウスルール　233
バウンダリーワーク　335
恥のナラティブ　152
発達トラウマ　331，339
パルサー　82
悲哀　271
非機能的な認知　28
ビッグT　60
複雑性PTSD　275
複雑性トラウマ　53，69
プロスとコンス　143
プロセッシング　32，34
不和　276
ペアレンティングスキル　201，213
ペアレントスキル　199
弁証法的行動療法　134
ボディ・スキャン　64，67
ポリヴェーガル理論　331

慢性化　24，25
無力化　40
物語記憶化　177，180
物語的自伝的記憶　177

や

役割の変化　271，274
遊戯療法　200
ユーモア　202

ら

ライブコーチング　221
ライフストーリーワーク（LSW）　190
リソース　327
両側性の刺激　60

レジリエンス　202
レム睡眠仮説　63

ワーキング・メモリ仮説　63

◆執筆者一覧（執筆順）

| | |
|---|---|
| 中山未知 | 東京女子医科大学 附属女性生涯健康センター |
| 荒川和歌子 | 南平岸内科クリニック 臨床心理部門 |
| 野呂浩史 | 南平岸内科クリニック 精神神経科 |
| 井上直美 | カウンセリングルーム ソイル，東邦大学医学部 精神神経医学講座 |
| 森田展彰 | 筑波大学 医学医療系 ヒューマンケア科学専攻 社会精神保健学 |
| 大滝涼子 | 国立精神・神経医療研究センター 精神保健研究所 災害時こころの情報支援センター |
| 加藤知子 | かとうメンタルクリニック |
| 森　茂起 | 甲南大学 文学部 人間科学科 |
| 川端康雄 | 大阪医科大学 神経精神医学教室 |
| 若林暁子 | 大阪医科大学 神経精神医学教室 |
| 元村直靖 | 大阪医科大学 看護学部 |
| 國吉知子 | 神戸女学院大学 人間科学部 心理・行動科学科 |
| 坂本　誠 | メンタルクリニック エルデ |
| 森川綾女 | 一般社団法人日本ＴＦＴ協会 |
| 藤原千枝子 | プレマカウンセリングルーム |

トラウマセラピー・ケースブック
症例にまなぶトラウマケア技法
2016年7月21日　初版第1刷発行

企画・編集　野呂浩史
発行者　石澤雄司
発行所　㈱星和書店
　　　　〒168-0074　東京都杉並区上高井戸1-2-5
　　　　電話　03（3329）0031（営業部）／03（3329）0033（編集部）
　　　　FAX　03（5374）7186（営業部）／03（5374）7185（編集部）
　　　　http://www.seiwa-pb.co.jp

Ⓒ 2016　星和書店　　Printed in Japan　　ISBN978-4-7911-0938-8

・本書に掲載する著作物の複製権・翻訳権・上映権・譲渡権・公衆送信権（送信可能化権を含む）は㈱星和書店が保有します。
・ JCOPY 〈(社)出版者著作権管理機構 委託出版物〉
　本書の無断複写は著作権法上での例外を除き禁じられています。複写される場合は，そのつど事前に(社)出版者著作権管理機構（電話 03-3513-6969，FAX 03-3513-6979，e-mail：info@jcopy.or.jp）の許諾を得てください。

# トラウマからの回復
## ブレインジムの「動き」がもたらすリカバリー

スベトラーナ・マスコトーバ, パメラ・カーリー 著
五十嵐善雄, 五十嵐郁代, たむらゆうこ 監訳　初鹿野ひろみ 訳
四六判　180p　1,500円

悲惨な鉄道事故で生き残った子どもたちにブレインジムが与えた驚くべき証拠！

---

こころのりんしょう à･la･carte 第30巻4号

〈特集〉**ブレインジム**

五十嵐郁代 編集　　B5判　1,600円

ブレインジムは，心身システムと脳の働きの調整を助ける安全で簡単なエクササイズ。本特集でも紹介するエクササイズ群は，誰でも即座に学ぶことができ効果を体感できる。

---

―マインドフルネスにもとづくトラウマセラピー―
# トラウマと身体
## センサリーモーター・サイコセラピー (SP)の理論と実践

パット・オグデン, ケクニ・ミントン, クレア・ペイン 著
太田茂行 監訳
A5判　528p　5,600円

トラウマ治療にかかわるすべての人と，トラウマを抱える当事者に。

---

発行：星和書店　　http://www.seiwa-pb.co.jp　　価格は本体(税別)です

## PTSDの持続エクスポージャー療法
トラウマ体験の情動処理のために
E·B·フォア, E·A·ヘンブリー, B·O·ロスバウム 著
金 吉晴, 小西聖子 監訳
A5判　212p　3,400円

## PTSDの持続エクスポージャー療法ワークブック
トラウマ体験からあなたの人生を取り戻すために
B·O·ロスバウム, E·B·フォア, E·A·ヘンブリー 著
小西聖子, 金 吉晴 監訳　本田りえ, 石丸径一郎, 寺島 瞳 訳
A5判　128p　1,300円

## 青年期PTSDの持続エクスポージャー療法
―治療者マニュアル―
E·B·フォア, K·R·クレストマン, E·ギルボア=シェヒトマン 著
金 吉晴, 中島聡美, 小林由季, 大滝涼子 訳
A5判　288p　3,500円

## 青年期PTSDの持続エクスポージャー療法
―10代のためのワークブック―
K·R·クレストマン, E·ギルボア=シェヒトマン, E·B·フォア 著
金 吉晴, 小林由季, 大滝涼子, 大塚佳代 訳
B5判　132p　1,500円

発行：星和書店　http://www.seiwa-pb.co.jp　価格は本体(税別)です

# EMDR革命：
## 脳を刺激しトラウマを癒す奇跡の心理療法
### 生きづらさや心身の苦悩からの解放

タル・クロイトル 著　市井雅哉 訳
四六判　224p　1,500円

PTSDの治療法として有名なEMDR（眼球運動による脱感作と再処理法）は、心身の苦悩や生きづらさを短期間で解放する心理療法。

---

こころの臨床 à·la·carte 第18巻1号

## 〈特集〉EMDR…これは奇跡だろうか

市井雅哉，熊野宏昭 編集　B5判　2,000円

本特集では，多くの症例呈示によって，EMDRの治療過程をあますところなく紹介する。

---

こころのりんしょう à·la·carte 第27巻2号

## 〈特集〉EMDR…トラウマ治療の新常識

市井雅哉 編集　B5判　1,600円

本特集ではEMDRのさまざまな疑問に答える50のQ&Aや座談会など多方面から、「奇跡を確実に，安全に起こす治療法」として，再びEMDRの魅力と可能性に迫る。

---

発行：星和書店　http://www.seiwa-pb.co.jp　価格は本体(税別)です